A L'OMBRE DES JEUNES FILLES EN FLEURS
Tome III

Marcel Proust

Loi n°49-956 du 16 juillet 1949 sur les publications destinées à la jeunesse, modifiée par la loi n°2011-525 du 17 mai 2011.

Copyright © 2022 Marcel Proust
Édition : BoD – Books on Demand, info@bod.fr
Impression : BoD – Books on Demand, In de Tarpen 42, Norderstedt (Allemagne)
Impression à la demande
ISBN : 978-2-3224-2340-8
Dépôt légal : août 2022
Mise en page et maquettage : https://reedsy.com/
Cet ouvrage a été composé avec la police Bauer Bodoni
Tous droits réservés pour tous pays.

Une fois M. de Charlus parti, nous pûmes enfin, Robert et moi, aller dîner chez Bloch. Or je compris pendant cette petite fête que les histoires trop facilement trouvées drôles par notre camarade étaient des histoires de M. Bloch père, et que l'homme « tout à fait curieux » était toujours un de ses amis qu'il jugeait de cette façon. Il y a un certain nombre de gens qu'on admire dans son enfance, un père plus spirituel que le reste de la famille, un professeur qui bénéficie à nos yeux de la métaphysique qu'il nous révèle, un camarade plus avancé que nous (ce que Bloch avait été pour moi) qui méprise le Musset de l'Espoir en Dieu quand nous l'aimons encore, et quand nous en serons venus au père Leconte ou à Claudel ne s'extasiera plus que sur

À Saint-Blaise, à la Zuecca
Vous étiez, vous étiez bien aise.

en y ajoutant :

Padoue est un fort bel endroit
Où de très grands docteurs en droit
... Mais j'aime mieux la polenta
... Passe dans son domino noir
La Toppatelle.

et de toutes les « Nuits » ne retient que :

Au Havre, devant l'Atlantique,
À Venise, à l'affreux Lido,
Où vient sur l'herbe d'un tombeau
Mourir la pâle Adriatique.

Or, de quelqu'un qu'on admire de confiance, on recueille, on cite avec admiration, des choses très inférieures à celles que livré à son propre génie on refuserait avec sévérité, de même qu'un écrivain utilise dans un roman, sous prétexte qu'ils sont vrais, des « mots », des personnages, qui dans l'ensemble vivant font au contraire poids mort, partie médiocre. Les portraits de Saint Simon écrits par lui sans qu'il s'admire sans doute, sont admirables, les traits qu'il cite comme charmants de gens d'esprit qu'il a connus sont restés médiocres ou devenus incompréhensibles. Il eût dédaigné d'inventer ce qu'il rapporte comme si fin ou si coloré de Mme Cornuel ou de Louis XIV, fait qui du reste est à noter chez bien d'autres et comporte diverses interprétations dont il suffit en ce moment de retenir celle-ci : c'est que dans l'état d'esprit où l'on « observe », on est très au-dessous du niveau où l'on se trouve quand on crée.

Il y avait donc, enclavé en mon camarade Bloch, un père Bloch, qui retardait de quarante ans sur son fils, débitait des anecdotes saugrenues, et en riait autant au fond de mon ami que ne faisait le père Bloch extérieur et véritable, puisque au rire que ce dernier lâchait non sans répéter deux ou trois fois le dernier mot, pour que son public goûtât bien l'histoire, s'ajoutait le rire bruyant par lequel le fils ne manquait pas à table de saluer les histoires de son père. C'est ainsi qu'après avoir dit les choses les plus intelligentes, Bloch jeune, manifestant l'apport qu'il avait reçu de sa famille, nous racontait pour la trentième fois quelques-uns des mots que le père Bloch sortait seulement (en même temps que sa redingote) les jours solennels où Bloch jeune amenait quelqu'un qu'il valait la peine d'éblouir : un de ses professeurs, un « copain » qui avait tous les prix, ou, ce soir-là, Saint-Loup et moi. Par exemple : « Un critique militaire très fort, qui avait savamment déduit avec preuves à l'appui pour quelles raisons infaillibles dans la guerre russo-japonaise, les Japonais seraient battus et les Russes vainqueurs », ou bien : « C'est un homme éminent qui passe pour un grand financier dans les milieux politiques et pour un grand politique dans les milieux financiers. » Ces histoires étaient interchangeables avec une du baron de Rothschild et une de sir Rufus Israël, personnages mis en scène d'une manière équivoque qui pouvait donner à entendre que M. Bloch les avait personnellement connus.

J'y fus moi-même pris et à la manière dont M. Bloch père parla de Bergotte, je crus aussi que c'était un de ses vieux amis. Or, tous les gens célèbres, M. Bloch ne les connaissait que « sans les connaître », pour les avoir vus de loin au théâtre, sur les boulevards. Il s'imaginait du reste que sa propre figure, son nom, sa personnalité ne leur étaient pas inconnus et qu'en l'apercevant, ils étaient souvent obligés de retenir une furtive envie de le saluer. Les gens du monde, parce qu'ils connaissent les gens de talent original, qu'ils les reçoivent à dîner, ne les comprennent pas mieux pour cela. Mais quand on a un peu vécu dans le monde, la sottise de ses habitants vous fait trop souhaiter de vivre, trop supposer d'intelligence, dans les milieux obscurs où l'on ne connaît que « sans connaître ». J'allais m'en rendre compte en parlant de Bergotte. M. Bloch n'était pas le seul qui eût des succès chez lui. Mon camarade en avait davantage encore auprès de ses sœurs qu'il ne cessait d'interpeller sur un ton bougon, en enfonçant sa tête dans son assiette ; il les faisait ainsi rire aux larmes. Elles avaient d'ailleurs adopté la langue de leur frère qu'elles parlaient couramment, comme si elle eût été obligatoire et la seule dont pussent user des personnes intelligentes. Quand nous arrivâmes, l'aînée dit à une de ses cadettes : « Va prévenir notre père prudent et notre mère vénérable. – Chiennes, leur dit Bloch, je vous présente le cavalier Saint-Loup, aux javelots rapides, qui est venu pour quelques jours de Doncières aux demeures de pierre polie, féconde en chevaux. » Comme il était aussi vulgaire que lettré, le discours se terminait d'habitude par quelque plaisanterie moins homérique : « Voyons, fermez un peu vos peplos aux belles agrafes, qu'est-ce que c'est que ce chichi-là ? Après tout c'est pas mon père ! » Et les demoiselles Bloch s'écroulaient dans une tempête de rires. Je dis à leur frère combien de joies il m'avait données en me recommandant la lecture de Bergotte dont j'avais adoré les livres.

M. Bloch père qui ne connaissait Bergotte que de loin, et la vie de Bergotte que par les racontars du parterre, avait une manière tout aussi indirecte de prendre connaissance de ses œuvres, à l'aide de jugements d'apparence littéraire. Il vivait dans le monde des à peu près, où l'on salue dans le vide, où l'on juge dans le faux. L'inexactitude, l'incompétence, n'y diminuent pas l'assurance, au contraire. C'est le miracle bienfaisant de l'amour-propre que peu de gens pouvant avoir les relations brillantes et les connaissances profondes, ceux auxquels elles font défaut se croient encore les mieux partagés parce que l'optique des gradins sociaux fait que tout rang semble le meilleur à celui qui l'occupe et qui voit moins favorisés que lui, mal lotis, à plaindre, les plus grands qu'il nomme et calomnie sans les connaître, juge et dédaigne sans les comprendre. Même dans les cas où la multiplication des faibles avantages personnels par l'amour-propre ne suffirait pas à assurer à chacun la dose de bonheur, supérieure à celle accordée aux autres, qui lui est nécessaire, l'envie est là pour combler la différence. Il est vrai que si l'envie s'exprime en phrases dédaigneuses, il faut traduire : « Je ne veux pas le connaître » par « je ne peux pas le connaître ». C'est le sens intellectuel. Mais le sens passionné est bien : « Je ne veux pas le connaître. » On sait que cela n'est pas vrai mais on ne le dit pas cependant par simple artifice, on le dit parce qu'on éprouve ainsi, et cela suffit pour supprimer la distance, c'est-à-dire pour le bonheur.

L'égocentrisme permettant de la sorte à chaque humain de voir l'univers étagé au-dessous de lui qui est roi, M. Bloch se donnait le luxe d'en être un impitoyable quand le matin en prenant son chocolat, voyant la signature de Bergotte au bas d'un article dans le journal à peine entr'ouvert, il lui accordait dédaigneusement une audience écourtée, prononçait sa sentence, et s'octroyait le confortable plaisir de répéter entre chaque gorgée du breuvage bouillant : « Ce Bergotte est devenu illisible. Ce que cet animal-là peut être embêtant. C'est à se désabonner. Comme c'est emberlificoté, quelle tartine ! » Et il reprenait une beurrée.

Cette importance illusoire de M. Bloch père était d'ailleurs étendue un peu au delà du cercle de sa propre perception. D'abord ses enfants le considéraient comme un homme supérieur. Les enfants ont toujours une tendance soit à déprécier, soit à exalter leurs parents, et pour un bon fils, son père est toujours le meilleur des pères, en dehors même de toutes raisons objectives de l'admirer. Or celles-ci ne manquaient pas absolument pour M. Bloch, lequel était instruit, fin, affectueux pour les siens. Dans la famille la plus proche, on se plaisait d'autant plus avec lui que si dans la « société », on juge les gens d'après un étalon, d'ailleurs absurde, et selon des règles fausses mais fixes, par comparaison avec la totalité des autres gens élégants, en revanche dans le morcellement de la vie bourgeoise, les dîners, les soirées de famille tournent autour de personnes qu'on déclare agréables, amusantes, et qui dans le monde ne tiendraient pas l'affiche deux soirs. Enfin, dans ce milieu où les grandeurs factices de l'aristocratie n'existent pas, on les remplace par des distinctions plus folles encore. C'est ainsi que pour sa famille et jusqu'à un degré de parenté fort éloigné, une prétendue ressemblance dans la façon de porter la moustache et dans le haut du nez faisait qu'on appelait M. Bloch un « faux duc d'Aumale ». (Dans le monde des « chasseurs » de cercle, l'un porte sa casquette de travers et sa vareuse très serrée de manière à se donner l'air,

croit-il, d'un officier étranger, n'est-il pas une manière de personnage pour ses camarades ?)
   La ressemblance était des plus vagues, mais on eût dit que ce fût un titre. On répétait : « Bloch ? lequel ? le duc d'Aumale ? » Comme on dit : « La princesse Murat ? laquelle ? la Reine (de Naples) ? » Un certain nombre d'autres infimes indices achevaient de lui donner aux yeux du cousinage une prétendue distinction. N'allant pas jusqu'à avoir une voiture, M. Bloch louait à certains jours une victoria découverte à deux chevaux de la Compagnie et traversait le bois de Boulogne, mollement étendu de travers, deux doigts sur la tempe, deux autres sous le menton et si les gens qui ne le connaissaient pas le trouvaient à cause de cela « faiseur d'embarras », on était persuadé dans la famille que pour le chic, l'oncle Salomon aurait pu en remontrer à Gramont-Caderousse. Il était de ces personnes qui quand elles meurent et à cause d'une table commune avec le rédacteur en chef de cette feuille dans un restaurant des boulevards, sont qualifiés de physionomie bien connue des Parisiens, par la Chronique mondaine du *Radical*. M. Bloch nous dit à Saint-Loup et à moi que Bergotte savait si bien pourquoi lui, M. Bloch, ne le saluait pas, que dès qu'il l'apercevait au théâtre ou au cercle, il fuyait son regard. Saint-Loup rougit, car il réfléchit que ce cercle ne pouvait pas être le Jockey dont son père avait été président. D'autre part ce devait être un cercle relativement fermé, car M. Bloch avait dit que Bergotte n'y serait plus reçu aujourd'hui. Aussi est-ce en tremblant de « sous-estimer l'adversaire » que Saint-Loup demanda si ce cercle était le cercle de la rue Royale, lequel était jugé « déclassant » par la famille de Saint-Loup et où il savait qu'étaient reçus certains Israélites. « Non, répondit M. Bloch d'un air négligent, fier et honteux, c'est un petit cercle, mais beaucoup plus agréable, le Cercle des Ganaches. On y juge sévèrement la galerie. – Est-ce que sir Rufus Israël n'en est pas président ? » demanda Bloch fils à son père, pour lui fournir l'occasion d'un mensonge honorable et sans se douter que ce financier n'avait pas le même prestige aux yeux de Saint-Loup qu'aux siens. En réalité, il y avait au Cercle des Ganaches non point sir Rufus Israël, mais un de ses employés. Mais comme il était fort bien avec le patron, il avait à sa disposition des cartes du grand financier, et en donnait une à M. Bloch, quand celui-ci partait en voyage sur une ligne dont sir Rufus était administrateur, ce qui faisait dire au père Bloch : « Je vais passer au cercle demander une

recommandation de sir Rufus. » Et la carte lui permettait d'éblouir les chefs de train. Les demoiselles Bloch furent plus intéressées par Bergotte et revenant à lui au lieu de poursuivre sur les « Ganaches », la cadette demanda à son frère du ton le plus sérieux du monde car elle croyait qu'il n'existait pas au monde pour désigner les gens de talent d'autres expressions que celles qu'il employait : « Est-ce un coco vraiment étonnant, ce Bergotte ? Est-il de la catégorie des grands bonshommes, des cocos comme Villiers ou Catulle ? – Je l'ai rencontré à plusieurs générales, dit M. Nissim Bernard. Il est gauche, c'est une espèce de Schlemihl. » Cette allusion au conte de Chamisso n'avait rien de bien grave, mais l'épithète de Schlemihl faisait partie de ce dialecte mi-allemand, mi-juif, dont l'emploi ravissait M. Bloch dans l'intimité, mais qu'il trouvait vulgaire et déplacé devant des étrangers. Aussi jeta-t-il un regard sévère sur son oncle. « Il a du talent, dit Bloch. – Ah ! fit gravement sa sœur comme pour dire que dans ces conditions j'étais excusable. – Tous les écrivains ont du talent, dit avec mépris M. Bloch père. – Il paraît même, dit son fils en levant sa fourchette et en plissant ses yeux d'un air diaboliquement ironique, qu'il va se présenter à l'Académie. – Allons donc ! il n'a pas un bagage suffisant, répondit M. Bloch le père qui ne semblait pas avoir pour l'Académie le mépris de son fils et de ses filles. Il n'a pas le calibre nécessaire. – D'ailleurs l'Académie est un salon et Bergotte ne jouit d'aucune surface », déclara l'oncle à héritage de Mme Bloch, personnage inoffensif et doux dont le nom de Bernard eût peut-être à lui seul éveillé les dons de diagnostic de mon grand-père, mais eût paru insuffisamment en harmonie avec un visage qui semblait rapporté du palais de Darius et reconstitué par Mme Dieulafoy, si, choisi par quelque amateur désireux de donner un couronnement oriental à cette figure de Suse, ce prénom de Nissim n'avait fait planer au-dessus d'elle les ailes de quelque taureau androcéphale de Khorsabad. Mais M. Bloch ne cessait d'insulter son oncle, soit qu'il fût excité par la bonhomie sans défense de son souffre-douleur, soit que, la villa étant payée par M. Nissim Bernard, le bénéficiaire voulût montrer qu'il gardait son indépendance et surtout qu'il ne cherchait pas par des cajoleries à s'assurer l'héritage à venir du richard. Celui-ci était surtout froissé qu'on le traitât si grossièrement devant le maître d'hôtel. Il murmura une phrase inintelligible où on distinguait seulement : « Quand les Meschorès sont là. » Meschorès désigne dans la Bible le serviteur de Dieu. Entre eux les Bloch s'en servaient pour désigner les domestiques et en étaient toujours égayés, parce que leur certitude de n'être pas compris ni des chrétiens ni des domestiques eux-mêmes exaltait chez M. Nissim Bernard et M. Bloch leur double particularisme de « maîtres » et de « juifs ». Mais cette dernière cause de satisfaction en devenait une de mécontentement quand il y avait du monde. Alors M. Bloch entendant son oncle dire « Meschorès » trouvait qu'il laissait trop paraître son côté oriental, de même qu'une cocotte qui invite ses amies avec des gens comme il faut est irritée si elles font allusion à leur métier de cocotte, ou emploient des mots malsonnants. Aussi, bien loin que la prière de son oncle produisît quelque effet sur M. Bloch, celui-ci, hors de lui, ne put plus se contenir. Il ne perdit plus une occasion d'invectiver le malheureux oncle. « Naturellement, quand il y a quelque bêtise prudhommesque à dire, on peut être sûr que vous ne la ratez pas. Vous seriez le premier à lui lécher les pieds s'il était là », cria M. Bloch tandis que M. Nissim Bernard attristé inclinait vers son assiette la barbe annelée du roi Sargon. Mon camarade depuis qu'il portait la sienne qu'il avait aussi crépue et bleutée ressemblait beaucoup à son grand-oncle.

– Comment, vous êtes le fils du marquis de Marsantes ? mais je l'ai très bien connu, dit à Saint-Loup M. Nissim Bernard. Je crus qu'il voulait dire « connu » au sens où le père de Bloch disait qu'il connaissait Bergotte, c'est-à-dire de vue. Mais il ajouta : « Votre père était un de mes bons amis. » Cependant Bloch était devenu excessivement rouge, son père avait l'air profondément contrarié, les demoiselles Bloch riaient en s'étouffant. C'est que chez M. Nissim Bernard le goût de l'ostentation, contenu chez M. Bloch le père et chez ses enfants, avait engendré l'habitude du mensonge perpétuel. Par exemple, en voyage à l'hôtel, M. Nissim Bernard, comme aurait pu faire M. Bloch le père, se faisait apporter tous ses journaux par son valet de chambre dans la salle à manger, au milieu du déjeuner, quand tout le monde était réuni, pour qu'on vît bien qu'il voyageait avec un valet de chambre. Mais aux gens avec qui il se liait dans l'hôtel, l'oncle disait, ce que le neveu n'eût jamais fait, qu'il était sénateur. Il avait beau être certain qu'on apprendrait un jour que le titre était usurpé, il ne pouvait au moment même résister au besoin de se le donner. M. Bloch souffrait beaucoup des mensonges de son oncle et de tous les ennuis qu'ils lui causaient.

« Ne faites pas attention, il est extrêmement blagueur, dit-il à mi-voix à Saint-Loup qui n'en fut que plus intéressé, étant très curieux de la psychologie des menteurs. – Plus menteur encore que l'Ithaquesien Odysseus qu'Athènes appelait pourtant le plus menteur des hommes, compléta notre camarade Bloch. – Ah ! par exemple ! s'écria M. Nissim Bernard, si je m'attendais à dîner avec le fils de mon ami ! Mais j'ai à Paris chez moi, une photographie de votre père et combien de lettres de lui. Il m'appelait toujours « mon oncle », on n'a jamais su pourquoi. C'était un homme charmant, étincelant. Je me rappelle un dîner chez moi, à Nice, où il y avait Sardou, Labiche, Augier... – Molière, Racine, Corneille, continua ironiquement M. Bloch le père dont le fils acheva l'énumération en ajoutant : Plaute, Ménandre, Kalidasa. » M. Nissim Bernard blessé arrêta brusquement son récit et, se privant ascétiquement d'un grand plaisir, resta muet jusqu'à la fin du dîner.

– Saint-Loup au casque d'airain, dit Bloch, reprenez un peu de ce canard aux cuisses lourdes de graisse sur lesquelles l'illustre sacrificateur des volailles a répandu de nombreuses libations de vin rouge.

D'habitude, après avoir sorti de derrière les fagots pour un camarade de marque les histoires sur sir Rufus Israël et autres, M. Bloch sentant qu'il avait touché son fils jusqu'à l'attendrissement, se retirait pour ne pas se « galvauder » aux yeux du « potache ». Cependant s'il y avait une raison tout à fait capitale, comme quand son fils par exemple fut reçu à l'agrégation, M. Bloch ajouta à la série habituelle des anecdotes cette réflexion ironique qu'il réservait plutôt pour ses amis personnels et que Bloch jeune fut extrêmement fier de voir débiter pour ses amis à lui : « Le gouvernement a été impardonnable. Il n'a pas consulté M. Coquelin ! M. Coquelin a fait savoir qu'il était mécontent. » (M. Bloch se piquait d'être réactionnaire et méprisant pour les gens de théâtre).

Mais les demoiselles Bloch et leur frère rougirent jusqu'aux oreilles tant ils furent impressionnés quand Bloch père, pour se montrer royal jusqu'au bout envers les deux « labadens » de son fils, donna l'ordre d'apporter du champagne et annonça négligemment que pour nous « régaler », il avait fait prendre trois fauteuils pour la représentation qu'une troupe d'Opéra Comique donnait le soir même au Casino. Il regrettait de n'avoir pu avoir de loge. Elles étaient toutes prises. D'ailleurs il les avait souvent expérimentées, on était mieux à l'orchestre. Seulement, si le défaut de son fils, c'est-à-dire ce que son fils croyait invisible aux autres, était la grossièreté, celui du père était l'avarice. Aussi, c'est dans une carafe qu'il fit servir sous le nom de champagne un petit vin mousseux et sous celui de fauteuils d'orchestre il avait fait prendre des parterres qui coûtaient moitié moins, miraculeusement persuadé par l'intervention divine de son défaut que ni à table, ni au théâtre (où toutes les loges étaient vides) on ne s'apercevrait de la différence. Quand M. Bloch nous eut laissé tremper nos lèvres dans les coupes plates que son fils décorait du nom de « cratères aux flancs profondément creusés », il nous fit admirer un tableau qu'il aimait tant qu'il l'apportait avec lui à Balbec. Il nous dit que c'était un Rubens. Saint-Loup lui demanda naïvement s'il était signé. M. Bloch répondit en rougissant qu'il avait fait couper la signature à cause du cadre, ce qui n'avait pas d'importance, puisqu'il ne voulait pas le vendre. Puis il nous congédia rapidement pour se plonger dans le *Journal Officiel* dont les numéros encombraient la maison et dont la lecture lui était rendue nécessaire, nous dit-il, « par sa situation parlementaire » sur la nature exacte de laquelle il ne nous fournit pas de lumières. « Je prends un foulard, nous dit Bloch, car Zéphyros et Boréas se disputent à qui mieux mieux la mer poissonneuse, et pour peu que nous nous attardions après le spectacle, nous ne rentrerons qu'aux premières lueurs d'Eôs aux doigts de pourpre. À propos, demanda-t-il à Saint-Loup, quand nous fûmes dehors (et je tremblai car je compris bien vite que c'était de M. de Charlus que Bloch parlait sur ce ton ironique), quel était cet excellent fantoche en costume sombre que je vous ai vu promener avant-hier matin sur la plage ? – C'est mon oncle », répondit Saint-Loup piqué. Malheureusement, une « gaffe » était bien loin de paraître à Bloch chose à éviter. Il se tordit de rire : « Tous mes compliments, j'aurais dû le deviner, il a un excellent chic, et une impayable bobine de gaga de la plus haute lignée. – Vous vous trompez du tout au tout, il est très intelligent, riposta Saint-Loup furieux. – Je le regrette car alors il est moins complet. J'aimerais du reste beaucoup le connaître car je suis sûr que j'écrirais des machines adéquates sur des bonshommes comme ça. Celui-là, à voir passer, est crevant. Mais je négligerais le côté caricatural, au fond assez méprisable pour un artiste épris de la beauté plastique des phrases, de la binette qui, excusez-moi, m'a fait gondoler un bon moment, et je mettrais en relief le côté aristocratique de votre oncle, qui en somme fait un effet bœuf, et la première rigolade passée, frappe par un très grand style. Mais, dit-il, en s'adressant cette fois à moi, il y a une chose, dans un tout autre ordre d'idées, sur laquelle je veux t'interroger et chaque fois que nous sommes ensemble, quelque dieu, bienheureux habitant de l'Olympe, me fait oublier totalement de te demander ce renseignement qui eût pu m'être déjà et me sera sûrement fort utile. Quelle est donc cette belle personne avec laquelle je t'ai rencontré au Jardin d'Acclimatation et qui était accompagnée d'un monsieur que je crois connaître de vue et d'une jeune fille à la longue chevelure ? » J'avais bien vu que Mme Swann ne se rappelait pas le nom de Bloch, puisqu'elle m'en avait dit un autre et avait qualifié mon camarade d'attaché à un ministère où je n'avais jamais pensé depuis à m'informer s'il était entré. Mais comment Bloch qui, à ce qu'elle m'avait dit alors, s'était fait présenter à elle pouvait-il ignorer son nom. J'étais si étonné que je restai un moment sans répondre. « En tous cas, tous mes compliments, me dit-il, tu n'as pas dû t'embêter avec elle. Je l'avais rencontrée quelques jours auparavant dans le train de Ceinture. Elle voulut bien dénouer la sienne en faveur de ton serviteur, je n'ai jamais passé de si bons moments et nous allions prendre toutes dispositions pour nous revoir quand une personne qu'elle connaissait eut le mauvais goût de monter à l'avant-dernière station. » Le silence que je gardai ne parut pas plaire à Bloch. « J'espérais, me dit-il, connaître grâce à toi son adresse et aller goûter chez elle, plusieurs fois par semaine, les plaisirs d'Éros, chers aux Dieux, mais je n'insiste pas puisque tu poses pour la discrétion à l'égard d'une professionnelle qui s'est donnée à moi trois fois de suite et de la manière la plus raffinée entre Paris et le Point-du-Jour. Je la retrouverai bien un soir ou l'autre. »

J'allai voir Bloch à la suite de ce dîner, il me rendit ma visite, mais j'étais sorti et il fut aperçu, me demandant, par Françoise, laquelle par hasard bien qu'il fût venu à Combray ne l'avait jamais vu jusque-là. De sorte qu'elle savait seulement qu'un « des Monsieurs » que je connaissais était passé pour me voir, elle ignorait « à quel effet », vêtu d'une manière quelconque et qui ne lui avait pas fait grande impression. Or j'avais beau savoir que certaines idées sociales de Françoise me resteraient toujours impénétrables, qui reposaient peut-être en partie sur des confusions entre des mots, des noms qu'elle avait pris une fois, et à jamais, les uns pour les autres, je ne pus m'empêcher, moi qui avais depuis longtemps renoncé à me poser des questions dans ces cas-là, de chercher, vainement d'ailleurs, ce que le nom de Bloch pouvait représenter d'immense pour Françoise. Car à peine lui eus-je dit que ce jeune homme qu'elle avait aperçu était M. Bloch, elle recula de quelques pas, tant furent grandes sa stupeur et sa déception. « Comment, c'est cela, M. Bloch ! » s'écria-t-elle d'un air atterré comme si un personnage aussi prestigieux eût dû posséder une apparence qui « fît connaître » immédiatement qu'on se trouvait en présence d'un grand de la terre, et à la façon de quelqu'un qui trouve qu'un personnage historique n'est pas à la hauteur de sa réputation, elle répétait d'un ton impressionné, et où on sentait pour l'avenir les germes d'un scepticisme universel : « Comment, c'est ça M. Bloch ! Ah ! vraiment on ne dirait pas à le voir. » Elle avait l'air de m'en garder rancune comme si je lui eusse jamais « surfait » Bloch. Et pourtant elle eut la bonté d'ajouter : « Hé bien, tout M. Bloch qu'il est, Monsieur peut dire qu'il est aussi bien que lui. »

Elle eut bientôt à l'égard de Saint-Loup qu'elle adorait une désillusion d'un autre genre, et d'une moindre dureté : elle apprit qu'il était républicain. Or bien qu'en parlant par exemple de la Reine de Portugal, elle dît avec cet irrespect qui dans le peuple est le respect suprême « Amélie, la sœur à Philippe », Françoise était royaliste. Mais surtout un marquis, un marquis qui l'avait éblouie, et qui était pour la République, ne lui paraissait plus vrai. Elle en marquait la même mauvaise humeur que si je lui eusse donné une boîte qu'elle eût cru d'or, de laquelle elle m'eût remercié avec effusion et qu'ensuite un bijoutier lui eût révélé être en plaqué. Elle retira aussitôt son estime à Saint-Loup, mais bientôt après la lui rendit, ayant réfléchi qu'il ne pouvait pas, étant le marquis de Saint-Loup, être républicain, qu'il faisait seulement semblant, par intérêt, car avec le gouvernement qu'on avait, cela pouvait lui rapporter gros. De ce jour sa froideur envers lui, son dépit contre moi cessèrent. Et quand elle parlait de Saint-Loup, elle disait : « C'est un hypocrite », avec un large et bon sourire qui faisait bien comprendre qu'elle le « considérait » de nouveau autant qu'au premier jour et qu'elle lui avait pardonné.

Or la sincérité et le désintéressement de Saint-Loup étaient au contraire absolus et c'était cette grande pureté morale qui, ne pouvant se satisfaire entièrement dans un sentiment égoïste comme l'amour, ne rencontrant pas d'autre part en lui l'impossibilité qui existait par exemple en moi de trouver sa nourriture spirituelle autre part qu'en soi-même, le rendait vraiment capable, autant que moi incapable, d'amitié.

Françoise ne se trompait pas moins sur Saint-Loup quand elle disait qu'il avait l'air comme ça de ne pas dédaigner le peuple, mais que ce n'est pas vrai et qu'il n'y avait qu'à le voir quand il était en colère après son cocher. Il était arrivé en effet quelquefois à Robert de le gronder avec une certaine rudesse, qui prouvait chez lui moins le sentiment de la différence que de l'égalité entre les classes. « Mais, me dit-il en réponse aux reproches que je lui faisais d'avoir traité un peu durement ce cocher, pourquoi affecterais-je de lui parler poliment ? N'est-il pas mon égal ? N'est-il pas aussi près de moi que mes oncles ou mes cousins ? Vous avez l'air de trouver que je devrais le traiter avec égards, comme un inférieur ! Vous parlez comme un aristocrate », ajouta-t-il avec dédain.

En effet, s'il y avait une classe contre laquelle il eût de la prévention et de la partialité, c'était l'aristocratie, et jusqu'à croire aussi difficilement à la supériorité d'un homme du monde, qu'il croyait facilement à celle d'un homme du peuple. Comme je lui parlais de la princesse de Luxembourg que j'avais rencontrée avec sa tante :

– Une carpe, me dit-il, comme toutes ses pareilles. C'est d'ailleurs un peu ma cousine.

Ayant un préjugé contre les gens qui le fréquentaient, il allait rarement dans le monde et l'attitude méprisante ou hostile qu'il y prenait augmentait encore chez tous ses proches parents le chagrin de sa liaison avec une femme « de théâtre », liaison qu'ils accusaient de lui être fatale et notamment d'avoir développé chez lui cet esprit de dénigrement, ce mauvais esprit, de l'avoir « dévoyé », en attendant qu'il se « déclassât » complètement. Aussi, bien des hommes légers du faubourg Saint-Germain étaient-ils sans pitié quand ils parlaient de la maîtresse de Robert. « Les grues font leur métier, disait-on, elles valent autant que d'autres ; mais celle-là, non ! Nous ne lui pardonnerons pas ! Elle a fait trop de mal à quelqu'un que nous aimons. » Certes, il n'était pas le premier qui eût un fil à la patte. Mais les autres s'amusaient en hommes du monde, continuaient à penser en hommes du monde sur la politique, sur tout. Lui, sa famille le trouvait « aigri ». Elle ne se rendait pas compte que pour bien des jeunes gens du monde, lesquels sans cela resteraient incultes d'esprit, rudes dans leurs amitiés, sans douceur et sans goût, c'est bien souvent leur maîtresse qui est leur vrai maître et les liaisons de ce genre la seule école morale où ils soient initiés à une culture supérieure, où ils apprennent le prix des connaissances désintéressées. Même dans le bas-peuple (qui au point de vue de la grossièreté ressemble si souvent au grand monde), la femme, plus sensible, plus fine, plus oisive, a la curiosité de certaines délicatesses, respecte certaines beautés de sentiment et d'art que, ne les comprît-elle pas, elle place pourtant au-dessus de ce qui semblait le plus désirable à l'homme, l'argent, la situation. Or, qu'il s'agisse de la maîtresse d'un jeune clubman comme Saint-Loup ou d'un jeune ouvrier (les électriciens par exemple comptent aujourd'hui dans les rangs de la Chevalerie véritable), son amant a pour elle trop d'admiration et de respect pour ne pas les étendre à ce qu'elle-même respecte et admire ; et pour lui l'échelle des valeurs s'en trouve renversée. À cause de son sexe même elle est faible, elle a des troubles nerveux, inexplicables, qui chez un homme, et même chez une autre femme, chez une femme dont il est neveu ou cousin auraient fait sourire ce jeune homme robuste. Mais il ne peut voir souffrir celle qu'il aime. Le jeune noble qui comme Saint-Loup a une maîtresse prend l'habitude quand il va dîner avec elle au cabaret d'avoir dans sa poche le valérianate dont elle peut avoir besoin, d'enjoindre au garçon, avec force et sans ironie, de faire attention à fermer les portes sans bruit, à ne pas mettre de mousse humide sur la table, afin d'éviter à son amie ces malaises que pour sa part il n'a jamais ressentis, qui composent pour lui un monde occulte à la réalité duquel elle lui a appris à croire, malaises qu'il plaint maintenant sans avoir besoin pour cela de les connaître, qu'il plaindra même quand ce sera d'autres qu'elle qui les ressentiront. La maîtresse de Saint-Loup – comme les premiers moines du moyen âge, à la chrétienté – lui avait enseigné la pitié envers les animaux, car elle en avait la passion, ne se déplaçant jamais sans son chien, ses serins, ses perroquets ; Saint-Loup veillait sur eux avec des soins maternels et traitait de brutes les gens qui ne sont pas bons avec les bêtes. D'autre part, une actrice, ou soi-disant telle, comme celle qui vivait avec lui – qu'elle fût intelligente ou non, ce que j'ignorais – en lui faisant trouver ennuyeuse la société des femmes du monde et considérer comme une corvée l'obligation d'aller dans une soirée, l'avait préservé du snobisme et guéri de la frivolité. Si grâce à elle les relations mondaines tenaient moins de place dans la vie de son jeune amant, en revanche tandis que s'il avait été un simple homme de salon, la vanité ou l'intérêt auraient dirigé ses amitiés comme la rudesse les aurait empreintes, sa maîtresse lui avait appris à y mettre de la noblesse et du raffinement. Avec son instinct de femme et appréciant plus chez les hommes certaines qualités de sensibilité que son amant eût peut-être sans elle méconnues ou plaisantées, elle avait toujours vite fait de distinguer entre les autres celui des amis de Saint-Loup qui avait pour lui une affection vraie, et de le préférer. Elle savait le forcer à éprouver pour celui-là de la reconnaissance, à la lui témoigner, à remarquer les choses qui lui faisaient plaisir, celles qui lui faisaient de la peine. Et bientôt Saint-Loup, sans plus avoir besoin qu'elle l'avertît, commença à se soucier de tout cela et à Balbec où elle n'était pas, pour moi qu'elle n'avait jamais vu et dont il ne lui avait même peut-être pas encore parlé dans ses lettres, de lui-même il fermait la fenêtre d'une voiture où j'étais, emportait les fleurs qui me faisaient mal, et quand il eut à dire au revoir à la fois à plusieurs personnes, à son départ, s'arrangea à les quitter un peu plus tôt afin de rester seul et en dernier avec moi, de mettre cette différence entre elles et moi, de me traiter autrement que les autres. Sa maîtresse avait ouvert son esprit à l'invisible, elle avait mis du sérieux dans sa vie, des délicatesses dans son cœur, mais tout cela échappait à la famille en larmes qui répétait : « Cette gueuse le tuera, et en attendant elle le déshonore. » Il est vrai qu'il avait fini de tirer d'elle tout le bien qu'elle pouvait lui faire ; et maintenant elle était cause seulement qu'il souffrait sans cesse, car elle l'avait pris en horreur et le torturait. Elle avait commencé un beau jour à le trouver bête et ridicule parce que les amis qu'elle avait parmi les jeunes auteurs et acteurs, lui avaient assuré qu'il l'était, et elle répétait à son tour ce qu'ils avaient dit avec cette passion, cette absence de réserve qu'on montre chaque fois qu'on reçoit du dehors et qu'on adopte des opinions ou des usages qu'on ignorait entièrement. Elle professait volontiers, comme ces comédiens, qu'entre elle et Saint-Loup le fossé était infranchissable, parce qu'ils étaient d'une autre race, qu'elle était une intellectuelle et que lui, quoi qu'il prétendît, était, de naissance, un ennemi de l'intelligence. Cette vue lui semblait profonde et elle en cherchait la vérification dans les paroles les plus insignifiantes, les moindres gestes de son amant. Mais quand les mêmes amis l'eurent en outre convaincue qu'elle détruisait dans une compagnie aussi peu faite pour elle les grandes espérances qu'elle avait, disaient-ils, données, que son amant finirait par déteindre sur elle, qu'à vivre avec lui elle gâchait son avenir d'artiste, à son mépris pour Saint-Loup s'ajouta la même haine que s'il s'était obstiné à vouloir lui inoculer une maladie mortelle. Elle le voyait le moins possible tout en reculant encore le moment d'une rupture définitive, laquelle me paraissait à moi bien peu vraisemblable. Saint-Loup faisait pour elle de tels sacrifices que, à moins qu'elle fût ravissante (mais il n'avait jamais voulu me montrer sa photographie, me disant : « D'abord ce n'est pas une beauté et puis elle vient mal en photographie, ce sont des instantanés que j'ai faits moi-même avec mon Kodak et ils vous donneraient une fausse idée d'elle »), il semblait difficile qu'elle trouvât un second homme qui en consentît de semblables. Je ne songeais pas qu'une certaine toquade de se faire un nom, même quand on n'a pas de talent, que l'estime, rien que l'estime privée, de personnes qui vous imposent, peuvent (ce n'était peut-être du reste pas le cas pour la maîtresse de Saint-Loup) être même pour une petite cocotte des motifs plus déterminants que le plaisir de gagner de l'argent. Saint-Loup qui sans bien comprendre ce qui se passait dans la pensée de sa maîtresse, ne la croyait complètement sincère ni dans les reproches injustes ni dans les promesses d'amour éternel, avait pourtant à certains moments le sentiment qu'elle romprait quand elle le pourrait, et à cause de cela, mû sans doute par l'instinct de conservation de son amour, plus clairvoyant peut-être que Saint-Loup n'était lui-même, usant d'ailleurs d'une habileté pratique qui se conciliait chez lui avec les plus grands et les plus aveugles élans du cœur, il s'était refusé à lui constituer un capital, avait emprunté un argent énorme pour qu'elle ne manquât de rien, mais ne le lui remettait qu'au jour le jour. Et sans doute, au cas où elle eût vraiment songé à le quitter, attendait-elle froidement d'avoir « fait sa pelotte », ce qui avec les sommes données par Saint-Loup demanderait sans doute un temps fort court, mais tout de même concédé en supplément pour prolonger le bonheur de mon nouvel ami – ou son malheur.

Cette période dramatique de leur liaison – et qui était arrivée maintenant à son point le plus aigu, le plus cruel pour Saint-Loup, car elle lui avait défendu de rester à Paris où sa présence l'exaspérait et l'avait forcé de prendre son congé à Balbec, à côté de sa garnison – avait commencé un soir chez une tante de Saint-Loup, lequel avait obtenu d'elle que son amie viendrait pour de nombreux invités dire des fragments d'une pièce symboliste qu'elle avait jouée une fois sur une scène d'avant-garde et pour laquelle elle lui avait fait partager l'admiration qu'elle éprouvait elle-même.

Mais quand elle était apparue, un grand lys à la main, dans un costume copié de l'« Ancilla Domini » et qu'elle avait persuadé à Robert être une véritable « vision d'art », son entrée avait été accueillie dans cette assemblée d'hommes de cercles et de duchesses par des sourires que le ton monotone de la psalmodie, la bizarrerie de certains mots, leur fréquente répétition avaient changés en fous-rires d'abord étouffés, puis si irrésistibles que la pauvre récitante n'avait pu continuer. Le lendemain la tante de Saint-Loup avait été unanimement blâmée d'avoir laissé paraître chez elle une artiste aussi grotesque. Un duc bien connu ne lui cacha pas qu'elle n'avait à s'en prendre qu'à elle-même si elle se faisait critiquer.

– Que diable aussi, on ne nous sort pas des numéros de cette force-là ! Si encore cette femme avait du talent, mais elle n'en a et n'en aura jamais aucun. Sapristi ! Paris n'est pas si bête qu'on veut bien le dire. La société n'est pas composée que d'imbéciles. Cette petite demoiselle a évidemment cru étonner Paris. Mais Paris est plus difficile à étonner que cela et il y a tout de même des affaires qu'on ne nous fera pas avaler.

Quant à l'artiste, elle sortit en disant à Saint-Loup :

– Chez quelles dindes, chez quelles garces sans éducation, chez quels goujats m'as-tu fourvoyée ? J'aime mieux te le dire, il n'y en avait pas un des hommes présents qui ne m'eût fait de l'œil, du pied, et c'est parce que j'ai repoussé leurs avances qu'ils ont cherché à se venger.

Paroles qui avaient changé l'antipathie de Robert pour les gens du monde en une horreur autrement profonde et douloureuse et que lui inspiraient particulièrement ceux qui la méritaient le moins, des parents dévoués qui, délégués par la famille, avaient cherché à persuader à l'amie de Saint-Loup de rompre avec lui, démarche qu'elle lui présentait comme inspirée par leur amour pour elle. Robert quoiqu'il eût aussitôt cessé de les fréquenter pensait, quand il était loin de son amie comme maintenant, qu'eux ou d'autres en profitaient pour revenir à la charge et avaient peut-être reçu ses faveurs. Et quand il parlait des viveurs qui trompent leurs amis, cherchent à corrompre les femmes, tâchent de les faire venir dans des maisons de passe, son visage respirait la souffrance et la haine.

– Je les tuerais avec moins de remords qu'un chien qui est du moins une bête gentille, loyale et fidèle. En voilà qui méritent la guillotine, plus que des malheureux qui ont été conduits au crime par la misère et par la cruauté des riches.

Il passait la plus grande partie de son temps à envoyer à sa maîtresse des lettres et des dépêches. Chaque fois que, tout en l'empêchant de venir à Paris, elle trouvait, à distance, le moyen d'avoir une brouille avec lui, je l'apprenais à sa figure décomposée. Comme sa maîtresse ne lui disait jamais ce qu'elle avait à lui reprocher, soupçonnant que, peut-être, si elle ne le lui disait pas, c'est qu'elle ne le savait pas, et qu'elle avait simplement assez de lui, il aurait pourtant voulu avoir des explications, il lui écrivait : « Dis-moi ce que j'ai fait de mal. Je suis prêt à reconnaître mes torts », le chagrin qu'il éprouvait ayant pour effet de le persuader qu'il avait mal agi.

Mais elle lui faisait attendre indéfiniment des réponses d'ailleurs dénuées de sens. Aussi c'est presque toujours le front soucieux et bien souvent les mains vides que je voyais Saint-Loup revenir de la poste où, seul de tout l'hôtel avec Françoise, il allait chercher ou porter lui-même ses lettres, lui par impatience d'amant, elle par méfiance de domestique. (Les dépêches le forçaient à faire beaucoup plus de chemin.)

Quand quelques jours après le dîner chez les Bloch ma grand'mère me dit d'un air joyeux que Saint-Loup venait de lui demander si avant qu'il quittât Balbec elle ne voulait pas qu'il la photographiât, et quand je vis qu'elle avait mis pour cela sa plus belle toilette et hésitait entre diverses coiffures, je me sentis un peu irrité de cet enfantillage qui m'étonnait tellement de sa part. J'en arrivais même à me demander si je ne m'étais pas trompé sur ma grand'mère, si je ne la plaçais pas trop haut, si elle était aussi détachée que j'avais toujours cru de ce qui concernait sa personne, si elle n'avait pas ce que je croyais lui être le plus étranger, de la coquetterie.

Malheureusement, ce mécontentement que me causaient le projet de séance photographique et surtout la satisfaction que ma grand'mère paraissait en ressentir, je le laissai suffisamment apercevoir pour que Françoise le remarquât et s'empressât involontairement de l'accroître en me tenant un discours sentimental et attendri auquel je ne voulus pas avoir l'air d'adhérer.

– Oh ! monsieur, cette pauvre madame qui sera si heureuse

qu'on tire son portrait, et qu'elle va même mettre le chapeau que sa vieille Françoise, elle lui a arrangé, il faut la laisser faire, monsieur.

Je me convainquis que je n'étais pas cruel de me moquer de la sensibilité de Françoise, en me rappelant que ma mère et ma grand'mère, mes modèles en tout, le faisaient souvent aussi. Mais ma grand'mère, s'apercevant que j'avais l'air ennuyé, me dit que si cette séance de pose pouvait me contrarier elle y renoncerait. Je ne le voulus pas, je l'assurai que je n'y voyais aucun inconvénient et la laissai se faire belle, mais je crus faire preuve de pénétration et de force en lui disant quelques paroles ironiques et blessantes destinées à neutraliser le plaisir qu'elle semblait trouver à être photographiée, de sorte que si je fus contraint de voir le magnifique chapeau de ma grand'mère, je réussis du moins à faire disparaître de son visage cette expression joyeuse qui aurait dû me rendre heureux et qui, comme il arrive trop souvent tant que sont encore en vie les êtres que nous aimons le mieux, nous apparaît comme la manifestation exaspérante d'un travers mesquin plutôt que comme la forme précieuse du bonheur que nous voudrions tant leur procurer. Ma mauvaise humeur venait surtout de ce que cette semaine-là ma grand'mère avait paru me fuir, et que je n'avais pu l'avoir un instant à moi, pas plus le jour que le soir. Quand je rentrais dans l'après-midi pour être un peu seul avec elle, on me disait qu'elle n'était pas là ; ou bien elle s'enfermait avec Françoise pour de longs conciliabules qu'il ne m'était pas permis de troubler. Et quand ayant passé la soirée dehors avec Saint-Loup je songeais pendant le trajet du retour au moment où j'allais pouvoir retrouver et embrasser ma grand'mère, j'avais beau attendre qu'elle frappât contre la cloison ces petits coups qui me diraient d'entrer lui dire bonsoir, je n'entendais rien ; je finissais par me coucher, lui en voulant un peu de ce qu'elle me privât, avec une indifférence si nouvelle de sa part, d'une joie sur laquelle j'avais compté tant, je restais encore, le cœur palpitant comme dans mon enfance, à écouter le mur qui restait muet et je m'endormais dans les larmes.

Ce jour-là, comme les précédents, Saint-Loup avait été obligé d'aller à Doncières où, en attendant qu'il y rentrât d'une manière définitive, on aurait toujours besoin de lui maintenant jusqu'à la fin de l'après-midi. Je regrettais qu'il ne fût pas à Balbec. J'avais vu descendre de voiture et entrer, les unes dans la salle de danse du

Casino, les autres chez le glacier, des jeunes femmes qui, de loin, m'avaient paru ravissantes. J'étais dans une de ces périodes de la jeunesse, dépourvues d'un amour particulier, vacantes, où partout – comme un amoureux la femme dont il est épris – on désire, on cherche, on voit la beauté. Qu'un seul trait réel – le peu qu'on distingue d'une femme vue de loin, ou de dos – nous permette de projeter la Beauté devant nous, nous nous figurons l'avoir reconnue, notre cœur bat, nous pressons le pas, et nous resterons toujours à demi persuadés que c'était elle, pourvu que la femme ait disparu : ce n'est que si nous pouvons la rattraper que nous comprenons notre erreur.

D'ailleurs, de plus en plus souffrant, j'étais tenté de surfaire les plaisirs les plus simples à cause des difficultés mêmes qu'il y avait pour moi à les atteindre. Des femmes élégantes, je croyais en apercevoir partout, parce que j'étais trop fatigué si c'était sur la plage, trop timide si c'était au Casino ou dans une pâtisserie pour les approcher nulle part. Pourtant, si je devais bientôt mourir, j'aurais aimé savoir comment étaient faites de près, en réalité, les plus jolies jeunes filles que la vie pût offrir, quand même c'eût été un autre que moi, ou même personne, qui dût profiter de cette offre (je ne me rendais pas compte, en effet, qu'il y avait un désir de possession à l'origine de ma curiosité). J'aurais osé entrer dans la salle de bal, si Saint-Loup avait été avec moi. Seul, je restai simplement devant le Grand-Hôtel à attendre le moment d'aller retrouver ma grand'mère, quand, presque encore à l'extrémité de la digue où elles faisaient mouvoir une tache singulière, je vis s'avancer cinq ou six fillettes, aussi différentes, par l'aspect et par les façons, de toutes les personnes auxquelles on était accoutumé à Balbec, qu'aurait pu l'être, débarquée on ne sait d'où, une bande de mouettes qui exécute à pas comptés sur la plage, – les retardataires rattrapant les autres en voletant – une promenade dont le but semble aussi obscur aux baigneurs qu'elles ne paraissent pas voir, que clairement déterminé pour leur esprit d'oiseaux.

Une de ces inconnues poussait devant elle, de la main, sa bicyclette ; deux autres tenaient des « clubs » de golf ; et leur accoutrement tranchait sur celui des autres jeunes filles de Balbec, parmi lesquelles quelques-unes il est vrai, se livraient aux sports, mais sans adopter pour cela une tenue spéciale.

C'était l'heure où dames et messieurs venaient tous les jours faire leur tour de digue, exposés aux feux impitoyables du face-à-main que fixait sur eux, comme s'ils eussent été porteurs de quelque tare qu'elle tenait à inspecter dans ses moindres détails, la femme du premier président, fièrement assise devant le kiosque de musique, au milieu de cette rangée de chaises redoutée où eux-mêmes tout à l'heure, d'acteurs devenus critiques, viendraient s'installer pour juger à leur tour ceux qui défileraient devant eux. Tous ces gens qui longeaient la digue en tanguant aussi fort que si elle avait été le pont d'un bateau (car ils ne savaient pas lever une jambe sans du même coup remuer le bras, tourner les yeux, remettre d'aplomb leurs épaules, compenser par un mouvement balancé du côté opposé le mouvement qu'ils venaient de faire de l'autre côté, et congestionner leur face), et qui, faisant semblant de ne pas voir pour faire croire qu'ils ne se souciaient pas d'elles, mais regardant à la dérobée pour ne pas risquer de les heurter les personnes qui marchaient à leurs côtés ou venaient en sens inverse, butaient au contraire contre elles, s'accrochaient à elles, parce qu'ils avaient été réciproquement de leur part l'objet de la même attention secrète, cachée sous le même dédain apparent ; l'amour – par conséquent la crainte – de la foule étant un des plus puissants mobiles chez tous les hommes, soit qu'ils cherchent à plaire aux autres ou à les étonner, soit à leur montrer qu'ils les méprisent. Chez le solitaire, la claustration même absolue et durant jusqu'à la fin de la vie a souvent pour principe un amour déréglé de la foule qui l'emporte tellement sur tout autre sentiment, que, ne pouvant obtenir quand il sort l'admiration de la concierge, des passants, du cocher arrêté, il préfère n'être jamais vu d'eux, et pour cela renoncer à toute activité qui rendrait nécessaire de sortir.

    Au milieu de tous ces gens dont quelques-uns poursuivaient une pensée, mais en trahissaient alors la mobilité par une saccade de gestes, une divagation de regards, aussi peu harmonieuses que la circonspecte titubation de leurs voisins, les fillettes que j'avais aperçues, avec la maîtrise de gestes que donne un parfait assouplissement de son propre corps et un mépris sincère du reste de l'humanité, venaient droit devant elles, sans hésitation ni raideur, exécutant exactement les mouvements qu'elles voulaient, dans une pleine indépendance de chacun de leurs membres par rapport aux autres, la plus grande partie de leur corps gardant cette immobilité si remarquable chez les bonnes valseuses. Elles n'étaient plus loin de moi. Quoique chacune fût un type absolument différent des autres, elles avaient toutes de la beauté ; mais à vrai dire, je les voyais depuis si peu d'instants et sans oser les regarder fixement que je n'avais encore individualisé aucune d'elles. Sauf une, que son nez droit, sa peau brune mettait en contraste au milieu des autres comme, dans quelque tableau de la Renaissance, un roi Mage de type arabe, elles ne m'étaient connues, l'une que par une paire d'yeux durs, butés et rieurs ; une autre que par des joues où le rose avait cette teinte cuivrée qui évoque l'idée de géranium ; et même ces traits je n'avais encore indissolublement attaché aucun d'entre eux à l'une des jeunes filles plutôt qu'à l'autre ; et quand (selon l'ordre dans lequel se déroulait cet ensemble merveilleux parce qu'y voisinaient les aspects les plus différents, que toutes les gammes de couleurs y étaient rapprochées, mais qui était confus comme une musique où je n'aurais pas su isoler et reconnaître au moment de leur passage les phrases, distinguées mais oubliées aussitôt après) je voyais émerger un ovale blanc, des yeux noirs, des yeux verts, je ne savais pas si c'était les mêmes qui m'avaient déjà apporté du charme tout à l'heure, je ne pouvais pas les rapporter à telle jeune fille que j'eusse séparée des autres et reconnue. Et cette absence, dans ma vision, des démarcations que j'établirais bientôt entre elles, propageait à travers leur groupe un flottement harmonieux, la translation continue d'une beauté fluide, collective et mobile.

Ce n'était peut-être pas, dans la vie, le hasard seul qui, pour réunir ces amies les avait toutes choisies si belles ; peut-être ces filles (dont l'attitude suffisait à révéler la nature hardie, frivole et dure), extrêmement sensibles à tout ridicule et à toute laideur, incapables de subir un attrait d'ordre intellectuel ou moral, s'étaient-elles naturellement trouvées, parmi les camarades de leur âge, éprouver de la répulsion pour toutes celles chez qui des dispositions pensives ou sensibles se trahissaient par de la timidité, de la gêne, de la gaucherie, par ce qu'elles devaient appeler « un genre antipa-thique », et les avaient-elles tenues à l'écart ; tandis qu'elles s'étaient liées au contraire avec d'autres vers qui les attiraient un certain mélange de grâce, de souplesse et d'élégance physique, seule forme sous laquelle elles pussent se représenter la franchise d'un caractère séduisant et la promesse de bonnes heures à passer ensemble. Peut-être aussi la classe à laquelle elles appartenaient et que je n'aurais pu préciser, était-elle à ce point de son évolution où, soit grâce à l'enrichissement et au loisir, soit grâce aux habitudes nouvelles de sport, répandues même dans certains milieux populaires, et d'une culture physique à laquelle ne s'est pas encore ajoutée celle de l'intelligence, un milieu social pareil aux écoles de sculpture harmonieuses et fécondes qui, ne recherchant pas encore l'expression tourmentée, produit naturellement, et en abondance, de beaux corps aux belles jambes, aux belles hanches, aux visages sains et reposés, avec un air d'agilité et de ruse. Et n'étaient-ce pas de nobles et calmes modèles de beauté humaine que je voyais là, devant la mer, comme des statues exposées au soleil sur un rivage de la Grèce ?

Telles que si, du sein de leur bande qui progressait le long de la digue comme une lumineuse comète, elles eussent jugé que la foule environnante était composée des êtres d'une autre race et dont la souffrance même n'eût pu éveiller en elles un sentiment de solidarité, elles ne paraissaient pas la voir, forçaient les personnes arrêtées à s'écarter ainsi que sur le passage d'une machine qui eût été lâchée et dont il ne fallait pas attendre qu'elle évitât les piétons, et se contentaient tout au plus, si quelque vieux monsieur dont elles n'admettaient pas l'existence et dont elles repoussaient le contact s'était enfui avec des mouvements craintifs ou furieux, précipités ou risibles, de se regarder entre elles en riant. Elles n'avaient à l'égard de ce qui n'était pas de leur groupe aucune affectation de mépris, leur mépris sincère suffisait. Mais elles ne pouvaient voir un obstacle sans s'amuser à le franchir en prenant leur élan ou à pieds joints, parce qu'elles étaient toutes remplies, exubérantes, de cette jeunesse qu'on a si grand besoin de dépenser même quand on est triste ou souffrant, obéissant plus aux nécessités de l'âge qu'à l'humeur de la journée, qu'on ne laisse jamais passer une occasion de saut ou de glissade sans s'y livrer consciencieusement, interrompant, semant sa marche lente – comme Chopin la phrase la plus mélancolique – de gracieux détours où le caprice se mêle à la virtuosité. La femme d'un vieux banquier, après avoir hésité pour son mari entre diverses expositions, l'avait assis, sur un pliant, face à la digue, abrité du vent et du soleil par le kiosque des musiciens. Le voyant bien installé, elle venait de le quitter pour aller lui acheter un journal qu'elle lui lirait et qui le distrairait, petites absences pendant lesquelles elle le laissait seul et qu'elle ne prolongeait jamais au delà de cinq minutes, ce qui lui semblait bien long, mais qu'elle renouvelait assez fréquemment pour que le vieil époux à qui elle prodiguait à la fois et dissimulait ses soins eût l'impression qu'il était encore en état de vivre comme tout le monde et n'avait nul besoin de protection. La tribune des musiciens formait au-dessus de lui un tremplin naturel et tentant sur lequel sans une hésitation l'aînée de la petite bande se mit à courir : elle sauta par-dessus le vieillard épouvanté, dont la casquette marine fut effleurée par les pieds agiles, au grand amusement des autres jeunes filles, surtout de deux yeux verts dans une figure poupine qui exprimèrent pour cet acte une admiration et une gaieté où je crus discerner un peu de timidité, d'une timidité honteuse et fanfaronne, qui n'existait pas chez les autres. « C'pauvre vieux y m'fait d'la peine, il a l'air à moitié crevé », dit l'une de ces filles d'une voix rogommeuse et avec un accent à demi ironique. Elles firent quelques pas encore, puis s'arrêtèrent un moment au milieu du chemin sans s'occuper d'arrêter la circulation des passants, en un conciliabule, un agrégat de forme irrégulière, compact, insolite et piaillant, comme des oiseaux qui s'assemblent au moment de s'envoler ; puis elles reprirent leur lente promenade le long de la digue, au-dessus de la mer.

Maintenant, leurs traits charmants n'étaient plus indistincts et mêlés. Je les avais répartis et agglomérés (à défaut du nom de chacune, que j'ignorais) autour de la grande qui avait sauté par dessus le vieux banquier ; de la petite qui détachait sur l'horizon de la mer ses joues bouffies et roses, ses yeux verts ; de celle au teint bruni, au nez droit, qui tranchait au milieu des autres ; d'une autre, au visage blanc comme un œuf dans lequel un petit nez faisait un arc de cercle comme un bec de poussin, visage comme en ont certains très jeunes gens ; d'une autre encore, grande, couverte d'une pèlerine (qui lui donnait un aspect si pauvre et démentait tellement sa tournure élégante que l'explication qui se présentait à l'esprit était que cette jeune fille devait avoir des parents assez brillants et plaçant leur amour-propre assez au-dessus des baigneurs de Balbec et de l'élégance vestimentaire de leurs propres enfants pour qu'il leur fût absolument égal de la laisser se promener sur la digue dans une tenue que de petites gens eussent jugée trop modeste) ; d'une fille aux yeux brillants, rieurs, aux grosses joues mates, sous un « polo » noir, enfoncé sur sa tête, qui poussait une bicyclette avec un dandinement de hanches si dégingandé, en employant des termes d'argot si voyous et criés si fort, quand je passai auprès d'elle (parmi lesquels je distinguai cependant la phrase fâcheuse de « vivre sa vie ») qu'abandonnant l'hypothèse que la pèlerine de sa camarade m'avait fait échafauder, je conclus plutôt que toutes ces filles appartenaient à la population qui fréquente les vélodromes, et devaient être les très jeunes maîtresses de coureurs cyclistes. En tous cas, dans aucune de mes suppositions, ne figurait celle qu'elles eussent pu être vertueuses. À première vue – dans la manière dont elles se regardaient en riant, dans le regard insistant de celle aux joues mates – j'avais compris qu'elles ne l'étaient pas. D'ailleurs, ma grand-mère avait toujours veillé sur moi avec une délicatesse trop timorée pour que je ne crusse pas que l'ensemble des choses qu'on ne doit pas faire est indivisible et que des jeunes filles qui manquent de respect à la vieillesse fussent tout d'un coup arrêtées par des scrupules quand il s'agit de plaisirs plus tentateurs que de sauter par-dessus un octogénaire.

Individualisées maintenant pourtant, la réplique que se donnaient les uns aux autres leurs regards animés de suffisance et d'esprit de camaraderie, et dans lesquels se rallumaient d'instant en instant tantôt l'intérêt, tantôt l'insolente indifférence dont brillait chacune, selon qu'il s'agissait de l'une de ses amies ou des passants, cette conscience aussi de se connaître entre elles assez intimement pour se promener toujours ensemble, en faisant « bande à part », mettaient entre leurs corps indépendants et séparés, tandis qu'ils s'avançaient lentement, une liaison invisible, mais harmonieuse comme une même ombre chaude, une même atmosphère, faisant d'eux un tout aussi homogène en ses parties qu'il était différent de la foule au milieu de laquelle se déroulait lentement leur cortège.

Un instant, tandis que je passais à côté de la brune aux grosses joues qui poussait une bicyclette, je croisai ses regards obliques et rieurs, dirigés du fond de ce monde inhumain qui enfermait la vie de cette petite tribu, inaccessible inconnu où l'idée de ce que j'étais ne pouvait certainement ni parvenir ni trouver place. Toute occupée à ce que disaient ses camarades, cette jeune fille coiffée d'un polo qui descendait très bas sur son front m'avait-elle vu au moment où le rayon noir émané de ses yeux m'avait rencontré. Si elle m'avait vu, qu'avais-je pu lui représenter ? Du sein de quel univers me distinguait-elle ? Il m'eût été aussi difficile de le dire que, lorsque certaines particularités nous apparaissent grâce au télescope, dans un astre voisin, il est malaisé de conclure d'elles que des humains y habitent, qu'ils nous voient, et quelles idées cette vue a pu éveiller en eux.

Si nous pensions que les yeux d'une telle fille ne sont qu'une brillante rondelle de mica, nous ne serions pas avides de connaître et d'unir à nous sa vie. Mais nous sentons que ce qui luit dans ce disque réfléchissant n'est pas dû uniquement à sa composition matérielle ; que ce sont, inconnues de nous, les noires ombres des idées que cet être se fait, relativement aux gens et aux lieux qu'il connaît – pelouses des hippodromes, sable des chemins où, pédalant à travers champs et bois, m'eût entraîné cette petite péri, plus séduisante pour moi que celle du paradis persan, – les ombres aussi de la maison où elle va rentrer, des projets qu'elle forme ou qu'on a formés pour elle ; et surtout que c'est elle, avec ses désirs, ses sympathies, ses répulsions, son obscure et incessante volonté. Je savais que je ne posséderais pas cette jeune cycliste si je ne possédais aussi ce qu'il y avait dans ses yeux. Et c'était par conséquent toute sa vie qui m'inspirait du désir ; désir douloureux, parce que je le sentais irréalisable, mais enivrant, parce que ce qui avait été jusque-là ma vie ayant brusquement cessé d'être ma vie totale, n'étant plus qu'une petite partie de l'espace étendu devant moi que je brûlais de couvrir, et qui était fait de la vie de ces jeunes filles, m'offrait ce prolongement, cette multiplication possible de soi-même, qui est le bonheur. Et, sans doute, qu'il n'y eût entre nous aucune habitude – comme aucune idée – communes, devait me rendre plus difficile de me lier avec elles et de leur plaire. Mais peut-être aussi c'était grâce à ces différences, à la conscience qu'il n'entrait pas, dans la composition de la nature et des actions de ces filles, un seul élément que je connusse ou possédasse, que venait en moi de succéder à la satiété, la soif – pareille à celle dont brûle une terre altérée – d'une vie que mon âme, parce qu'elle n'en avait jamais reçu jusqu'ici une seule goutte, absorberait d'autant plus avidement, à longs traits, dans une plus parfaite imbibition.

J'avais tant regardé cette cycliste aux yeux brillants qu'elle parut s'en apercevoir et dit à la plus grande un mot que je n'entendis pas, mais qui fit rire celle-ci. À vrai dire, cette brune n'était pas celle qui me plaisait le plus, justement parce qu'elle était brune, et que (depuis le jour où dans le petit raidillon de Tansonville, j'avais vu Gilberte) une jeune fille rousse à la peau dorée était restée pour moi l'idéal inaccessible. Mais Gilberte elle-même, ne l'avais-je pas aimée surtout parce qu'elle m'était apparue nimbée par cette auréole d'être l'amie de Bergotte, d'aller visiter avec lui les cathédrales. Et de la même façon ne pouvais-je me réjouir d'avoir vu cette brune me regarder (ce qui me faisait espérer qu'il me serait plus facile d'entrer en relations avec elle d'abord), car elle me présenterait aux autres, à l'impitoyable qui avait sauté par-dessus le vieillard, à la cruelle qui avait dit : « Il me fait de la peine, ce pauvre vieux » ; à toutes successivement, desquelles elle avait d'ailleurs le prestige d'être l'inséparable compagne. Et cependant, la supposition que je pourrais un jour être l'ami de telle ou telle de ces jeunes filles, que ces yeux, dont les regards inconnus me frappaient parfois en jouant sur moi sans le savoir comme un effet de soleil sur un mur, pourraient jamais par une alchimie miraculeuse laisser transpénétrer entre leurs parcelles ineffables l'idée de mon existence, quelque amitié pour ma personne, que moi-même je pourrais un jour prendre place entre elles, dans la théorie qu'elles déroulaient le long de la mer – cette supposition me paraissait enfermer en elle une contradiction aussi insoluble que si, devant quelque frise attique ou quelque fresque figurant un cortège, j'avais cru possible, moi spectateur, de prendre place, aimé d'elles, entre les divines processionnaires.

Le bonheur de connaître ces jeunes filles était-il donc irréalisable ? Certes ce n'eût pas été le premier de ce genre auquel j'eusse renoncé. Je n'avais qu'à me rappeler tant d'inconnues que, même à Balbec, la voiture s'éloignant à toute vitesse m'avait fait à jamais abandonner. Et même le plaisir que me donnait la petite bande, noble comme si elle était composée de vierges helléniques, venait de ce qu'elle avait quelque chose de la fuite des passantes sur la route. Cette fugacité des êtres qui ne sont pas connus de nous, qui nous forcent à démarrer de la vie habituelle où les femmes que nous fréquentons finissent par dévoiler leurs tares, nous met dans cet état de poursuite où rien n'arrête plus l'imagination. Or dépouiller d'elle nos plaisirs, c'est les réduire à eux-mêmes, à rien. Offertes chez une de ces entremetteuses que, par ailleurs, on a vu que je ne méprisais pas, retirées de l'élément qui leur donnait tant de nuances et de vague, ces jeunes filles m'eussent moins enchanté. Il faut que l'imagination, éveillée par l'incertitude de pouvoir atteindre son objet, crée un but qui nous cache l'autre, et en substituant au plaisir sensuel l'idée de pénétrer dans une vie, nous empêche de reconnaître ce plaisir, d'éprouver son goût véritable, de le restreindre à sa portée.

Il faut qu'entre nous et le poisson qui si nous le voyions pour la première fois servi sur une table ne paraîtrait pas valoir les mille ruses et détours nécessaires pour nous emparer de lui, s'interpose, pendant les après-midi de pêche, le remous à la surface duquel viennent affleurer, sans que nous sachions bien ce que nous voulons en faire, le poli d'une chair, l'indécision d'une forme, dans la fluidité d'un transparent et mobile azur.

Ces jeunes filles bénéficiaient aussi de ce changement des proportions sociales caractéristiques de la vie des bains de mer. Tous les avantages qui dans notre milieu habituel nous prolongent, nous agrandissent, se trouvent là devenus invisibles, en fait supprimés ; en revanche les êtres à qui on suppose indûment de tels avantages ne s'avancent qu'amplifiés d'une étendue postiche. Elle rendait plus aisé que des inconnues, et ce jour-là ces jeunes filles, prissent à mes yeux une importance énorme, et impossible de leur faire connaître celle que je pouvais avoir.

Mais si la promenade de la petite bande avait pour elle de n'être qu'un extrait de la fuite innombrable de passantes, laquelle m'avait toujours troublé, cette fuite était ici ramenée à un mouvement tellement lent qu'il se rapprochait de l'immobilité. Or, précisément, que dans une phase aussi peu rapide, les visages non plus emportés dans un tourbillon, mais calmes et distincts, me parussent encore beaux, cela m'empêchait de croire, comme je l'avais fait si souvent quand m'emportait la voiture de Mme de Villeparisis, que, de plus près, si je me fusse arrêté un instant, tels détails, une peau grêlée, un défaut dans les ailes du nez, un regard benêt, la grimace du sourire, une vilaine taille, eussent remplacé dans le visage et dans le corps de la femme ceux que j'avais sans doute imaginés ; car il avait suffi d'une jolie ligne de corps, d'un teint frais entrevu, pour que de très bonne foi j'y eusse ajouté quelque ravissante épaule, quelque regard délicieux dont je portais toujours en moi le souvenir ou l'idée préconçue, ces déchiffrages rapides d'un être qu'on voit à la volée nous exposant ainsi aux mêmes erreurs que ces lectures trop rapides où, sur une seule syllabe et sans prendre le temps d'identifier les autres, on met à la place du mot qui est écrit un tout différent que nous fournit notre mémoire. Il ne pouvait en être ainsi maintenant. J'avais bien regardé leurs visages ; chacun d'eux je l'avais vu, non pas dans tous ses profils, et rarement de face, mais tout de même selon deux ou trois aspects assez différents pour que je pusse faire soit la rectification, soit la vérification et la « preuve » des différentes suppositions de lignes et de couleurs que hasarde la première vue, et pour voir subsister en eux, à travers les expressions successives, quelque chose d'inaltérablement matériel. Aussi, je pouvais me dire avec certitude que, ni à Paris, ni à Balbec, dans les hypothèses les plus favorables de ce qu'auraient pu être, même si j'avais pu rester à causer avec elles, les passantes qui avaient arrêté mes yeux, il n'y en avait jamais eu dont l'apparition, puis la disparition sans que je les eusse connues, m'eussent laissé plus de regrets que ne feraient celles-ci, m'eussent donné l'idée que leur amitié pût être une telle ivresse. Ni parmi les actrices, ou les paysannes, ou les demoiselles du pensionnat religieux, je n'avais rien vu d'aussi beau, imprégné d'autant d'inconnu, aussi inestimablement précieux, aussi vraisemblablement inaccessible. Elles étaient, du bonheur inconnu et possible de la vie, un exemplaire si délicieux et en si parfait état, que c'était presque pour des raisons intellectuelles que j'étais désespéré, de peur de ne pas pouvoir faire dans des conditions uniques, ne laissant aucune place à l'erreur possible, l'expérience de ce que nous offre de plus mystérieux la beauté qu'on désire et qu'on se console de ne posséder jamais, en demandant du plaisir – comme Swann avait toujours refusé de faire, avant Odette – à des femmes qu'on n'a pas désirées, si bien qu'on meurt sans avoir jamais su ce qu'était cet autre plaisir. Sans doute, il se pouvait qu'il ne fût pas en réalité un plaisir inconnu, que de près son mystère se dissipât, qu'il ne fût qu'une projection, qu'un mirage du désir. Mais, dans ce cas, je ne pourrais m'en prendre qu'à la nécessité d'une loi de la nature – qui, si elle s'appliquait à ces jeunes filles, s'appliquerait à toutes – et non à la défectuosité de l'objet. Car il était celui que j'eusse choisi entre tous, me rendant bien compte, avec une satisfaction de botaniste, qu'il n'était pas possible de trouver réunies des espèces plus rares que celles de ces jeunes fleurs qui interrompaient en ce moment devant moi la ligne du flot de leur haie légère, pareille à un bosquet de roses de Pennsylvanie, ornement d'un jardin sur la falaise, entre lesquelles tient tout le trajet de l'océan parcouru par quelque steamer, si lent à glisser sur le trait horizontal et bleu qui va d'une tige à l'autre, qu'un papillon paresseux, attardé au fond de la corolle que la coque du navire a depuis longtemps dépassée, peut pour s'envoler en étant sûr d'arriver avant le vaisseau, attendre que rien qu'une seule parcelle azurée sépare encore la proue de celui-ci du premier pétale de la fleur vers laquelle il navigue.

 Je rentrai parce que je devais aller dîner à Rivebelle avec Robert et que ma grand'mère exigeait qu'avant de partir, je m'étendisse ces soirs-là pendant une heure sur mon lit, sieste que le médecin de Balbec m'ordonna bientôt d'étendre à tous les autres soirs.

D'ailleurs, il n'y avait même pas besoin pour rentrer de quitter la digue et de pénétrer dans l'hôtel par le hall, c'est-à-dire par derrière. En vertu d'une avance comparable à celle du samedi où à Combray on déjeunait une heure plus tôt, maintenant avec le plein de l'été les jours étaient devenus si longs que le soleil était encore haut dans le ciel, comme à une heure de goûter, quand on mettait le couvert pour le dîner au Grand-Hôtel de Balbec. Aussi les grandes fenêtres vitrées et à coulisses restaient-elles ouvertes de plain-pied avec la digue. Je n'avais qu'à enjamber un mince cadre de bois pour me trouver dans la salle à manger que je quittais aussitôt pour prendre l'ascenseur.

En passant devant le bureau j'adressai un sourire au directeur, et sans l'ombre de dégoût, en recueillis un dans sa figure que, depuis que j'étais à Balbec, mon attention compréhensive injectait et transformait peu à peu comme une préparation d'histoire naturelle. Ses traits m'étaient devenus courants, chargés d'un sens médiocre, mais intelligible comme une écriture qu'on lit et ne ressemblaient plus en rien à ces caractères bizarres, intolérables que son visage m'avait présentés ce premier jour, où j'avais vu devant moi un personnage maintenant oublié, ou, si je parvenais à l'évoquer, méconnaissable, difficile à identifier avec la personnalité insignifiante et polie dont il n'était que la caricature, hideuse et sommaire. Sans la timidité ni la tristesse du soir de mon arrivée, je sonnai le lift qui ne restait plus silencieux pendant que je m'élevais à côté de lui dans l'ascenseur, comme dans une cage thoracique mobile qui se fût déplacée le long de la colonne montante, mais me répétait :

« Il n'y a plus autant de monde comme il y a un mois. On va commencer à s'en aller, les jours baissent. » Il disait cela, non que ce fût vrai, mais parce qu'ayant un engagement pour une partie plus chaude de la côte, il aurait voulu nous voir partir tous le plus tôt possible afin que l'hôtel fermât et qu'il eût quelques jours à lui, avant de « rentrer » dans sa nouvelle place. Rentrer et « nouvelle » n'étaient du reste pas des expressions contradictoires car, pour le lift, « rentrer » était la forme usuelle du verbe « entrer ». La seule chose qui m'étonnât était qu'il condescendît à dire « place », car il appartenait à ce prolétariat moderne qui désire effacer dans le langage la trace du régime de la domesticité. Du reste, au bout d'un instant, il m'apprit que dans la « situation » où il allait « rentrer », il aurait une plus jolie « tunique » et un meilleur « traitement » ; les mots « livrée » et « gages » lui paraissaient désuets et inconvenants. Et comme, par une contradiction absurde, le vocabulaire a, malgré tout, chez les « patrons », survécu à la conception de l'inégalité, je comprenais toujours mal ce que me disait le lift. Ainsi la seule chose qui m'intéressât était de savoir si ma grand'mère était à l'hôtel. Or, prévenant mes questions, le lift me disait : « Cette dame vient de sortir de chez vous. » J'y étais toujours pris, je croyais que c'était ma grand-mère. « Non, cette dame qui est je crois employée chez vous. » Comme dans l'ancien langage bourgeois, qui devrait bien être aboli, une cuisinière ne s'appelle pas une employée, je pensais un instant : « Mais il se trompe, nous ne possédons ni usine, ni employés. » Tout d'un coup, je me rappelais que le nom d'employé est comme le port de la moustache pour les garçons de café, une satisfaction d'amour-propre donnée aux domestiques et que cette dame qui venait de sortir était Françoise (probablement en visite à la caféterie ou en train de regarder coudre la femme de chambre de la dame belge), satisfaction qui ne suffisait pas encore au lift car il disait volontiers en s'apitoyant sur sa propre classe : « chez l'ouvrier » ou « chez le petit », se servant du même singulier que Racine quand il dit : « le pauvre... ». Mais d'habitude, car mon zèle et ma timidité du premier jour étaient loin, je ne parlais plus au lift. C'était lui maintenant qui restait sans recevoir de réponses dans la courte traversée dont il filait les nœuds à travers l'hôtel, évidé comme un jouet et qui déployait autour de nous, étage par étage, ses ramifications de couloirs dans les profondeurs desquels la lumière se veloutait, se dégradait, amincissait les portes de communication ou les degrés des escaliers intérieurs qu'elle convertissait en cette ambre dorée, inconsistante et mystérieuse comme un crépuscule, où Rembrandt découpe tantôt l'appui d'une fenêtre ou la manivelle d'un puits. Et à chaque étage une lueur d'or reflétée sur le tapis annonçait le coucher du soleil et la fenêtre des cabinets.

Je me demandais si les jeunes filles que je venais de voir habitaient Balbec et qui elles pouvaient être. Quand le désir est ainsi orienté vers une petite tribu humaine qu'il sélectionne, tout ce qui peut se rattacher à elle devient motif d'émotion, puis de rêverie. J'avais entendu une dame dire sur la digue : « C'est une amie de la petite Simonet » avec l'air de précision avantageuse de quelqu'un qui explique : « C'est le camarade inséparable du petit La

Rochefoucauld. » Et aussitôt on avait senti sur la figure de la personne à qui on apprenait cela une curiosité de mieux regarder la personne favorisée qui était « amie de la petite Simonet ». Un privilège assurément qui ne paraissait pas donné à tout le monde. Car l'aristocratie est une chose relative. Et il y a des petits trous pas cher où le fils d'un marchand de meubles est prince des élégances et règne sur une cour comme un jeune prince de Galles. J'ai souvent cherché depuis à me rappeler comment avait résonné pour moi, sur la plage, ce nom de Simonet, encore incertain alors dans sa forme que j'avais mal distinguée, et aussi quant à sa signification, à la désignation par lui de telle personne, ou peut-être de telle autre ; en somme empreint de ce vague et de cette nouveauté si émouvants pour nous dans la suite, quand ce nom, dont les lettres sont à chaque seconde plus profondément gravées en nous par notre attention incessante, est devenu (ce qui ne devait arriver pour moi, à l'égard de la petite Simonet, que quelques années plus tard) le premier vocable que nous retrouvions, soit au moment du réveil, soit après un évanouissement, même avant la notion de l'heure qu'il est, du lieu où nous sommes, presque avant le mot « je », comme si l'être qu'il nomme était plus nous que nous-même, et comme si après quelques moments d'inconscience, la trêve qui expire avant toute autre est celle pendant laquelle on ne pensait pas à lui. Je ne sais pourquoi je me dis dès le premier jour que le nom de Simonet devait être celui d'une des jeunes filles ; je ne cessai plus de me demander comment je pourrais connaître la famille Simonet ; et cela par des gens qu'elle jugeât supérieurs à elle-même, ce qui ne devait pas être difficile si ce n'étaient que de petites grues du peuple, pour qu'elle ne pût avoir une idée dédaigneuse de moi. Car on ne peut avoir de connaissance parfaite, on ne peut pratiquer l'absorption complète de qui vous dédaigne, tant qu'on n'a pas vaincu ce dédain. Or, chaque fois que l'image de femmes si différentes pénètre en nous, à moins que l'oubli ou la concurrence d'autres images ne l'élimine, nous n'avons de repos que nous n'ayons converti ces étrangères en quelque chose qui soit pareil à nous, notre âme étant à cet égard douée du même genre de réaction et d'activité que notre organisme physique, lequel ne peut tolérer l'immixtion dans son sein d'un corps étranger sans qu'il s'exerce aussitôt à digérer et assimiler l'intrus ; la petite Simonet devait être la plus jolie de toutes – celle, d'ailleurs, qui, me semblait-il, aurait pu devenir ma maîtresse, car elle était la seule qui à deux ou trois reprises, détournant à demi la tête, avait paru prendre conscience de mon fixe regard. Je demandai au lift s'il ne connaissait pas à Balbec des Simonet. N'aimant pas à dire qu'il ignorait quelque chose il répondit qu'il lui semblait avoir entendu causer de ce nom-là. Arrivé au dernier étage, je le priai de me faire apporter les dernières listes d'étrangers.

Je sortis de l'ascenseur, mais au lieu d'aller vers ma chambre je m'engageai plus avant dans le couloir, car à cette heure-là le valet de chambre de l'étage, quoiqu'il craignît les courants d'air, avait ouvert la fenêtre du bout, laquelle regardait, au lieu de la mer, le côté de la colline et de la vallée, mais ne les laissait jamais voir, car ses vitres, d'un verre opaque, étaient le plus souvent fermées. Je m'arrêtai devant elle en une courte station et le temps de faire mes dévotions à la « vue » que pour une fois elle découvrait au delà de la colline à laquelle était adossé l'hôtel et qui ne contenait qu'une maison posée à quelque distance, mais à laquelle la perspective et la lumière du soir en lui conservant son volume donnait une ciselure précieuse et un écrin de velours, comme à une de ces architectures en miniature, petit temple ou petite chapelle d'orfèvrerie et d'émaux qui servent de reliquaires et qu'on n'expose qu'à de rares jours à la vénération des fidèles. Mais cet instant d'adoration avait déjà trop duré, car le valet de chambre qui tenait d'une main un trousseau de clefs et de l'autre me saluait en touchant sa calotte de sacristain, mais sans la soulever à cause de l'air pur et frais du soir, venait refermer comme ceux d'une châsse les deux battants de la croisée et dérobait à mon adoration le monument réduit et la relique d'or. J'entrai dans ma chambre.

Au fur et à mesure que la saison s'avança changea le tableau que j'y trouvais dans la fenêtre. D'abord il faisait grand jour, et sombre seulement s'il faisait mauvais temps ; alors, dans le verre glauque et qu'elle boursouflait de ses vagues rondes, la mer, sertie entre les montants de fer de ma croisée comme dans les plombs d'un vitrail, effilochait sur toute la profonde bordure rocheuse de la baie des triangles empennés d'une immobile écume linéamentée avec la délicatesse d'une plume ou d'un duvet dessinés par Pisanello, et fixés par cet émail blanc, inaltérable et crémeux qui figure une couche de neige dans les verreries de Gallé.

Bientôt les jours diminuèrent et au moment où j'entrais dans la chambre, le ciel violet semblait stigmatisé par la figure raide, géométrique, passagère et fulgurante du soleil (pareille à la représentation de quelque signe miraculeux, de quelque apparition mystique), s'inclinait vers la mer sur la charnière de l'horizon comme un tableau religieux au-dessus du maître-autel, tandis que les parties différentes du couchant exposées dans les glaces des bibliothèques basses en acajou qui couraient le long des murs et que je rapportais par la pensée à la merveilleuse peinture dont elles étaient détachées semblaient comme ces scènes différentes que quelque maître ancien exécuta jadis pour une confrérie sur une châsse, et dont on exhibe à côté les uns des autres dans une salle de musée les volets séparés que l'imagination seule du visiteur remet à leur place sur les prédelles du retable. Quelques semaines plus tard, quand je remontais, le soleil était déjà couché. Pareille à celle que je voyais à Combray au-dessus du Calvaire à mes retours de promenade et quand je m'apprêtais à descendre avant le dîner à la cuisine, une bande de ciel rouge au-dessus de la mer compacte et coupante comme de la gelée de viande, puis bientôt, sur la mer déjà froide et bleue comme le poisson appelé mulet, le ciel, du même rose qu'un de ces saumons que nous nous ferions servir tout à l'heure à Rivebelle, ravivaient le plaisir que j'allais avoir à me mettre en habit pour partir dîner. Sur la mer, tout près du rivage, essayaient de s'élever, les unes par-dessus les autres, à étages de plus en plus larges, des vapeurs d'un noir de suie mais aussi d'un poli, d'une consistance d'agate, d'une pesanteur visible, si bien que les plus élevées penchant au-dessus de la tige déformée et jusqu'en dehors du centre de gravité de celles qui les avaient soutenues jusqu'ici, semblaient sur le point d'entraîner cet échafaudage déjà à demi hauteur du ciel et de le précipiter dans la mer. La vue d'un vaisseau qui s'éloignait comme un voyageur de nuit me donnait cette même impression que j'avais eue en wagon, d'être affranchi des nécessités du sommeil et de la claustration dans une chambre. D'ailleurs je ne me sentais pas emprisonné dans celle où j'étais puisque dans une heure j'allais la quitter pour monter en voiture. Je me jetais sur mon lit ; et, comme si j'avais été sur la couchette d'un des bateaux que je voyais assez près de moi et que la nuit on s'étonnerait de voir se déplacer lentement dans l'obscurité, comme des cygnes assombris et silencieux mais qui ne dorment pas, j'étais de tous côtés entouré des images de la mer.

Mais bien souvent ce n'était, en effet, que des images ; j'oubliais que sous leur couleur se creusait le triste vide de la plage, parcouru par le vent inquiet du soir, que j'avais si anxieusement ressenti à mon arrivée à Balbec ; d'ailleurs, même dans ma chambre, tout occupé des jeunes filles que j'avais vu passer, je n'étais plus dans des dispositions assez calmes ni assez désintéressées pour que pussent se produire en moi des impressions vraiment profondes de beauté. L'attente du dîner à Rivebelle rendait mon humeur plus frivole encore et ma pensée, habitant à ces moments-là la surface de mon corps que j'allais habiller pour tâcher de paraître le plus plaisant possible aux regards féminins qui me dévisageraient dans le restaurant illuminé, était incapable de mettre de la profondeur derrière la couleur des choses. Et si, sous ma fenêtre, le vol inlassable et doux des martinets et des hirondelles n'avait pas monté comme un jet d'eau, comme un feu d'artifice de vie, unissant l'intervalle de ses hautes fusées par la filée immobile et blanche de longs sillages horizontaux, sans le miracle charmant de ce phénomène naturel et local qui rattachait à la réalité les paysages que j'avais devant les yeux, j'aurais pu croire qu'ils n'étaient qu'un choix, chaque jour renouvelé, de peintures qu'on montrait arbitrairement dans l'endroit où je me trouvais et sans qu'elles eussent de rapport nécessaire avec lui. Une fois c'était une exposition d'estampes japonaises : à côté de la mince découpure de soleil rouge et rond comme la lune, un nuage jaune paraissait un lac contre lequel des glaives noirs se profilaient ainsi que les arbres de sa rive, une barre d'un rose tendre que je n'avais jamais revu depuis ma première boîte de couleurs s'enflait comme un fleuve sur les deux rives duquel des bateaux semblaient attendre à sec qu'on vînt les tirer pour les mettre à flot. Et avec le regard dédaigneux, ennuyé et frivole d'un amateur ou d'une femme parcourant, entre deux visites mondaines, une galerie, je me disais : « C'est curieux ce coucher de soleil, c'est différent, mais enfin j'en ai déjà vu d'aussi délicats, d'aussi étonnants que celui-ci. » J'avais plus de plaisir les soirs où un navire absorbé et fluidifié par l'horizon apparaissait tellement de la même couleur que lui, ainsi que dans une toile impressionniste, qu'il semblait aussi de la même matière, comme si on n'eût fait que découper son avant et les cordages en lesquels elle s'était amincie et filigranée dans le bleu vaporeux du ciel. Parfois l'océan emplissait presque toute ma fenêtre, surélevée qu'elle était par une bande de ciel bordée en haut seulement d'une ligne qui était du même bleu que celui de la mer, mais qu'à cause de cela je croyais être la mer encore et ne devant sa couleur différente qu'à un effet d'éclairage. Un autre jour la mer n'était peinte que dans la partie basse de la fenêtre dont tout le reste était rempli de tant de nuages poussés les uns contre les autres par bandes horizontales, que les carreaux avaient l'air, par une préméditation ou une spécialité de l'artiste, de présenter une « étude de nuages », cependant que les différentes vitrines de la bibliothèque montrant des nuages semblables mais dans une autre partie de l'horizon et diversement colorés par la lumière, paraissaient offrir comme la répétition, chère à certains maîtres contemporains, d'un seul et même effet, pris toujours à des heures différentes, mais qui maintenant avec l'immobilité de l'art pouvaient être tous vus ensemble dans une même pièce, exécutés au pastel et mis sous verre. Et parfois sur le ciel et la mer uniformément gris, un peu de rose s'ajoutait avec un raffinement exquis, cependant qu'un petit papillon qui s'était endormi au bas de la fenêtre semblait apposer avec ses ailes, au bas de cette « harmonie gris et rose » dans le goût de celles de Whistler, la signature favorite du maître de Chelsea. Le rose même disparaissait, il n'y avait plus rien à regarder. Je me mettais debout un instant et avant de m'étendre de nouveau je fermais les grands rideaux. Au-dessus d'eux, je voyais de mon lit la raie de clarté qui y restait encore, s'assombrissant, s'amincissant progressivement, mais c'est sans m'attrister et sans lui donner de regret que je laissais ainsi mourir au haut des rideaux l'heure où d'habitude j'étais à table, car je savais que ce jour-ci était d'une autre sorte que les autres, plus long comme ceux du pôle que la nuit interrompt seulement quelques minutes ; je savais que de la chrysalide de ce crépuscule se préparait à sortir, par une radieuse métamorphose, la lumière éclatante du restaurant de Rivebelle. Je me disais : « Il est temps » ; je m'étirais, sur le lit, je me levais, j'achevais ma toilette ; et je trouvais du charme à ces instants inutiles, allégés de tout fardeau matériel, où tandis qu'en bas les autres dînaient, je n'employais les forces accumulées pendant l'inactivité de cette fin de journée qu'à sécher mon corps, à passer un smoking, à attacher ma cravate, à faire tous ces gestes que guidait déjà le plaisir attendu de revoir cette femme que j'avais remarquée la dernière fois à Rivebelle, qui avait paru me regarder, n'était peut-être sortie un instant de table que dans l'espoir que je la suivrais ; c'est avec joie que j'ajoutais à moi tous ces appâts pour me donner entier et dispos à une vie nouvelle, libre, sans souci, où j'appuierais mes hésitations au calme de Saint-Loup et choisirais, entre les espèces de l'histoire naturelle et les provenances de tous les pays, celles qui, composant les plats inusités, aussitôt commandés par mon ami, auraient tenté ma gourmandise ou mon imagination.

Et tout à la fin, les jours vinrent où je ne pouvais plus rentrer de la digue par la salle à manger, ses vitres n'étaient plus ouvertes, car il faisait nuit dehors, et l'essaim des pauvres et des curieux attirés par le flamboiement qu'ils ne pouvaient atteindre pendait, en noires grappes morfondues par la bise, aux parois lumineuses et glissantes de la ruche de verre.

On frappa ; c'était Aimé qui avait tenu à m'apporter lui-même les dernières listes d'étrangers.

Aimé, avant de se retirer, tint à me dire que Dreyfus était mille fois coupable. « On saura tout, me dit-il, pas cette année, mais l'année prochaine : c'est un monsieur très lié dans l'état-major qui me l'a dit. Je lui demandais si on ne se déciderait pas à tout découvrir tout de suite avant la fin de l'année. Il a posé sa cigarette », continua Aimé en mimant la scène et en secouant la tête et l'index comme avait fait son client voulant dire : il ne faut pas être trop exigeant. « Pas cette année, Aimé, qu'il m'a dit en me touchant à l'épaule, ce n'est pas possible. Mais à Pâques, oui ! » Et Aimé me frappa légèrement sur l'épaule en me disant : « Vous voyez, je vous montre exactement comme il a fait », soit qu'il fût flatté de cette familiarité d'un grand personnage, soit pour que je pusse mieux apprécier en pleine connaissance de cause la valeur de l'argument et nos raisons d'espérer.

Ce ne fut pas sans un léger choc au cœur qu'à la première page de la liste des étrangers, j'aperçus les mots : « Simonet et famille ». J'avais en moi de vieilles rêveries qui dataient de mon enfance et où toute la tendresse qui était dans mon cœur, mais qui éprouvée par lui ne s'en distinguait pas, m'était apportée par un être aussi différent que possible de moi. Cet être, une fois de plus je le fabriquais en utilisant pour cela le nom de Simonet et le souvenir de l'harmonie qui régnait entre les jeunes corps que j'avais vus se déployer sur la plage, en une procession sportive, digne de l'antique et de Giotto. Je ne savais pas laquelle de ces jeunes filles était Mlle Simonet, si aucune d'elles s'appelait ainsi, mais je savais que j'étais aimé de Mlle Simonet et que j'allais grâce à Saint-Loup essayer de la connaître. Malheureusement n'ayant obtenu qu'à cette condition une prolongation de congé, il était obligé de retourner tous les jours à Doncières : mais pour le faire manquer à ses obligations militaires, j'avais cru pouvoir compter, plus encore que sur son amitié pour moi, sur cette même curiosité de naturaliste humain que si souvent – même sans avoir vu la personne dont il parlait et rien qu'à entendre dire qu'il y avait une jolie caissière chez un fruitier – j'avais eue de faire connaissance avec une nouvelle variété de la beauté féminine. Or, cette curiosité, c'est à tort que j'avais espéré l'exciter chez Saint-Loup en lui parlant de mes jeunes filles. Car elle était pour longtemps paralysée en lui par l'amour qu'il avait pour cette actrice dont il était l'amant. Et même l'eût-il légèrement ressentie qu'il l'eût réprimée, à cause d'une sorte de croyance superstitieuse que de sa propre fidélité pouvait dépendre celle de sa maîtresse. Aussi fût-ce sans qu'il m'eût promis de s'occuper activement de mes jeunes filles que nous partîmes dîner à Rivebelle.

Les premiers temps, quand nous arrivions, le soleil venait de se coucher, mais il faisait encore clair ; dans le jardin du restaurant dont les lumières n'étaient pas encore allumées, la chaleur du jour tombait, se déposait, comme au fond d'un vase le long des parois duquel la gelée transparente et sombre de l'air semblait si consistante qu'un grand rosier appliqué au mur obscurci qu'il veinait de rose avait l'air de l'arborisation qu'on voit au fond d'une pierre d'onyx. Bientôt ce ne fut qu'à la nuit que nous descendions de voiture, souvent même que nous partions de Balbec si le temps était mauvais et que nous eussions retardé le moment de faire atteler, dans l'espoir d'une accalmie. Mais ces jours-là, c'est sans tristesse que j'entendais le vent souffler, je savais qu'il ne signifiait pas l'abandon de mes projets, la réclusion dans une chambre, je savais que, dans la grande salle à manger du restaurant où nous entrerions au son de la musique des tziganes, les innombrables lampes triompheraient aisément de l'obscurité et du froid en leur appliquant leurs larges cautères d'or, et je montais gaiement à côté de Saint-Loup dans le coupé qui nous attendait sous l'averse. Depuis quelque temps, les paroles de Bergotte, se disant convaincu que malgré ce que je prétendais, j'étais fait pour goûter surtout les plaisirs de l'intelligence, m'avaient rendu au sujet de ce que je pourrais faire plus tard une espérance que décevait chaque jour l'ennui que j'éprouvais à me mettre devant une table, à commencer une étude critique ou un roman. « Après tout, me disais-je, peut-être le plaisir qu'on a eu à l'écrire n'est-il pas le critérium infaillible de la valeur d'une belle page ; peut-être n'est-il qu'un état accessoire qui s'y surajoute souvent, mais dont le défaut ne peut préjuger contre elle. Peut-être certains chefs-d'œuvre ont-ils été composés en bâillant. » Ma grand'mère apaisait mes doutes en me disant que je travaillerais bien et avec joie si je me portais bien. Et, notre médecin ayant trouvé plus prudent de m'avertir des graves risques auxquels pouvait m'exposer mon état de santé, et m'ayant tracé toutes les précautions d'hygiène à suivre pour éviter un accident, je subordonnais tous les plaisirs au but que je jugeais infiniment plus important qu'eux, de devenir assez fort pour pouvoir réaliser l'œuvre que je portais peut-être en moi, j'exerçais sur moi-même depuis que j'étais à Balbec un contrôle minutieux et constant. On n'aurait pu me faire toucher à la tasse de café qui m'eût privé du sommeil de la nuit, nécessaire pour ne pas être fatigué le lendemain. Mais quand nous arrivions à Rivebelle, aussitôt, à cause de l'excitation d'un plaisir nouveau et me trouvant dans cette zone différente où l'exceptionnel nous fait entrer après avoir coupé le fil, patiemment tissé depuis tant de jours, qui nous conduisait vers la sagesse – comme s'il ne devait plus jamais y avoir de lendemain, ni de fins élevées à réaliser – disparaissait ce mécanisme précis de prudente hygiène qui fonctionnait pour les sauvegarder. Tandis qu'un valet de pied me demandait mon paletot, Saint-Loup me disait :

– Vous n'aurez pas froid ? Vous feriez peut-être mieux de le garder, il ne fait pas très chaud.

Je répondais : « Non, non », et peut-être je ne sentais pas le froid, mais en tous cas je ne savais plus la peur de tomber malade, la nécessité de ne pas mourir, l'importance de travailler. Je donnais mon paletot ; nous entrions dans la salle du restaurant aux sons de quelque marche guerrière jouée par les tziganes, nous nous avancions entre les rangées de tables servies comme dans un facile chemin de gloire, et, sentant l'ardeur joyeuse imprimée à notre corps par les rythmes de l'orchestre qui nous décernait ses honneurs militaires et ce triomphe immérité, nous la dissimulions sous une mine grave et glacée, sous une démarche pleine de lassitude, pour ne pas imiter ces gommeuses de café-concert qui, venant chanter sur un air belliqueux un couplet grivois, entrent en courant sur la scène avec la contenance martiale d'un général vainqueur.

À partir de ce moment-là j'étais un homme nouveau, qui n'était plus le petit-fils de ma grand'mère et ne se souviendrait d'elle qu'en sortant, mais le frère momentané des garçons qui allaient nous servir.

La dose de bière, à plus forte raison de champagne, qu'à Balbec je n'aurais pas voulu atteindre en une semaine, alors pourtant qu'à ma conscience calme et lucide la saveur de ces breuvages représentassent un plaisir clairement appréciable mais aisément sacrifié, je l'absorbais en une heure en y ajoutant quelques gouttes de porto, trop distrait pour pouvoir le goûter, et je donnais au violoniste qui venait de jouer les deux « louis » que j'avais économisés depuis un mois en vue d'un achat que je ne me rappelais pas. Quelques-uns des garçons qui servaient, lâchés entre les tables, fuyaient à toute vitesse, ayant sur leur paumes tendues un plat que cela semblait être le but de ce genre de courses de ne pas laisser choir. Et de fait, les soufflés au chocolat arrivaient à destination sans avoir été renversés, les pommes à l'anglaise, malgré le galop qui avait dû les secouer, rangées comme au départ autour de l'agneau de Pauilhac. Je remarquai un de ces servants, très grand, emplumé de superbes cheveux noirs, la figure fardée d'un teint qui rappelait davantage certaines espèces d'oiseaux rares que l'espèce humaine et qui, courant sans trêve et, eût-on dit, sans but, d'un bout à l'autre de la salle, faisait penser à quelqu'un de ces « aras » qui remplissent les grandes volières des jardins zoologiques de leur ardent coloris et de leur incompréhensible agitation. Bientôt le spectacle s'ordonna, à mes yeux du moins, d'une façon plus noble et plus calme. Toute cette activité vertigineuse se fixait en une calme harmonie. Je regardais les tables rondes, dont l'assemblée innombrable emplissait le restaurant, comme autant de planètes, telles que celles-ci sont figurées dans les tableaux allégoriques d'autrefois. D'ailleurs, une force d'attraction irrésistible s'exerçait entre ces astres divers et à chaque table les dîneurs n'avaient d'yeux que pour les tables où ils n'étaient pas, exception faite pour quelque riche amphitryon, lequel ayant réussi à amener un écrivain célèbre, s'évertuait à tirer de lui, grâce aux vertus de la table tournante, des propos insignifiants dont les dames s'émerveillaient. L'harmonie de ces tables astrales n'empêchait pas l'incessante révolution des servants innombrables, lesquels parce qu'au lieu d'être assis, comme les dîneurs, ils étaient debout, évoluaient dans une zone supérieure. Sans doute l'un courait porter des hors-d'œuvres, changer le vin, ajouter des verres. Mais malgré ces raisons particulières, leur course perpétuelle entre les tables rondes finissait par dégager la loi de sa circulation vertigineuse et réglée. Assises derrière un massif de fleurs, deux horribles caissières, occupées à des calculs sans fin, semblaient deux magiciennes occupées à prévoir par des calculs astrologiques les bouleversements qui pouvaient parfois se produire dans cette voûte céleste conçue selon la science du moyen âge.

Et je plaignais un peu tous les dîneurs parce que je sentais que pour eux les tables rondes n'étaient pas des planètes et qu'ils n'avaient pas pratiqué dans les choses un sectionnement qui nous débarrasse de leur apparence coutumière et nous permet d'apercevoir des analogies. Ils pensaient qu'ils dînaient avec telle ou telle personne, que le repas coûterait à peu près tant et qu'ils recommenceraient le lendemain. Et ils paraissaient absolument insensibles au déroulement d'un cortège de jeunes commis qui, probablement n'ayant pas à ce moment de besogne urgente, portaient processionnellement des pains dans des paniers. Quelques-uns, trop jeunes, abrutis par les taloches que leur donnaient en passant les maîtres d'hôtel, fixaient mélancoliquement leurs yeux sur un rêve lointain et n'étaient consolés que si quelque client de l'hôtel de Balbec où ils avaient jadis été employés, les reconnaissant, leur adressait la parole et leur disait personnellement d'emporter le champagne qui n'était pas buvable, ce qui les remplissait d'orgueil.

J'entendais le grondement de mes nerfs dans lesquels il y avait du bien-être indépendant des objets extérieurs qui peuvent en donner et que le moindre déplacement que j'occasionnais à mon corps, à mon attention, suffisait à me faire éprouver, comme à un œil fermé une légère compression donne la sensation de la couleur. J'avais déjà bu beaucoup de porto, et si je demandais à en prendre encore, c'était moins en vue du bien-être que les verres nouveaux m'apporteraient que par l'effet du bien-être produit par les verres précédents. Je laissais la musique conduire elle-même mon plaisir sur chaque note où, docilement, il venait alors se poser. Si, pareil à ces industries chimiques grâce auxquelles sont débités en grandes quantités des corps qui ne se rencontrent dans la nature que d'une façon accidentelle et fort rarement, ce restaurant de Rivebelle réunissait en un même moment plus de femmes au fond desquelles me sollicitaient des perspectives de bonheur que le hasard des promenades ne m'en eût fait rencontrer en une année ; d'autre part, cette musique que nous entendions – arrangements de valses, d'opérettes allemandes, de chansons de cafés-concerts, toutes nouvelles pour moi – était elle-même comme un lieu de plaisir aérien superposé à l'autre et plus grisant que lui. Car chaque motif, particulier comme une femme, ne réservait pas comme elle eût fait, pour quelque privilégié, le secret de volupté qu'il recélait : il me le proposait, me reluquait, venait à moi d'une allure capricieuse ou canaille, m'accostait, me caressait, comme si j'étais devenu tout d'un coup plus séduisant, plus puissant ou plus riche ; je leur trouvais bien, à ces airs, quelque chose de cruel ; c'est que tout sentiment désintéressé de la beauté, tout reflet de l'intelligence leur étaient inconnus ; pour eux le plaisir physique existe seul. Et ils sont l'enfer le plus impitoyable, le plus dépourvu d'issues pour le malheureux jaloux à qui ils présentent ce plaisir – ce plaisir que la femme aimée goûte avec un autre – comme la seule chose qui existe au monde pour celle qui le remplit tout entier. Mais tandis que je répétais à mi-voix les notes de cet air, et lui rendais son baiser, la volupté à lui spéciale qu'il me faisait éprouver me devint si chère, que j'aurais quitté mes parents pour suivre le motif dans le monde singulier qu'il construisait dans l'invisible, en lignes tour à tour pleines de langueur et de vivacité. Quoiqu'un tel plaisir ne soit pas d'une sorte qui donne plus de valeur à l'être auquel il s'ajoute, car il n'est perçu que de lui seul, et quoique, chaque fois que dans notre vie nous avons déplu à une femme qui nous a aperçu, elle ignorât si à ce moment-là nous possédions ou non cette félicité intérieure et subjective qui, par conséquent, n'eût rien changé au jugement qu'elle porta sur nous, je me sentais plus puissant, presque irrésistible. Il me semblait que mon amour n'était plus quelque chose de déplaisant et dont on pouvait sourire, mais avait précisément la beauté touchante, la séduction de cette musique, semblable elle-même à un milieu sympathique où celle que j'aimais et moi nous nous serions rencontrés, soudain devenus intimes.

Le restaurant n'était pas fréquenté seulement par des demi-mondaines, mais aussi par des gens du monde le plus élégant, qui y venaient goûter vers cinq heures ou y donnaient de grands dîners. Les goûters avaient lieu dans une longue galerie vitrée, étroite, en forme de couloir qui, allant du vestibule à la salle à manger, longeait sur un côté le jardin, duquel elle n'était séparée, sauf en exceptant quelques colonnes de pierre, que par le vitrage qu'on ouvrait ici ou là. Il en résultait, outre de nombreux courants d'air, des coups de soleil brusques, intermittents, un éclairage éblouissant, empêchant presque de distinguer les goûteuses, ce qui faisait que, quand elles étaient là, empilées deux tables par deux tables dans toute la longueur de l'étroit goulot, comme elles chatoyaient à tous les mouvements qu'elles faisaient pour boire leur thé ou se saluer entre elles, on aurait dit un réservoir, une nasse où le pêcheur a entassé les éclatants poissons qu'il a pris, lesquels à moitié hors de l'eau et baignés de rayons miroitent aux regards en leur éclat changeant.

Quelques heures plus tard, pendant le dîner qui, lui, était naturellement servi dans la salle à manger, on allumait les lumières, bien qu'il fît encore clair dehors, de sorte qu'on voyait devant soi, dans le jardin, à côté de pavillons éclairés par le crépuscule et qui semblaient les pâles spectres du soir, des charmilles dont la glauque verdure était traversée par les derniers rayons et qui, de la pièce éclairée par les lampes où on dînait, apparaissaient au delà du vitrage non plus, comme on aurait dit, des dames qui goûtaient à la fin de l'après-midi, le long du couloir bleuâtre et or, dans un filet étincelant et humide, mais comme les végétations d'un pâle et vert aquarium géant à la lumière surnaturelle. On se levait de table ; et si les convives, pendant le repas, tout en passant leur temps à regarder, à reconnaître, à se faire nommer les convives du dîner voisin, avaient été retenus dans une cohésion parfaite autour de leur propre table, la force attractive qui les faisait graviter autour de leur amphitryon d'un soir perdait de sa puissance, au moment où pour prendre le café ils se rendaient dans ce même couloir qui avait servi aux goûters ; il arrivait souvent qu'au moment du passage, tel dîner en marche abandonnait l'un ou plusieurs de ses corpuscules, qui ayant subi trop fortement l'attraction du dîner rival se détachaient un instant du leur, où ils étaient remplacés par des messieurs ou des dames qui étaient venus saluer des amis, avant de rejoindre, en disant : « Il faut que je me sauve retrouver M. X... dont je suis ce soir l'invité. » Et pendant un instant on aurait dit de deux bouquets séparés qui auraient interchangé quelques-unes de leurs fleurs. Puis le couloir lui-même se vidait. Souvent, comme il faisait même après dîner encore un peu jour, on n'allumait pas ce long corridor, et côtoyé par les arbres qui se penchaient au dehors de l'autre côté du vitrage, il avait l'air d'une allée dans un jardin boisé et ténébreux. Parfois dans l'ombre une dîneuse s'y attardait. En le traversant pour sortir, j'y distinguai un soir, assise au milieu d'un groupe inconnu, la belle princesse de Luxembourg. Je me découvris sans m'arrêter. Elle me reconnut, inclina la tête en souriant ; très au-dessus de ce salut, émanant de ce mouvement même, s'élevèrent mélodieusement quelques paroles à mon adresse, qui devaient être un bonsoir un peu long, non pour que je m'arrêtasse, mais seulement pour compléter le salut, pour en faire un salut parlé. Mais les paroles restèrent si indistinctes et le son que seul je perçus se prolongea si doucement et me sembla si musical, que ce fut comme si, dans la ramure assombrie des arbres, un rossignol se fût mis à chanter. Si par hasard, pour finir la soirée avec telle bande d'amis à lui que nous avions rencontrée, Saint-Loup décidait de nous rendre au Casino d'une plage voisine, et, partant avec eux, s'il me mettait seul dans une voiture, je recommandais au cocher d'aller à toute vitesse, afin que fussent moins longs les instants que je passerais sans avoir l'aide de personne pour me dispenser de fournir moi-même à ma sensibilité – en faisant machine en arrière et en sortant de la passivité où j'étais pris comme dans un engrenage – ces modifications que depuis mon arrivée à Rivebelle je recevais des autres. Le choc possible avec une voiture venant en sens inverse dans ces sentiers où il n'y avait de place que pour une seule et où il faisait nuit noire, l'instabilité du sol souvent éboulé de la falaise, la proximité de son versant à pic sur la mer, rien de tout cela ne trouvait en moi le petit effort qui eût été nécessaire pour amener la représentation et la crainte du danger jusqu'à ma raison. C'est que, pas plus que ce n'est le désir de devenir célèbre, mais l'habitude d'être laborieux, qui nous permet de produire une œuvre, ce n'est l'allégresse du moment présent, mais les sages réflexions du passé, qui nous aident à préserver le futur.

Or, si déjà arrivant à Rivebelle, j'avais jeté loin de moi ces béquilles du raisonnement, du contrôle de soi-même qui aident notre infirmité à suivre le droit chemin, et me trouvais en proie à une sorte d'ataxie morale, l'alcool, en tendant exceptionnellement mes nerfs, avait donné aux minutes actuelles, une qualité, un charme, qui n'avaient pas eu pour effet de me rendre plus apte ni même plus résolu à les défendre ; car en me les faisant préférer mille fois au reste de ma vie, mon exaltation les en isolait ; j'étais enfermé dans le présent comme les héros, comme les ivrognes ; momentanément éclipsé, mon passé ne projetait plus devant moi cette ombre de lui-même que nous appelons notre avenir ; plaçant le but de ma vie, non plus dans la réalisation des rêves de ce passé, mais dans la félicité de la minute présente, je ne voyais pas plus loin qu'elle. De sorte que, par une contradiction qui n'était qu'apparente, c'est au moment où j'éprouvais un plaisir exceptionnel, où je sentais que ma vie pouvait être heureuse, où elle aurait dû avoir à mes yeux plus de prix, c'est à ce moment que, délivré des soucis qu'elle avait pu m'inspirer jusque-là, je la livrais sans hésitation au hasard d'un accident. Je ne faisais, du reste, en somme, que concentrer dans une soirée l'incurie qui pour les autres hommes est diluée dans leur existence entière où journellement ils affrontent sans nécessité le risque d'un voyage en mer, d'une promenade en aéroplane ou en automobile, quand les attend à la maison l'être que leur mort briserait ou quand est encore lié à la fragilité de leur cerveau le livre dont la prochaine mise au jour est la seule raison de leur vie. Et de même dans le restaurant de Rivebelle, les soirs où nous y restions, si quelqu'un était venu dans l'intention de me tuer, comme je ne voyais plus que dans un lointain sans réalité ma grand-mère, ma vie à venir, mes livres à composer, comme j'adhérais tout entier à l'odeur de la femme qui était à la table voisine, à la politesse des maîtres d'hôtel, au contour de la valse qu'on jouait, que j'étais collé à la sensation présente, n'ayant pas plus d'extension qu'elle ni d'autre but que de ne pas en être séparé, je serais mort contre elle, je me serais laissé massacrer sans offrir de défense, sans bouger, abeille engourdie par la fumée du tabac, qui n'a plus le souci de préserver sa ruche.

Je dois du reste dire que cette insignifiance où tombaient les choses les plus graves, par contraste avec la violence de mon exaltation, finissait par comprendre même Mlle Simonet et ses amies. L'entreprise de les connaître me semblait maintenant facile mais indifférente, car ma sensation présente seule, grâce à son extraordinaire puissance, à la joie que provoquaient ses moindres modifications et même sa simple continuité, avait de l'importance pour moi ; tout le reste, parents, travail, plaisirs, jeunes filles de Balbec, ne pesait pas plus qu'un flocon d'écume dans un grand vent qui ne le laisse pas se poser, n'existait plus que relativement à cette puissance intérieure ; l'ivresse réalise pour quelques heures l'idéalisme subjectif, le phénoménisme pur ; tout n'est plus qu'apparences et n'existe plus qu'en fonction de notre sublime nous-même. Ce n'est pas, du reste, qu'un amour véritable, si nous en avons un, ne puisse subsister dans un semblable état. Mais nous sentons si bien, comme dans un milieu nouveau, que des pressions inconnues ont changé les dimensions de ce sentiment que nous ne pouvons pas le considérer pareillement. Ce même amour, nous le retrouvons bien, mais déplacé, ne pesant plus sur nous, satisfait de la sensation que lui accorde le présent et qui nous suffit, car de ce qui n'est pas actuel nous ne nous soucions pas. Malheureusement le coefficient qui change ainsi les valeurs ne les change que dans cette heure d'ivresse. Les personnes qui n'avaient plus d'importance et sur lesquelles nous soufflions comme sur des bulles de savon reprendront le lendemain leur densité ; il faudra essayer de nouveau de se remettre aux travaux qui ne signifiaient plus rien. Chose plus grave encore, cette mathématique du lendemain, la même que celle d'hier et avec les problèmes de laquelle nous nous retrouverons inexorablement aux prises, c'est celle qui nous régit même pendant ces heures-là, sauf pour nous-même. S'il se trouve près de nous une femme vertueuse ou hostile, cette chose si difficile la veille – à savoir, que nous arrivions à lui plaire – nous semble maintenant un million de fois plus aisée sans l'être devenue en rien, car ce n'est qu'à nos propres yeux, à nos propres yeux intérieurs que nous avons changé. Et elle est aussi mécontente à l'instant même que nous nous soyons permis une familiarité que nous le serons le lendemain d'avoir donné cent francs au chasseur, et pour la même raison qui pour nous a été seulement retardée : l'absence d'ivresse.

Je ne connaissais aucune des femmes qui étaient à Rivebelle, et qui, parce qu'elles faisaient partie de mon ivresse comme les reflets font partie du miroir, me paraissaient mille fois plus désirables que la de moins en moins existante Mlle Simonet. Une jeune blonde, seule, à l'air triste, sous son chapeau de paille piqué de fleurs des champs, me regarda un instant d'un air rêveur et me parut agréable. Puis ce fut le tour d'une autre, puis d'une troisième ; enfin d'une brune au teint éclatant. Presque toutes étaient connues, à défaut de moi, par Saint-Loup.

Avant qu'il eût fait la connaissance de sa maîtresse actuelle, il avait en effet tellement vécu dans le monde restreint de la noce, que de toutes les femmes qui dînaient ces soirs-là à Rivebelle et dont beaucoup s'y trouvaient par hasard, étant venues au bord de la mer, certaines pour retrouver leur amant, d'autres pour tâcher d'en trouver un, il n'y en avait guère qu'il ne connût pour avoir passé – lui-même ou tel de ses amis – au moins une nuit avec elles. Il ne les saluait pas si elles étaient avec un homme, et elles, tout en le regardant plus qu'un autre parce que l'indifférence qu'on lui savait pour toute femme qui n'était pas son actrice lui donnait aux yeux de celles-ci un prestige singulier, elles avaient l'air de ne pas le connaître. Et l'une chuchotait : « C'est le petit Saint-Loup. Il paraît qu'il aime toujours sa grue. C'est la grande amour. Quel joli garçon ! Moi je le trouve épatant ; et quel chic ! Il y a tout de même des femmes qui ont une sacrée veine. Et un chic type en tout. Je l'ai bien connu quand j'étais avec d'Orléans. C'était les deux inséparables. Il en faisait une noce à ce moment-là ! Mais ce n'est plus ça ; il ne lui fait pas de queues. Ah ! elle peut dire qu'elle en a une chance. Et je me demande qu'est-ce qu'il peut lui trouver. Il faut qu'il soit tout de même une fameuse truffe. Elle a des pieds comme des bateaux, des moustaches à l'américaine et des dessous sales ! Je crois qu'une petite ouvrière ne voudrait pas de ses pantalons. Regardez-moi un peu quels yeux il a, on se jetterait au feu pour un homme comme ça. Tiens, tais-toi, il m'a reconnue, il rit, oh ! il me connaissait bien. On n'a qu'à lui parler de moi. » Entre elles et lui je surprenais un regard d'intelligence. J'aurais voulu qu'il me présentât à ces femmes, pouvoir leur demander un rendez-vous et qu'elles me l'accordassent même si je n'avais pas pu l'accepter. Car sans cela leur visage resterait éternellement dépourvu dans ma mémoire, de cette partie de lui-même – et comme si elle était cachée par un voile – qui varie avec toutes les femmes, que nous ne pouvons imaginer chez l'une quand nous ne l'y avons pas vue, et qui apparaît seulement dans le regard qui s'adresse à nous et qui acquiesce à notre désir et nous promet qu'il sera satisfait. Et pourtant, même aussi réduit, leur visage était pour moi bien plus que celui des femmes que j'aurais su vertueuses et ne me semblait pas comme le leur, plat, sans dessous, composé d'une pièce unique et sans épaisseur. Sans doute il n'était pas pour moi ce qu'il devait être pour Saint-Loup qui par la mémoire, sous l'indifférence, pour lui transparente, des traits immobiles qui affectaient de ne pas le connaître ou sous la banalité du même salut que l'on eût adressé aussi bien à tout autre, se rappelait, voyait, entre des cheveux défaits, une bouche pâmée et des yeux mi-clos, tout un tableau silencieux comme ceux que les peintres, pour tromper le gros des visiteurs, revêtent d'une toile décente. Certes, pour moi au contraire qui sentais que rien de mon être n'avait pénétré en telle ou telle de ces femmes et n'y serait emporté dans les routes inconnues qu'elle suivrait pendant sa vie, ces visages restaient fermés. Mais c'était déjà assez de savoir qu'ils s'ouvraient pour qu'ils me semblassent d'un prix que je ne leur aurais pas trouvé s'ils n'avaient été que de belles médailles, au lieu de médaillons sous lesquels se cachaient des souvenirs d'amour.

Quand à Robert, tenant à peine en place, quand il était assis, dissimulant sous un sourire d'homme de cour l'avidité d'agir en homme de guerre, à le bien regarder, je me rendais compte combien l'ossature énergique de son visage triangulaire devait être la même que celle de ses ancêtres, plus faite pour un ardent archer que pour un lettré délicat. Sous la peau fine, la construction hardie, l'architecture féodale apparaissaient. Sa tête faisait penser à ces tours d'antiques donjons dont les créneaux inutilisés restent visibles, mais qu'on a aménagées intérieurement en bibliothèque.

En rentrant à Balbec, de telle de ces inconnues à qui il m'avait présenté je me redisais sans m'arrêter une seconde et pourtant sans presque m'en apercevoir : « Quelle femme délicieuse ! » comme on chante un refrain. Certes, ces paroles étaient plutôt dictées par des dispositions nerveuses que par un jugement durable. Il n'en est pas moins vrai que si j'eusse eu mille francs sur moi et qu'il y eût encore des bijoutiers d'ouverts à cette heure-là, j'eusse acheté une bague à l'inconnue. Quand les heures de notre vie se déroulent ainsi que sur des plans trop différents, on se trouve donner trop de soi pour des personnes diverses qui le lendemain vous semblent sans intérêt. Mais on se sent responsable de ce qu'on leur a dit la veille et on veut y faire honneur.

Comme ces soirs-là je rentrais plus tard, je retrouvais avec plaisir dans ma chambre qui n'était plus hostile le lit où, le jour de mon arrivée, j'avais cru qu'il me serait toujours impossible de me reposer et où maintenant mes membres si las cherchaient un soutien ; de sorte que successivement mes cuisses, mes hanches, mes épaules tâchaient d'adhérer en tous leurs points aux draps qui enveloppaient le matelas, comme si ma fatigue, pareille à un sculpteur, avait voulu prendre un moulage total d'un corps humain. Mais je ne pouvais m'endormir, je sentais approcher le matin ; le calme, la bonne santé n'étaient plus en moi. Dans ma détresse, il me semblait que jamais je ne les retrouverais plus. Il m'eût fallu dormir longtemps pour les rejoindre. Or, me fussé-je assoupi, que de toutes façons je serais réveillé deux heures après par le concert symphonique. Tout à coup je m'endormais, je tombais dans ce sommeil lourd où se dévoilent pour nous le retour à la jeunesse, la reprise des années passées, des sentiments perdus, la désincarnation, la transmigration des âmes, l'évocation des morts, les illusions de la folie, la régression vers les règnes les plus élémentaires de la nature (car on dit que nous voyons souvent des animaux en rêve, mais on oublie presque toujours que nous y sommes nous-mêmes un animal privé de cette raison qui projette sur les choses une clarté de certitude ; nous n'y offrons au contraire, au spectacle de la vie, qu'une vision douteuse et à chaque minute anéantie par l'oubli, la réalité précédente s'évanouissant devant celle qui lui succède comme une projection de lanterne magique devant la suivante quand on a changé le verre), tous ces mystères que nous croyons ne pas connaître et auxquels nous sommes en réalité initiés presque toutes les nuits ainsi qu'à l'autre grand mystère de l'anéantissement et de la résurrection. Rendue plus vagabonde par la digestion difficile du dîner de Rivebelle, l'illumination successive et errante de zones assombries de mon passé faisait de moi un être dont le suprême bonheur eût été de rencontrer Legrandin avec lequel je venais de causer en rêve.

Puis, même ma propre vie m'était entièrement cachée par un décor nouveau, comme celui planté tout au bord du plateau et devant lequel pendant que, derrière, on procède aux changements de tableaux, des acteurs donnent un divertissement. Celui où je tenais alors mon rôle était dans le goût des contes orientaux, je n'y savais rien de mon passé ni de moi-même, à cause de cet extrême rapprochement d'un décor interposé ; je n'étais qu'un personnage qui recevait la bastonnade et subissais des châtiments variés pour une faute que je n'apercevais pas mais qui était d'avoir bu trop de porto. Tout à coup je m'éveillais, je m'apercevais qu'à la faveur d'un long sommeil, je n'avais pas entendu le concert symphonique. C'était déjà l'après-midi ; je m'en assurais à ma montre, après quelques efforts pour me redresser, efforts infructueux d'abord et interrompus par des chutes sur l'oreiller, mais de ces chutes courtes qui suivent le sommeil comme les autres ivresses, que ce soit le vin qui les procure, ou une convalescence ; du reste avant même d'avoir regardé l'heure j'étais certain que midi était passé. Hier soir, je n'étais plus qu'un être vidé, sans poids, et comme il faut avoir été couché pour être capable de s'asseoir et avoir dormi pour l'être de se taire, je ne pouvais cesser de remuer ni de parler, je n'avais plus de consistance, de centre de gravité, j'étais lancé, il me semblait que j'aurais pu continuer ma morne course jusque dans la lune. Or, si en dormant mes yeux n'avaient pas vu l'heure, mon corps avait su la calculer, il avait mesuré le temps non pas sur un cadran superficiellement figuré, mais par la pesée progressive de toutes mes forces refaites que comme une puissante horloge il avait cran par cran laissé descendre de mon cerveau dans le reste de mon corps où elles entassaient maintenant jusque au-dessus de mes genoux l'abondance intacte de leurs provisions. S'il est vrai que la mer ait été autrefois notre milieu vital où il faille replonger notre sang pour retrouver nos forces, il en est de même de l'oubli, du néant mental ; on semble alors absent du temps pendant quelques heures ; mais les forces qui se sont rangées pendant ce temps-là sans être dépensées le mesurent par leur quantité aussi exactement que les poids de l'horloge ou les croulants monticules du sablier. On ne sort, d'ailleurs, pas plus aisément d'un tel sommeil que de la veille prolongée, tant toutes choses tendent à durer, et s'il est vrai que certains narcotiques font dormir, dormir longtemps est un narcotique plus puissant encore, après lequel on a bien de la peine à se réveiller. Pareil à un matelot qui voit bien le quai où amarrer sa barque, secouée cependant encore par les flots, j'avais bien l'idée de regarder l'heure et de me lever, mais mon corps était à tout instant rejeté dans le sommeil ; l'atterrissage était difficile, et avant de me mettre debout pour atteindre ma montre et confronter son heure avec celle qu'indiquait la richesse de matériaux dont disposaient mes jambes rompues, je retombais encore deux ou trois fois sur mon oreiller.

Enfin je voyais clairement : « deux heures de l'après-midi ! » je sonnais, mais aussitôt je rentrais dans un sommeil qui cette fois devait être infiniment plus long si j'en jugeais par le repos et la vision d'une immense nuit dépassée, que je trouvais au réveil. Pourtant comme celui-ci était causé par l'entrée de Françoise, entrée qu'avait elle-même motivée mon coup de sonnette, ce nouveau sommeil, qui me paraissait avoir dû être plus long que l'autre et avait amené en moi tant de bien-être et d'oubli, n'avait duré qu'une demi-minute.

Ma grand-mère ouvrait la porte de ma chambre, je lui posais mille questions sur la famille Legrandin.

Ce n'est pas assez dire que j'avais rejoint le calme et la santé, car c'était plus qu'une simple distance qui les avait la veille séparés de moi, j'avais eu toute la nuit à lutter contre un flot contraire, et puis je ne me retrouvais pas seulement auprès d'eux, ils étaient rentrés en moi. À des points précis et encore un peu douloureux de ma tête vide et qui serait un jour brisée, laissant mes idées s'échapper à jamais, celles-ci avaient une fois encore repris leur place, et retrouvé cette existence dont hélas ! jusqu'ici elles n'avaient pas su profiter.

Une fois de plus j'avais échappé à l'impossibilité de dormir, au déluge, au naufrage des crises nerveuses. Je ne craignais plus du tout ce qui me menaçait la veille au soir quand j'étais démuni de repos. Une nouvelle vie s'ouvrait devant moi ; sans faire un seul mouvement, car j'étais encore brisé quoique déjà dispos, je goûtais ma fatigue avec allégresse ; elle avait isolé et rompu les os de mes jambes, de mes bras, que je sentais assemblés devant moi, prêts à se rejoindre, et que j'allais relever rien qu'en chantant comme l'architecte de la fable.

Tout à coup je me rappelai la jeune blonde à l'air triste que j'avais vue à Rivebelle et qui m'avait regardé un instant. Pendant toute la soirée, bien d'autres m'avaient semblé agréables, maintenant elle venait seule de s'élever du fond de mon souvenir. Il me semblait qu'elle m'avait remarqué, je m'attendais à ce qu'un des garçons de Rivebelle vînt me dire un mot de sa part. Saint-Loup ne la connaissait pas et croyait qu'elle était comme il faut. Il serait bien difficile de la voir, de la voir sans cesse. Mais j'étais prêt à tout pour cela, je ne pensais plus qu'à elle. La philosophie parle souvent d'actes libres et d'actes nécessaires. Peut-être n'en est-il pas de plus complètement subi par nous, que celui qui en vertu d'une force ascensionnelle comprimée pendant l'action, fait jusque-là, une fois notre pensée au repos, remonter ainsi un souvenir nivelé avec les autres par la force oppressive de la distraction, et s'élancer parce qu'à notre insu il contenait plus que les autres un charme dont nous ne nous apercevons que vingt-quatre heures après. Et peut-être n'y a-t-il pas non plus d'acte aussi libre, car il est encore dépourvu de l'habitude, de cette sorte de manie mentale qui, dans l'amour, favorise la renaissance exclusive de l'image d'une certaine personne.

Ce jour-là était justement le lendemain de celui où j'avais vu défiler devant la mer le beau cortège de jeunes filles. J'interrogeai à leur sujet plusieurs clients de l'hôtel, qui venaient presque tous les ans à Balbec. Ils ne purent me renseigner. Plus tard une photographie m'expliqua pourquoi. Qui eût pu reconnaître maintenant en elles, à peine mais déjà sorties d'un âge où on change si complètement, telle masse amorphe et délicieuse, encore tout enfantine, de petites filles que, quelques années seulement auparavant, on pouvait voir assises en cercle sur le sable, autour d'une tente : sorte de blanche et vague constellation où l'on n'eût distingué deux yeux plus brillants que les autres, un malicieux visage, des cheveux blonds, que pour les reperdre et les confondre bien vite au sein de la nébuleuse indistincte et lactée.

Sans doute en ces années-là encore si peu éloignées, ce n'était pas comme la veille dans leur première apparition devant moi, la vision du groupe, mais le groupe lui-même qui manquait de netteté. Alors, ces enfants trop jeunes étaient encore à ce degré élémentaire de formation où la personnalité n'a pas mis son sceau sur chaque visage. Comme ces organismes primitifs où l'individu n'existe guère par lui-même, est plutôt constitué par le polypier que par chacun des polypes qui le composent, elles restaient pressées les unes contre les autres. Parfois l'une faisait tomber sa voisine, et alors un fou rire qui semblait la seule manifestation de leur vie personnelle, les agitait toutes à la fois, effaçant, confondant ces visages indécis et grimaçants dans la gelée d'une seule grappe scintillatrice et tremblante. Dans une photographie ancienne qu'elles devaient me donner un jour, et que j'ai gardée, leur troupe enfantine offre déjà le même nombre de figurantes, que plus tard leur cortège féminin ; on y sent qu'elles devaient déjà faire sur la plage une tache singulière qui forçait à les regarder, mais on ne peut les y reconnaître individuellement que par le raisonnement, en laissant le champ libre à toutes les transformations possibles pendant la jeunesse jusqu'à la limite où ces formes reconstituées empiéteraient sur une autre individualité qu'il faut identifier aussi et dont le beau visage, à cause de la concomitance d'une grande taille et de cheveux frisés, a chance d'avoir été jadis ce ratatinement de grimace rabougrie présenté par la carte-album ; et la distance parcourue en peu de temps par les caractères physiques de chacune de ces jeunes filles faisant d'eux un critérium fort vague, et d'autre part ce qu'elles avaient de commun et comme de collectif étant dès lors marqué, il arrivait parfois à leurs meilleures amies de les prendre l'une pour l'autre sur cette photographie, si bien que le doute ne pouvait finalement être tranché que par tel accessoire de toilette que l'une était certaine d'avoir porté, à l'exclusion des autres. Depuis ces jours si différents de celui où je venais de les voir sur la digue, si différents et pourtant si proches, elles se laissaient encore aller au rire comme je m'en étais rendu compte la veille, mais à un rire qui n'était pas celui intermittent et presque automatique de l'enfance, détente spasmodique qui autrefois faisait à tous moments faire un plongeon à ces têtes comme les blocs de vairons dans la Vivonne se dispersaient et disparaissaient pour se reformer un instant après ; leurs physionomies maintenant étaient devenues maîtresses d'elles-mêmes, leurs yeux étaient fixés sur le but qu'ils poursuivaient ; et il avait fallu hier l'indécision et le tremblé de ma perception première pour confondre indistinctement, comme l'avaient fait l'hilarité ancienne et la vieille photographie, les sporades aujourd'hui individualisées et désunies du pâle madrépore.

Sans doute bien des fois, au passage de jolies jeunes filles, je m'étais fait la promesse de les revoir. D'habitude, elles ne reparaissent pas ; d'ailleurs la mémoire, qui oublie vite leur existence, retrouverait difficilement leurs traits ; nos yeux ne les reconnaîtraient peut-être pas, et déjà nous avons vu passer de nouvelles jeunes filles que nous ne reverrons pas non plus. Mais d'autres fois, et c'est ainsi que cela devait arriver pour la petite bande insolente, le hasard les ramène avec insistance devant nous. Il nous paraît alors beau, car nous discernons en lui comme un commencement d'organisation, d'effort, pour composer notre vie ; il nous rend facile, inévitable et quelquefois – après des interruptions qui ont pu faire espérer de cesser de nous souvenir – cruelle la fidélité des images à la possession desquelles nous nous croirons plus tard avoir été prédestinés, et que sans lui nous aurions pu, tout au début, oublier, comme tant d'autres, si aisément.

Bientôt le séjour de Saint-Loup toucha à sa fin. Je n'avais pas revu ces jeunes filles sur la plage. Il restait trop peu de l'après-midi à Balbec pour pouvoir s'occuper d'elles et tâcher de faire, à mon intention, leur connaissance. Le soir il était plus libre et continuait à m'emmener souvent à Rivebelle. Il y a dans ces restaurants, comme dans les jardins publics et les trains, des gens enfermés dans une apparence ordinaire et dont le nom nous étonne, si l'ayant par hasard demandé, nous découvrons qu'ils sont non l'inoffensif premier venu que nous supposions, mais rien de moins que le ministre ou le duc dont nous avons si souvent entendu parler. Déjà deux ou trois fois dans le restaurant de Rivebelle, nous avions, Saint-Loup et moi, vu venir s'asseoir à une table, quand tout le monde commençait à partir, un homme de grande taille, très musclé, aux traits réguliers, à la barbe grisonnante, mais de qui le regard songeur restait fixé avec application dans le vide. Un soir que nous demandions au patron qui était ce dîneur obscur, isolé et retardataire : « Comment, vous ne connaissiez pas le célèbre peintre Elstir ? » nous dit-il. Swann avait une fois prononcé son nom devant moi, j'avais entièrement oublié à quel propos ; mais l'omission d'un souvenir, comme celui d'un membre de phrase dans une lecture, favorise parfois non l'incertitude, mais l'éclosion d'une certitude prématurée. « C'est un ami de Swann, et un artiste très connu, de grande valeur », dis-je à Saint-Loup. Aussitôt passa sur lui et sur moi, comme un frisson, la pensée qu'Elstir était un grand artiste, un homme célèbre, puis, que nous confondant avec les autres dîneurs, il ne se doutait pas de l'exaltation où nous jetait l'idée de son talent. Sans doute, qu'il ignorât notre admiration, et que nous connaissions Swann, ne nous eût pas été pénible si nous n'avions pas été aux bains de mer. Mais attardés à un âge où l'enthousiasme ne peut rester silencieux, et transportés dans une vie où l'incognito semble étouffant, nous écrivîmes une lettre signée de nos noms, où nous dévoilions à Elstir dans les deux dîneurs assis à quelques pas de lui deux amateurs passionnés de son talent, deux amis de son grand ami Swann, et où nous demandions à lui présenter nos hommages. Un garçon se chargea de porter cette missive à l'homme célèbre.

Célèbre, Elstir ne l'était peut-être pas encore à cette époque tout à fait autant que le prétendait le patron de l'établissement, et qu'il le fut d'ailleurs bien peu d'années plus tard. Mais il avait été un des premiers à habiter ce restaurant alors que ce n'était encore qu'une sorte de ferme et à y amener une colonie d'artistes (qui avaient du reste tous émigré ailleurs dès que la ferme où l'on mangeait en plein air sous un simple auvent était devenue un centre élégant ; Elstir lui-même ne revenait en ce moment à Rivebelle qu'à cause d'une absence de sa femme avec laquelle il habitait non loin de là). Mais un grand talent, même quand il n'est pas encore reconnu, provoque nécessairement quelques phénomènes d'admiration, tels que le patron de la ferme avait été à même d'en distinguer dans les questions de plus d'une Anglaise de passage, avide de renseignements sur la vie que menait Elstir, ou dans le nombre de lettres que celui-ci recevait de l'étranger. Alors le patron avait remarqué davantage qu'Elstir n'aimait pas être dérangé pendant qu'il travaillait, qu'il se relevait la nuit pour emmener un petit modèle poser nu au bord de la mer, quand il y avait clair de lune, et il s'était dit que tant de fatigues n'étaient pas perdues, ni l'admiration des touristes injustifiée, quand il avait dans un tableau d'Elstir reconnu une croix de bois qui était plantée à l'entrée de

Rivebelle. « C'est bien elle, répétait-il avec stupéfaction. Il y a les quatre morceaux ! Ah ! aussi il s'en donne une peine ! »

Et il ne savait pas si un petit « lever de soleil sur la mer », qu'Elstir lui avait donné, ne valait pas une fortune.

Nous le vîmes lire notre lettre, la remettre dans sa poche, continuer à dîner, commencer à demander ses affaires, se lever pour partir, et nous étions tellement sûrs de l'avoir choqué par notre démarche que nous eussions souhaité maintenant (tout autant que nous l'avions redouté) de partir sans avoir été remarqués par lui. Nous ne pensions pas un seul instant à une chose qui aurait dû pourtant nous sembler la plus importante, c'est que notre enthousiasme pour Elstir, de la sincérité duquel nous n'aurions pas permis qu'on doutât et dont nous aurions pu, en effet, donner comme témoignage notre respiration entrecoupée par l'attente, notre désir de faire n'importe quoi de difficile ou d'héroïque pour le grand homme, n'était pas, comme nous nous le figurions, de l'admiration, puisque nous n'avions jamais rien vu d'Elstir ; notre sentiment pouvait avoir pour objet l'idée creuse de « un grand artiste », non pas une œuvre qui nous était inconnue. C'était tout au plus de l'admiration à vide, le cadre nerveux, l'armature sentimentale d'une admiration sans contenu, c'est-à-dire quelque chose d'aussi indissolublement attaché à l'enfance que certains organes qui n'existent plus chez l'homme adulte ; nous étions encore des enfants. Elstir cependant allait arriver à la porte, quand tout à coup il fit un crochet et vint à nous. J'étais transporté d'une délicieuse épouvante comme je n'aurais pu en éprouver quelques années plus tard, parce que, en même temps que l'âge diminue la capacité, l'habitude du monde ôte toute idée de provoquer d'aussi étranges occasions de ressentir ce genre d'émotions.

Dans les quelques mots qu'Elstir vint nous dire, en s'asseyant à notre table, il ne me répondit jamais, les diverses fois où je lui parlai de Swann. Je commençai à croire qu'il ne le connaissait pas. Il ne m'en demanda pas moins d'aller le voir à son atelier de Balbec, invitation qu'il n'adressa pas à Saint-Loup, et que me valurent, ce que n'aurait peut-être pas fait la recommandation de Swann si Elstir eût été lié avec lui (car la part des sentiments désintéressés est plus grande qu'on ne croit dans la vie des hommes), quelques paroles qui lui firent penser que j'aimais les arts. Il prodigua pour moi une amabilité, qui était aussi supérieure à celle de Saint-Loup que celle-ci à l'affabilité d'un petit bourgeois. À côté de celle d'un grand artiste, l'amabilité d'un grand seigneur, si charmante soit-elle, a l'air d'un jeu d'acteur, d'une simulation. Saint-Loup cherchait à plaire, Elstir aimait à donner, à se donner. Tout ce qu'il possédait, idées, œuvres, et le reste qu'il comptait pour bien moins, il l'eût donné avec joie à quelqu'un qui l'eût compris. Mais faute d'une société supportable, il vivait dans un isolement, avec une sauvagerie que les gens du monde appelaient de la pose et de la mauvaise éducation, les pouvoirs publics un mauvais esprit, ses voisins de la folie, sa famille de l'égoïsme et de l'orgueil.

Et sans doute les premiers temps avait-il pensé, dans la solitude même, avec plaisir que, par le moyen de ses œuvres, il s'adressait à distance, il donnait une plus haute idée de lui, à ceux qui l'avaient méconnu ou froissé. Peut-être alors vécut-il seul, non par indifférence, mais par amour des autres, et, comme j'avais renoncé à Gilberte pour lui réapparaître un jour sous des couleurs plus aimables, destinait-il son œuvre à certains, comme un retour vers eux, où sans le revoir lui-même, on l'aimerait, on l'admirerait, on s'entretiendrait de lui ; un renoncement n'est pas toujours total dès le début, quand nous le décidons avec notre âme ancienne et avant que par réaction il n'ait agi sur nous, qu'il s'agisse du renoncement d'un malade, d'un moine, d'un artiste, d'un héros. Mais s'il avait voulu produire en vue de quelques personnes, en produisant, lui avait vécu pour lui-même, loin de la société à laquelle il était indifférent ; la pratique de la solitude lui en avait donné l'amour comme il arrive pour toute grande chose que nous avons crainte d'abord, parce que nous la savions incompatible avec de plus petites auxquelles nous tenions et dont elle nous prive moins qu'elle ne nous détache. Avant de la connaître, toute notre préoccupation est de savoir dans quelle mesure nous pourrons la concilier avec certains plaisirs qui cessent d'en être dès que nous l'avons connue.

Elstir ne resta pas longtemps à causer avec nous. Je me promettais d'aller à son atelier dans les deux ou trois jours suivants, mais le lendemain de cette soirée, comme j'avais accompagné ma grand-mère tout au bout de la digue vers les falaises de Canapville, en revenant, au coin d'une des petites rues qui débouchent perpendiculairement sur la plage, nous croisâmes une jeune fille qui, tête basse comme un animal qu'on fait rentrer malgré lui dans l'étable, et tenant des clubs de golf, marchait devant une personne autoritaire, vraisemblablement son « anglaise », ou celle de ses amies, laquelle ressemblait au portrait de *Jeffries* par Hogarth, le teint rouge comme si sa boisson favorite avait été plutôt le gin que le thé, et prolongeant par le croc noir d'un reste de chique une moustache grise, mais bien fournie. La fillette qui la précédait ressemblait à celle de la petite bande qui, sous un polo noir, avait dans un visage immobile et jouffu des yeux rieurs. Or, celle qui rentrait en ce moment avait aussi un polo noir, mais elle me semblait encore plus jolie que l'autre, la ligne de son nez était plus droite, à la base l'aile en était plus large et plus charnue. Puis l'autre m'était apparue comme une fière jeune fille pâle, celle-ci comme une enfant domptée et de teint rose. Pourtant, comme elle poussait une bicyclette pareille et comme elle portait les mêmes gants de renne, je conclus que les différences tenaient peut-être à la façon dont j'étais placé et aux circonstances, car il était peu probable qu'il y eût à Balbec une seconde jeune fille, de visage malgré tout si semblable, et qui dans son accoutrement réunît les mêmes particularités. Elle jeta dans ma direction un regard rapide ; les jours suivants, quand je revis la petite bande sur la plage, et même plus tard quand je connus toutes les jeunes filles qui la composaient, je n'eus jamais la certitude absolue qu'aucune d'elles – même celle qui de toutes lui ressemblait le plus, la jeune fille à la bicyclette – fût bien celle que j'avais vue ce soir-là au bout de la plage, au coin de la rue, jeune fille qui n'était guère, mais qui était tout de même un peu différente de celle que j'avais remarquée dans le cortège.

À partir de cet après-midi-là, moi, qui les jours précédents avais surtout pensé à la grande, ce fut celle aux clubs de golf, présumée être Mlle Simonet, qui recommença à me préoccuper. Au milieu des autres, elle s'arrêtait souvent, forçant ses amies qui semblaient la respecter beaucoup, à interrompre aussi leur marche. C'est ainsi, faisant halte, les yeux brillants sous son « polo » que je la revois encore maintenant silhouettée sur l'écran que lui fait, au fond, la mer, et séparée de moi par un espace transparent et azuré, le temps écoulé depuis lors, première image, toute mince dans mon souvenir, désirée, poursuivie, puis oubliée, puis retrouvée, d'un visage que j'ai souvent depuis projeté dans le passé pour pouvoir me dire d'une jeune fille qui était dans ma chambre : « C'est elle ! »

Mais c'est peut-être encore celle au teint de géranium, aux yeux verts, que j'aurais le plus désiré connaître. Quelle que fût, d'ailleurs, tel jour donné, celle que je préférais apercevoir, les autres, sans celle-là, suffisaient à m'émouvoir ; mon désir même se portant une fois plutôt sur l'une, une fois plutôt sur l'autre, continuait – comme le premier jour ma confuse vision – à les réunir, à faire d'elles le petit monde à part, animé d'une vie commune qu'elles avaient, sans doute, d'ailleurs, la prétention de constituer ; j'eusse pénétré en devenant l'ami de l'une elle – comme un païen raffiné ou un chrétien scrupuleux chez les barbares – dans une société rajeunissante où régnaient la santé, l'inconscience, la volupté, la cruauté, l'inintellectualité et la joie.

Ma grand-mère, à qui j'avais raconté mon entrevue avec Elstir et qui se réjouissait de tout le profit intellectuel que je pouvais tirer de son amitié, trouvait absurde et peu gentil que je ne fusse pas encore allé lui faire une visite. Mais je ne pensais qu'à la petite bande, et incertain de l'heure où ces jeunes filles passeraient sur la digue, je n'osais pas m'éloigner. Ma grand-mère s'étonnait aussi de mon élégance, car je m'étais soudain souvenu des costumes que j'avais jusqu'ici laissés au fond de ma malle. J'en mettais chaque jour un différent, et j'avais même écrit à Paris pour me faire envoyer de nouveaux chapeaux, et de nouvelles cravates.

C'est un grand charme ajouté à la vie dans une station balnéaire comme était Balbec, si le visage d'une jolie fille, une marchande de coquillages, de gâteaux ou de fleurs, peint en vives couleurs dans notre pensée, est quotidiennement pour nous dès le matin le but de chacune de ces journées oisives et lumineuses qu'on passe sur la plage. Elles sont alors, et par là, bien que désœuvrées, alertes comme des journées de travail, aiguillées, aimantées, soulevées légèrement vers un instant prochain, celui où tout en achetant des sablés, des roses, des ammonites, on se délectera à voir, sur un visage féminin, les couleurs étalées aussi purement que sur une fleur. Mais au moins, ces petites marchandes, d'abord, on peut leur parler, ce qui évite d'avoir à construire avec l'imagination les autres côtés que ceux que nous fournit la simple perception visuelle, et à recréer leur vie, à s'exagérer son charme, comme devant un portrait ; surtout, justement parce qu'on leur parle, on peut apprendre où, à quelles heures on peut les retrouver. Or il n'en était nullement ainsi pour moi en ce qui concernait les jeunes filles de la petite bande. Leurs habitudes m'étant inconnues, quand certains jours je ne les apercevais pas, ignorant la cause de leur absence, je cherchais si celle-ci était quelque chose de fixe, si on ne les voyait que tous les deux jours, ou quand il faisait tel temps, ou s'il y avait des jours où on ne les voyait jamais. Je me figurais d'avance ami avec elles et leur disant : « Mais vous n'étiez pas là tel jour ? – Ah ! oui, c'est parce que c'était un samedi, le samedi nous ne venons jamais parce que... » Encore si c'était aussi simple que de savoir que le triste samedi il est inutile de s'acharner, qu'on pourrait parcourir la plage en tous sens, s'asseoir à la devanture du pâtissier, faire semblant de manger un éclair, entrer chez le marchand de curiosités, attendre l'heure du bain, le concert, l'arrivée de la marée, le coucher du soleil, la nuit, sans voir la petite bande désirée. Mais le jour fatal ne revenait peut-être pas une fois par semaine. Il ne tombait peut-être pas forcément un samedi. Peut-être certaines conditions atmosphériques influaient-elles sur lui ou lui étaient-elles entièrement étrangères. Combien d'observations patientes, mais non point sereines, il faut recueillir sur les mouvements en apparence irréguliers de ces mondes inconnus avant de pouvoir être sûr qu'on ne s'est pas laissé abuser par des coïncidences, que nos prévisions ne seront pas trompées, avant de dégager les lois certaines, acquises au prix d'expériences cruelles, de cette astronomie passionnée. Me rappelant que je ne les avais pas vues le même jour qu'aujourd'hui, je me disais qu'elles ne viendraient pas, qu'il était inutile de rester sur la plage. Et justement je les apercevais. En revanche, un jour où, autant que j'avais pu supposer que des lois réglaient le retour de ces constellations, j'avais calculé devoir être un jour faste, elles ne venaient pas. Mais à cette première incertitude si je les verrais ou non le jour même venait s'en ajouter une plus grave, si je les reverrais jamais, car j'ignorais en somme si elles ne devaient pas partir pour l'Amérique, ou rentrer à Paris. Cela suffisait pour me faire commencer à les aimer. On peut avoir du goût pour une personne. Mais pour déchaîner cette tristesse, ce sentiment de l'irréparable, ces angoisses, qui préparent l'amour, il faut – et il est peut-être ainsi, plutôt que ne l'est une personne, l'objet même que cherche anxieusement à étreindre la passion – le risque d'une impossibilité. Ainsi agissaient déjà ces influences qui se répètent au cours d'amours successives, pouvant du reste se produire, mais alors plutôt dans l'existence des grandes villes, au sujet d'ouvrières dont on ne sait pas les jours de congé et qu'on s'effraye de ne pas avoir vues à la sortie de l'atelier, ou du moins qui se renouvelèrent au cours des miennes. Peut-être sont-elles inséparables de l'amour ;

peut-être tout ce qui fut une particularité du premier vient-il s'ajouter aux suivants, par souvenir, suggestion, habitude et, à travers les périodes successives de notre vie, donner à ses aspects différents un caractère général.

Je prenais tous les prétextes pour aller sur la plage aux heures où j'espérais pouvoir les rencontrer. Les ayant aperçues une fois pendant notre déjeuner je n'y arrivais plus qu'en retard, attendant indéfiniment sur la digue qu'elles y passassent ; restant le peu de temps que j'étais assis dans la salle à manger à interroger des yeux l'azur du vitrage ; me levant bien avant le dessert pour ne pas les manquer dans le cas où elles se fussent promenées à une autre heure et m'irritant contre ma grand-mère, inconsciemment méchante, quand elle me faisait rester avec elle au delà de l'heure qui me semblait propice. Je tâchais de prolonger l'horizon en mettant ma chaise de travers ; si par hasard j'apercevais n'importe laquelle des jeunes filles, comme elles participaient toutes à la même essence spéciale, c'était comme si j'avais vu projeté en face de moi dans une hallucination mobile et diabolique un peu de rêve ennemi et pourtant passionnément convoité qui, l'instant d'avant encore, n'existait, y stagnant d'ailleurs d'une façon permanente, que dans mon cerveau.

Je n'en aimais aucune les aimant toutes, et pourtant leur rencontre possible était pour mes journées le seul élément délicieux, faisait seule naître en moi de ces espoirs où on briserait tous les obstacles, espoirs souvent suivis de rage, si je ne les avais pas vues. En ce moment, ces jeunes filles éclipsaient pour moi ma grand-mère ; un voyage m'eût tout de suite souri si ç'avait été pour aller dans un lieu où elles dussent se trouver. C'était à elles que ma pensée s'était agréablement suspendue quand je croyais penser à autre chose ou à rien. Mais quand, même ne le sachant pas, je pensais à elles, plus inconsciemment encore, elles, c'était pour moi les ondulations montueuses et bleues de la mer, le profil d'un défilé devant la mer. C'était la mer que j'espérais retrouver, si j'allais dans quelque ville où elles seraient. L'amour le plus exclusif pour une personne est toujours l'amour d'autre chose.

Ma grand'mère me témoignait, parce que maintenant je m'intéressais extrêmement au golf et au tennis et laissais échapper l'occasion de regarder travailler et entendre discourir un artiste qu'elle savait des plus grands, un mépris qui me semblait procéder de vues un peu étroites. J'avais autrefois entrevu aux Champs-Élysées et je m'étais rendu mieux compte depuis qu'en étant amoureux d'une femme nous projetons simplement en elle un état de notre âme ; que par conséquent l'important n'est pas la valeur de la femme mais la profondeur de l'état ; et que les émotions qu'une jeune fille médiocre nous donne peuvent nous permettre de faire monter à notre conscience des parties plus intimes de nous-même, plus personnelles, plus lointaines, plus essentielles, que ne ferait le plaisir que nous donne la conversation d'un homme supérieur ou même la contemplation admirative de ses œuvres.

Je dus finir par obéir à ma grand-mère avec d'autant plus d'ennui qu'Elstir habitait assez loin de la digue, dans une des avenues les plus nouvelles de Balbec. La chaleur du jour m'obligea à prendre le tramway qui passait par la rue de la Plage, et je m'efforçais, pour penser que j'étais dans l'antique royaume des Cimmériens, dans la patrie peut-être du roi Mark ou sur l'emplacement de la forêt de Broceliande, de ne pas regarder le luxe de pacotille des constructions qui se développaient devant moi et entre lesquelles la villa d'Elstir était peut-être la plus somptueusement laide, louée malgré cela par lui, parce que de toutes celles qui existaient à Balbec, c'était la seule qui pouvait lui offrir un vaste atelier.

C'est aussi en détournant les yeux que je traversai le jardin qui avait une pelouse – en plus petit comme chez n'importe quel bourgeois dans la banlieue de Paris – une petite statuette de galant jardinier, des boules de verre où l'on se regardait, des bordures de bégonias et une petite tonnelle sous laquelle des rocking-chairs étaient allongés devant une table de fer. Mais après tous ces abords empreints de laideur citadine, je ne fis plus attention aux moulures chocolat des plinthes quand je fus dans l'atelier ; je me sentis parfaitement heureux, car par toutes les études qui étaient autour de moi, je sentais la possibilité de m'élever à une connaissance poétique, féconde en joies, de maintes formes que je n'avais pas isolées jusque-là du spectacle total de la réalité. Et l'atelier d'Elstir m'apparut comme le laboratoire d'une sorte de nouvelle création du monde, où, du chaos que sont toutes choses que nous voyons, il avait tiré, en les peignant sur divers rectangles de toile qui étaient posés dans tous les sens, ici une vague de la mer écrasant avec colère sur le sable son écume lilas, là un jeune homme en coutil blanc accoudé sur le pont d'un bateau. Le veston du jeune homme et la vague éclaboussante avaient pris une dignité nouvelle du fait qu'ils continuaient à être, encore que dépourvus de ce en quoi ils passaient pour consister, la vague ne pouvant plus mouiller, ni le veston habiller personne.

Au moment où j'entrai, le créateur était en train d'achever, avec le pinceau qu'il tenait dans sa main, la forme du soleil à son coucher.

Les stores étaient clos de presque tous les côtés, l'atelier était assez frais, et, sauf à un endroit où le grand jour apposait au mur sa décoration éclatante et passagère, obscur ; seule était ouverte une petite fenêtre rectangulaire encadrée de chèvrefeuilles, qui après une bande de jardin, donnait sur une avenue ; de sorte que l'atmosphère de la plus grande partie de l'atelier était sombre, transparente et compacte dans la masse, mais humide et brillante aux cassures où la sertissait la lumière, comme un bloc de cristal de roche dont une face déjà taillée et polie, çà et là, luit comme un miroir et s'irise. Tandis qu'Elstir, sur ma prière, continuait à peindre, je circulais dans ce clair-obscur, m'arrêtant devant un tableau puis devant un autre.

Le plus grand nombre de ceux qui m'entouraient n'étaient pas ce que j'aurais le plus aimé à voir de lui, les peintures appartenant à ses première et deuxième manières, comme disait une revue d'art anglaise qui traînait sur la table du salon du Grand-Hôtel, la manière mythologique et celle où il avait subi l'influence du Japon, toutes deux admirablement représentées, disait-on, dans la collection de Mme de Guermantes. Naturellement, ce qu'il avait dans son atelier, ce n'était guère que des marines prises ici, à Balbec. Mais j'y pouvais discerner que le charme de chacune consistait en une sorte de métamorphose des choses représentées, analogue à celle qu'en poésie on nomme métaphore, et que si Dieu le Père avait créé les choses en les nommant, c'est en leur ôtant leur nom, ou en leur en donnant un autre qu'Elstir les recréait. Les noms qui désignent les choses répondent toujours à une notion de l'intelligence, étrangère à nos impressions véritables, et qui nous force à éliminer d'elles tout ce qui ne se rapporte pas à cette notion.

Parfois à ma fenêtre, dans l'hôtel de Balbec, le matin quand Françoise défaisait les couvertures qui cachaient la lumière, le soir quand j'attendais le moment de partir avec Saint-Loup, il m'était arrivé, grâce à un effet de soleil, de prendre une partie plus sombre de la mer pour une côte éloignée, ou de regarder avec joie une zone bleue et fluide sans savoir si elle appartenait à la mer ou au ciel. Bien vite mon intelligence rétablissait entre les éléments la séparation que mon impression avait abolie. C'est ainsi qu'il m'arrivait à Paris, dans ma chambre, d'entendre une dispute, presque une émeute, jusqu'à ce que j'eusse rapporté à sa cause, par exemple une voiture dont le roulement approchait, ce bruit dont j'éliminais alors les vociférations aiguës et discordantes que mon oreille avait réellement entendues, mais que mon intelligence savait que des roues ne produisaient pas. Mais les rares moments où l'on voit la nature telle qu'elle est, poétiquement, c'était de ceux-là qu'était faite l'œuvre d'Elstir. Une de ses métaphores les plus fréquentes dans les marines qu'il avait près de lui en ce moment était justement celle qui, comparant la terre à la mer, supprimait entre elles toute démarcation. C'était cette comparaison, tacitement et inlassablement répétée dans une même toile, qui y introduisait cette multiforme et puissante unité, cause, parfois non clairement aperçue par eux, de l'enthousiasme qu'excitait chez certains amateurs la peinture d'Elstir.

C'est par exemple à une métaphore de ce genre – dans un tableau, représentant le port de Carquethuit, tableau qu'il avait terminé depuis peu de jours et que je regardai longuement – qu'Elstir avait préparé l'esprit du spectateur en n'employant pour la petite ville que des termes marins, et que des termes urbains pour la mer. Soit que les maisons cachassent une partie du port, un bassin de calfatage ou peut-être la mer même s'enfonçant en golfe dans les terres ainsi que cela arrivait constamment dans ce pays de Balbec, de l'autre côté de la pointe avancée où était construite la ville, les toits étaient dépassés (comme ils l'eussent été par des cheminées ou par des clochers) par des mâts, lesquels avaient l'air de faire des vaisseaux auxquels ils appartenaient quelque chose de citadin, de construit sur terre, impression qu'augmentaient d'autres bateaux, demeurés le long de la jetée, mais en rangs si pressés que les hommes y causaient d'un bâtiment à l'autre sans qu'on pût distinguer leur séparation et l'interstice de l'eau, et ainsi cette flottille de pêche avait moins l'air d'appartenir à la mer que, par exemple, les églises de Criquebec qui, au loin, entourées d'eau de tous côtés parce qu'on les voyait sans la ville, dans un poudroiement de soleil et de vagues, semblaient sortir des eaux, soufflées en albâtre ou en écume et, enfermées dans la ceinture d'un arc-en-ciel versicolore, former un tableau irréel et mystique. Dans le premier plan de la plage, le peintre avait su habituer les yeux à ne pas reconnaître de frontière fixe, de démarcation absolue, entre la terre et l'océan. Des hommes qui poussaient des bateaux à la mer couraient aussi bien dans les flots que sur le sable, lequel mouillé, réfléchissait déjà les coques comme s'il avait été de l'eau. La mer elle-même ne montait pas régulièrement, mais suivait les accidents de la grève, que la perspective déchiquetait encore davantage, si bien qu'un navire en pleine mer, à demi caché par les ouvrages avancés de l'arsenal, semblait voguer au milieu de la ville ; des femmes qui ramassaient des crevettes dans les rochers avaient l'air, parce qu'elles étaient entourées d'eau et à cause de la dépression qui, après la barrière circulaire des roches, abaissait la plage (des deux côtés les plus rapprochés de terre) au niveau de la mer, d'être dans une grotte marine surplombée de barques et de vagues, ouverte et protégée au milieu des flots écartés miraculeusement. Si tout le tableau donnait cette impression des ports où la mer entre dans la terre, où la terre est déjà marine, et la population amphibie, la force de l'élément marin éclatait partout ; et près des rochers, à l'entrée de la jetée, où la mer était agitée, on sentait aux efforts des matelots et à l'obliquité des barques couchées en angle aigu devant la calme verticalité de l'entrepôt, de l'église, des maisons de la ville, où les uns rentraient, d'où les autres partaient pour la pêche, qu'ils trottaient rudement sur l'eau comme sur un animal fougueux et rapide dont les soubresauts, sans leur adresse, les eût jetés à terre. Une bande de promeneurs sortait gaiement en une barque secouée comme une carriole ; un matelot joyeux, mais attentif aussi, la gouvernait comme avec des guides, menait la voile fougueuse, chacun se tenait bien à sa place pour ne pas faire trop de poids d'un côté et ne pas verser, et on courait ainsi par les champs ensoleillés dans les sites ombreux, dégringolant les pentes. C'était une belle matinée malgré l'orage qu'il avait fait. Et même on sentait encore les puissantes actions qu'avait à neutraliser le bel équilibre des barques immobiles, jouissant du soleil et de la fraîcheur, dans les parties où la mer était si calme que les reflets avaient presque plus de solidité et de réalité que les coques vaporisées par un effet de soleil et que la perspective faisait s'enjamber les unes les autres. Ou plutôt on n'aurait pas dit d'autres parties de la mer. Car entre ces parties, il y avait autant de différence qu'entre l'une d'elles et l'église sortant des eaux, et les bateaux derrière la ville. L'intelligence faisait ensuite un même élément de ce qui était, ici noir dans un effet d'orage, plus loin tout d'une couleur avec le ciel et aussi verni que lui, et là si blanc de soleil, de brume et d'écume, si compact, si terrien, si circonvenu de maisons, qu'on pensait à quelque chaussée de pierres ou à un champ de neige, sur lequel on était effrayé de voir un navire s'élever en pente raide et à sec comme une voiture qui s'ébroue en sortant d'un gué, mais qu'au bout d'un moment, en y voyant sur l'étendue haute et inégale du plateau solide des bateaux titubants, on comprenait, identique en tous ces aspects divers, être encore la mer.

Bien qu'on dise avec raison qu'il n'y a pas de progrès, pas de découvertes en art, mais seulement dans les sciences, et que chaque artiste recommençant pour son compte un effort individuel ne peut y être aidé ni entravé par les efforts de tout autre, il faut pourtant reconnaître que dans la mesure où l'art met en lumière certaines lois, une fois qu'une industrie les a vulgarisées, l'art antérieur perd rétrospectivement un peu de son originalité. Depuis les débuts d'Elstir, nous avons connu ce qu'on appelle « d'admirables » photographies de paysages et de villes. Si on cherche à préciser ce que les amateurs désignent dans ce cas par cette épithète, on verra qu'elle s'applique d'ordinaire à quelque image singulière d'une chose connue, image différente de celles que nous avons l'habitude de voir, singulière et pourtant vraie et qui à cause de cela est pour nous doublement saisissante parce qu'elle nous étonne, nous fait sortir de nos habitudes, et tout à la fois nous fait rentrer en nous-même en nous rappelant une impression. Par exemple telle de ces photographies « magnifiques » illustrera une loi de la perspective, nous montrera telle cathédrale que nous avons l'habitude de voir au milieu de la ville, prise au contraire d'un point choisi d'où elle aura l'air trente fois plus haute que les maisons et faisant éperon au bord du fleuve d'où elle est en réalité distante. Or, l'effort d'Elstir de ne pas exposer les choses telles qu'il savait qu'elles étaient, mais selon ces illusions optiques dont notre vision première est faite, l'avait précisément amené à mettre en lumière certaines de ces lois de perspective, plus frappantes alors, car l'art était le premier à les dévoiler. Un fleuve, à cause du tournant de son cours, un golfe à cause du rapprochement apparent des falaises, avaient l'air de creuser au milieu de la plaine ou des montagnes un lac absolument fermé de toutes parts. Dans un tableau pris de Balbec par une torride journée d'été, un rentrant de la mer semblait enfermé dans des murailles de granit rose, n'être pas la mer, laquelle commençait plus loin. La continuité de l'océan n'était suggérée que par des mouettes qui, tournoyant sur ce qui semblait au spectateur de la pierre, humaient au contraire l'humidité du flot. D'autres lois se dégageaient de cette même toile comme, au pied des immenses falaises, la grâce lilliputienne des voiles blanches sur le miroir bleu où elles semblaient des papillons endormis, et certains contrastes entre la profondeur des ombres et la pâleur de la lumière. Ces jeux des ombres, que la photographie a banalisés aussi, avaient intéressé Elstir au point qu'il s'était complu autrefois à peindre de véritables mirages, où un château coiffé d'une tour apparaissait comme un château circulaire complètement prolongé d'une tour à son faîte, et en bas d'une tour inverse, soit que la pureté extraordinaire d'un beau temps donnât à l'ombre qui se reflétait dans l'eau la dureté et l'éclat de la pierre, soit que les brumes du matin rendissent la pierre aussi vaporeuse que l'ombre. De même au delà de la mer, derrière une rangée de bois une autre mer commençait, rosée par le coucher du soleil et qui était le ciel. La lumière, inventant comme de nouveaux solides, poussait la coque du bateau qu'elle frappait, en retrait de celle qui était dans l'ombre, et disposait comme les degrés d'un escalier de cristal la surface matériellement plane, mais brisée par l'éclairage de la mer au matin. Un fleuve qui passe sous les ponts d'une ville était pris d'un point de vue tel qu'il apparaissait entièrement disloqué, étalé ici en lac, aminci là en filet, rompu ailleurs par l'interposition d'une colline couronnée de bois où le citadin va le soir respirer la fraîcheur du soir ; et le rythme même de cette ville bouleversée n'était assuré que par la verticale inflexible des clochers qui ne montaient pas, mais plutôt, selon le fil à plomb de la pesanteur marquant la cadence comme dans une marche triomphale, semblaient tenir en suspens au-dessous d'eux toute la masse plus confuse des maisons étagées dans la brume, le long du fleuve écrasé et décousu. Et (comme les premières œuvres d'Elstir dataient de l'époque où on agrémentait les paysages par la présence d'un personnage) sur la falaise ou dans la montagne, le chemin, cette partie à demi humaine de la nature, subissait comme le fleuve ou l'océan les éclipses de la perspective. Et soit qu'une arête montagneuse, ou la brume d'une cascade, ou la mer, empêchât de suivre la continuité de la route, visible pour le promeneur mais non pour nous, le petit personnage humain en habits démodés perdu dans ces solitudes semblait souvent arrêté devant un abîme, le sentier qu'il suivait finissant là, tandis que, trois cents mètres plus haut dans ces bois de sapins, c'est d'un œil attendri et d'un cœur rassuré que nous voyions reparaître la mince blancheur de son sable hospitalier au pas du voyageur, mais dont le versant de la montagne nous avait dérobé, contournant la cascade ou le golfe, les lacets intermédiaires.

L'effort qu'Elstir faisait pour se dépouiller en présence de la réalité de toutes les notions de son intelligence était d'autant plus admirable que cet homme qui, avant de peindre, se faisait ignorant, oubliait tout par probité, car ce qu'on sait n'est pas à soi, avait justement une intelligence exceptionnellement cultivée. Comme je lui avouais la déception que j'avais eue devant l'église de Balbec : « Comment, me dit-il, vous avez été déçu par ce porche ? mais c'est la plus belle Bible historiée que le peuple ait jamais pu lire. Cette Vierge et tous les bas-reliefs qui racontent sa vie, c'est l'expression la plus tendre, la plus inspirée de ce long poème d'adoration et de louanges que le moyen âge déroulera à la gloire de la Madone. Si vous saviez à côté de l'exactitude la plus minutieuse à traduire le texte saint, quelles trouvailles de délicatesse a eues le vieux sculpteur, que de profondes pensées, quelle délicieuse poésie !

« L'idée de ce grand voile dans lequel les Anges portent le corps de la Vierge, trop sacré pour qu'ils osent le toucher directement (je lui dis que le même sujet était traité à Saint-André-des-Champs ; il avait vu des photographies du porche de cette dernière église mais me fit remarquer que l'empressement de ces petits paysans qui courent tous à la fois autour de la Vierge était autre chose que la gravité des deux grands anges presque italiens, si élancés, si doux) ; l'ange qui emporte l'âme de la Vierge pour la réunir à son corps ; dans la rencontre de la Vierge et d'Élisabeth, le geste de cette dernière qui touche le sein de Marie et s'émerveille de le sentir gonflé ; et le bras bandé de la sage-femme qui n'avait pas voulu croire, sans toucher, à l'Immaculée-Conception ; et la ceinture jetée par la Vierge à saint Thomas pour lui donner la preuve de sa résurrection ; ce voile aussi que la Vierge arrache de son sein pour en voiler la nudité de son fils d'un côté de qui l'Église recueille le sang, la liqueur de l'Eucharistie, tandis que, de l'autre, la Synagogue, dont le règne est fini, a les yeux bandés, tient un sceptre à demi brisé et laisse échapper, avec sa couronne qui lui tombe de la tête, les tables de l'ancienne Loi ; et l'époux qui aidant, à l'heure du

Jugement dernier, sa jeune femme à sortir du tombeau lui appuie la main contre son propre cœur pour la rassurer et lui prouver qu'il bat vraiment, est-ce aussi assez chouette comme idée, assez trouvé ? Et l'ange qui emporte le soleil et la lune devenus inutiles puisqu'il est dit que la Lumière de la Croix sera sept fois plus puissante que celle des astres ; et celui qui trempe sa main dans l'eau du bain de Jésus pour voir si elle est assez chaude ; et celui qui sort des nuées pour poser sa couronne sur le front de la Vierge, et tous ceux qui penchés du haut du ciel, entre les balustres de la Jérusalem céleste, lèvent les bras d'épouvante ou de joie à la vue des supplices des méchants et du bonheur des élus ! Car c'est tous les cercles du ciel, tout un gigantesque poème théologique et symbolique que vous avez là. C'est fou, c'est divin, c'est mille fois supérieur à tout ce que vous verrez en Italie où d'ailleurs ce tympan a été littéralement copié par des sculpteurs de bien moins de génie. Il n'y a pas eu d'époque où tout le monde a du génie, tout ça c'est des blagues, ça serait plus fort que l'âge d'or. Le type qui a sculpté cette façade-là, croyez bien qu'il était aussi fort, qu'il avait des idées aussi profondes que les gens de maintenant que vous admirez le plus. Je vous montrerais cela, si nous y allions ensemble. Il y a certaines paroles de l'office de l'Assomption qui ont été traduites avec une subtilité qu'un Redon n'a pas égalée. »

Cette vaste vision céleste dont il me parlait, ce gigantesque poème théologique que je comprenais avoir été écrit là, pourtant quand mes yeux pleins de désirs s'étaient ouverts devant la façade, ce n'est pas eux que j'avais vus. Je lui parlais de ces grandes statues de saints qui montées sur des échasses forment une sorte d'avenue.

– Elle part des fonds des âges pour aboutir à Jésus-Christ, me dit-il. Ce sont d'un côté ses ancêtres selon l'esprit, de l'autre, les Rois de Juda, ses ancêtres selon la chair. Tous les siècles sont là. Et si vous aviez mieux regardé ce qui vous a paru des échasses, vous auriez pu nommer ceux qui y étaient perchés. Car sous les pieds de Moïse, vous auriez reconnu le veau d'or, sous les pieds d'Abraham le bélier, sous ceux de Joseph le démon conseillant la femme de Putiphar.

Je lui dis aussi que je m'étais attendu à trouver un monument presque persan et que ç'avait sans doute été là une des causes de mon mécompte. « Mais non, me répondit-il, il y a beaucoup de vrai. Certaines parties sont tout orientales ; un chapiteau reproduit si exactement un sujet persan que la persistance des traditions orientales ne suffit pas à l'expliquer. Le sculpteur a dû copier quelque coffret apporté par des navigateurs. » Et en effet il devait me montrer plus tard la photographie d'un chapiteau où je vis des dragons quasi chinois qui se dévoraient, mais à Balbec ce petit morceau de sculpture avait passé pour moi inaperçu dans l'ensemble du monument qui ne ressemblait pas à ce que m'avaient montré ces mots : « église presque persane ».

Les joies intellectuelles que je goûtais dans cet atelier ne m'empêchaient nullement de sentir, quoiqu'ils nous entourassent comme malgré nous, les tièdes glacis, la pénombre étincelante de la pièce, et au bout de la petite fenêtre encadrée de chèvrefeuilles, dans l'avenue toute rustique, la résistante sécheresse de la terre brûlée de soleil que voilait seulement la transparence de l'éloignement et de l'ombre des arbres. Peut-être l'inconscient bien-être que me causait ce jour d'été venait-il agrandir comme un affluent la joie que me causait la vue du « Port de Carquethuit ».

J'avais cru Elstir modeste, mais je compris que je m'étais trompé, en voyant son visage se nuancer de tristesse quand dans une phrase de remerciements je prononçai le mot de gloire. Ceux qui croient leurs œuvres durables – et c'était le cas pour Elstir – prennent l'habitude de les situer dans une époque où eux-mêmes ne seront plus que poussière. Et ainsi en les forçant à réfléchir au néant, l'idée de la gloire les attriste parce qu'elle est inséparable de l'idée de la mort. Je changeai de conversation pour dissiper ce nuage d'orgueilleuse mélancolie dont j'avais sans le vouloir chargé le front d'Elstir. « On m'avait conseillé, lui dis-je en pensant à la conversation que nous avions eue avec Legrandin à Combray et sur laquelle j'étais content d'avoir son avis, de ne pas aller en Bretagne, parce que c'était malsain pour un esprit déjà porté au rêve. – Mais non, me répondit-il, quand un esprit est porté au rêve, il ne faut pas l'en tenir écarté, le lui rationner. Tant que vous détournerez votre esprit de ses rêves, il ne les connaîtra pas ; vous serez le jouet de mille apparences parce que vous n'en aurez pas compris la nature. Si un peu de rêve est dangereux, ce qui en guérit, ce n'est pas moins de rêve, mais plus de rêve, mais tout le rêve. Il importe qu'on connaisse entièrement ses rêves pour n'en plus souffrir ; il y a une certaine séparation du rêve et de la vie qu'il est si souvent utile de faire que je me demande si on ne devrait pas à tout hasard la pratiquer préventivement, comme certains chirurgiens prétendent qu'il faudrait, pour éviter la possibilité d'une appendicite future, enlever l'appendice chez tous les enfants. »

Elstir et moi nous étions allés jusqu'au fond de l'atelier, devant la fenêtre qui donnait derrière le jardin sur une étroite avenue de traverse, presque un petit chemin rustique. Nous étions venus là pour respirer l'air rafraîchi de l'après-midi avancé. Je me croyais bien loin des jeunes filles de la petite bande, et c'est en sacrifiant pour une fois l'espérance de les voir, que j'avais fini par obéir à la prière de ma grand-mère et aller voir Elstir. Car où se trouve ce qu'on cherche on ne le sait pas, et on fuit souvent pendant bien longtemps le lieu où, pour d'autres raisons, chacun nous invite. Mais nous ne soupçonnons pas que nous y verrions justement l'être auquel nous pensons. Je regardais vaguement le chemin campagnard qui, extérieur à l'atelier, passait tout près de lui mais n'appartenait pas à Elstir. Tout à coup y apparut, le suivant à pas rapides, la jeune cycliste de la petite bande avec, sur ses cheveux noirs, son polo abaissé vers ses grosses joues, ses yeux gais et un peu insistants ; et dans ce sentier fortuné miraculeusement rempli de douces promesses, je la vis sous les arbres adresser à Elstir un salut souriant d'amie, arc-en-ciel qui unit pour moi notre monde terraqué à des régions que j'avais jugées jusque-là inaccessibles. Elle s'approcha même pour tendre la main au peintre, sans s'arrêter, et je vis qu'elle avait un petit grain de beauté au menton. « Vous connaissez cette jeune fille, monsieur ? » dis-je à Elstir, comprenant qu'il pourrait me présenter à elle, l'inviter chez lui. Et cet atelier paisible avec son horizon rural s'était rempli d'un surcroît délicieux, comme il arrive d'une maison où un enfant se plaisait déjà et où il apprend que, en plus, de par la générosité qu'ont les belles choses et les nobles gens à accroître indéfiniment leurs dons, se prépare pour lui un magnifique goûter. Elstir me dit qu'elle s'appelait Albertine Simonet et me nomma aussi ses autres amies que je lui décrivis avec assez d'exactitude pour qu'il n'eût guère d'hésitation. J'avais commis à l'égard de leur situation sociale une erreur, mais pas dans le même sens que d'habitude à Balbec. J'y prenais facilement pour des princes des fils de boutiquiers montant à cheval. Cette fois j'avais situé dans un milieu interlope des filles d'une petite bourgeoisie fort riche, du monde de l'industrie et des affaires. C'était celui qui de prime abord m'intéressait le moins, n'ayant pour moi le mystère ni du peuple, ni d'une société comme celle des

Guermantes. Et sans doute si un prestige préalable qu'elles ne perdraient plus ne leur avait été conféré, devant mes yeux éblouis, par la vacuité éclatante de la vie de plage, je ne serais peut-être pas arrivé à lutter victorieusement contre l'idée qu'elles étaient les filles de gros négociants. Je ne pus qu'admirer combien la bourgeoisie française était un atelier merveilleux de sculpture la plus généreuse et la plus variée. Que de types imprévus, quelle invention dans le caractère des visages, quelle décision, quelle fraîcheur, quelle naïveté dans les traits ! Les vieux bourgeois avares d'où étaient issues ces Dianes et ces nymphes me semblaient les plus grands des statuaires. Avant que j'eusse eu le temps de m'apercevoir de la métamorphose sociale de ces jeunes filles, et tant ces découvertes d'une erreur, ces modifications de la notion qu'on a d'une personne ont l'instantanéité d'une réaction chimique, s'était déjà installée derrière le visage d'un genre si voyou de ces jeunes filles que j'avais prises pour des maîtresses de coureurs cyclistes, de champions de boxe, l'idée qu'elles pouvaient très bien être liées avec la famille de tel notaire que nous connaissions. Je ne savais guère ce qu'était Albertine Simonet. Elle ignorait certes ce qu'elle devait être un jour pour moi. Même ce nom de Simonet que j'avais déjà entendu sur la plage, si on m'avait demandé de l'écrire je l'aurais orthographié avec deux *n*. ne me doutant pas de l'importance que cette famille attachait à n'en posséder qu'un seul. Au fur et à mesure que l'on descend dans l'échelle sociale, le snobisme s'accroche à des riens qui ne sont peut-être pas plus nuls que les distinctions de l'aristocratie, mais qui plus obscurs, plus particuliers à chacun, surprennent davantage. Peut-être y avait-il eu des Simonet qui avaient fait de mauvaises affaires ou pis encore. Toujours est-il que les Simonet s'étaient, paraît-il, toujours irrités comme d'une calomnie quand on doublait leur *n*. Ils avaient l'air d'être les seuls Simonet avec un *n* au lieu de deux, avec autant de fierté peut-être que les Montmorency d'être les premiers barons de France. Je demandai à Elstir si ces jeunes filles habitaient Balbec, il me répondit oui pour certaines d'entre elles. La villa de l'une était précisément située tout au bout de la plage, là où commencent les falaises du Canapville. Comme cette jeune fille était une grande amie d'Albertine Simonet, ce me fut une raison de plus de croire que c'était bien cette dernière que j'avais rencontrée, quand j'étais avec ma grand-mère. Certes il y avait tant de ces petites rues perpendiculaires à la plage où elles faisaient un angle pareil, que je n'aurais pu spécifier exactement laquelle c'était. On voudrait avoir un souvenir exact mais au moment même la vision a été trouble. Pourtant qu'Albertine et cette jeune fille entrant chez son amie fussent une seule et même personne, c'était pratiquement une certitude. Malgré cela, tandis que les innombrables images que m'a présentées dans la suite la brune joueuse de golf, si différentes qu'elles soient les unes des autres, se superposent (parce que je sais qu'elles lui appartiennent toutes), et que si je remonte le fil de mes souvenirs, je peux, sous le couvert de cette identité et comme dans un chemin de communication intérieure, repasser par toutes ces images sans sortir d'une même personne, en revanche, si je veux remonter jusqu'à la jeune fille que je croisai le jour où j'étais avec ma grand-mère, il me faut ressortir à l'air libre. Je suis persuadé que c'est Albertine que je retrouve, la même que celle qui s'arrêtait souvent, au milieu de ses amies, dans sa promenade, dépassant l'horizon de la mer ; mais toutes ces images restent séparées de cette autre parce que je ne peux pas lui conférer rétrospectivement une identité qu'elle n'avait pas pour moi au moment où elle a frappé mes yeux ; quoi que puisse m'assurer le calcul des probabilités, cette jeune fille aux grosses joues qui me regarda si hardiment au coin de la petite rue et de la plage et par qui je crois que j'aurais pu être aimé, au sens strict du mot revoir, je ne l'ai jamais revue.

Mon hésitation entre les diverses jeunes filles de la petite bande, lesquelles gardaient toutes un peu du charme collectif qui m'avait d'abord troublé, s'ajouta-t-il aussi à ces causes pour me laisser plus tard, même au temps de mon plus grand – de mon second – amour pour Albertine, une sorte de liberté intermittente, et bien brève, de ne l'aimer pas ? Pour avoir erré entre toutes ses amies avant de se porter définitivement sur elle, mon amour garda parfois entre lui et l'image d'Albertine certain « jeu » qui lui permettait, comme un éclairage mal adapté, de se poser sur d'autres avant de revenir s'appliquer à elles ; le rapport entre le mal que je ressentais au cœur et le souvenir d'Albertine ne me semblait pas nécessaire, j'aurais peut-être pu le coordonner avec l'image d'une autre personne. Ce qui me permettait, l'éclair d'un instant, de faire évanouir la réalité, non pas seulement la réalité extérieure comme dans mon amour pour Gilberte (que j'avais reconnu pour un état intérieur où je tirais de moi seul la qualité particulière, le caractère spécial de l'être que j'aimais, tout ce qui le rendait indispensable à mon bonheur), mais même la réalité intérieure et purement subjective.

« Il n'y a pas de jour qu'une ou l'autre d'entre elles ne passe devant l'atelier et n'entre me faire un bout de visite », me dit Elstir, me désespérant aussi par la pensée que si j'avais été le voir aussitôt que ma grand-mère m'avait demandé de le faire, j'eusse probablement, depuis longtemps déjà, fait la connaissance d'Albertine.

Elle s'était éloignée ; de l'atelier on ne la voyait plus. Je pensai qu'elle était allée rejoindre ses amies sur la digue. Si j'avais pu m'y trouver avec Elstir, j'eusse fait leur connaissance. J'inventai mille prétextes pour qu'il consentît à venir faire un tour de plage avec moi. Je n'avais plus le même calme qu'avant l'apparition de la jeune fille dans le cadre de la petite fenêtre si charmante jusque-là sous ses chèvrefeuilles et maintenant bien vide. Elstir me causa une joie mêlée de torture en me disant qu'il ferait quelques pas avec moi, mais qu'il était obligé de terminer d'abord le morceau qu'il était en train de peindre. C'était des fleurs, mais pas de celles dont j'eusse mieux aimé lui commander le portrait que celui d'une personne, afin d'apprendre par la révélation de son génie ce que j'avais si souvent cherché en vain devant elles – aubépines, épines roses, bluets, fleurs de pommier. Elstir tout en peignant me parlait de botanique, mais je ne l'écoutais guère ; il ne se suffisait plus à lui-même, il n'était plus que l'intermédiaire nécessaire entre ces jeunes filles et moi ; le prestige que, quelques instants encore auparavant, lui donnait pour moi son talent, ne valait plus qu'en tant qu'il m'en conférait un peu à moi-même aux yeux de la petite bande à qui je serais présenté par lui.

J'allais et venais, impatient qu'il eût fini de travailler ; je saisissais pour les regarder des études dont beaucoup, tournées contre le mur, étaient empilées les unes sur les autres. Je me trouvais ainsi mettre au jour une aquarelle qui devait être d'un temps bien plus ancien de la vie d'Elstir et me causa cette sorte particulière d'enchantement que dispensent des œuvres, non seulement d'une exécution délicieuse mais aussi d'un sujet si singulier et si séduisant, que c'est à lui que nous attribuons une partie de leur charme, comme si, ce charme, le peintre n'avait eu qu'à le découvrir, qu'à l'observer, matériellement réalisé déjà dans la nature et à le reproduire. Que de tels objets puissent exister, beaux en dehors même de l'interprétation du peintre, cela contente en nous un matérialisme inné, combattu par la raison, et sert de contrepoids aux abstractions de l'esthétique. C'était – cette aquarelle – le portrait d'une jeune femme pas jolie, mais d'un type curieux, que coiffait un serre-tête assez semblable à un chapeau melon bordé d'un ruban de soie cerise ; une de ses mains gantées de mitaines tenait une cigarette allumée, tandis que l'autre élevait à la hauteur du genou une sorte de grand chapeau de jardin, simple écran de paille contre le soleil. À côté d'elle, un porte-bouquet plein de roses sur une table. Souvent et c'était le cas ici, la singularité de ces œuvres tient surtout à ce qu'elles ont été exécutées dans des conditions particulières dont nous ne nous rendons pas clairement compte d'abord, par exemple si la toilette étrange d'un modèle féminin est un déguisement de bal costumé, ou si au contraire le manteau rouge d'un vieillard, qui a l'air de l'avoir revêtu pour se prêter à une fantaisie du peintre, est sa robe de professeur ou de conseiller, ou son camail de cardinal. Le caractère ambigu de l'être dont j'avais le portrait sous les yeux tenait sans que je le comprisse à ce que c'était une jeune actrice d'autrefois en demi-travesti. Mais son melon, sous lequel ses cheveux étaient bouffants, mais courts, son veston de velours sans revers ouvrant sur un plastron blanc me firent hésiter sur la date de la mode et le sexe du modèle, de façon que je ne savais pas exactement ce que j'avais sous les yeux, sinon le plus clair des morceaux de peinture. Et le plaisir qu'il me donnait était troublé seulement par la peur qu'Elstir en s'attardant encore me fît manquer les jeunes filles, car le soleil était déjà oblique et bas dans la petite fenêtre. Aucune chose dans cette aquarelle n'était simplement constatée en fait et peinte à cause de son utilité dans la scène, le costume parce qu'il fallait que la femme fût habillée, le porte-bouquet pour les fleurs. Le verre du porte-bouquet, aimé pour lui-même, avait l'air d'enfermer l'eau où trempaient les tiges des œillets dans quelque chose d'aussi limpide, presque d'aussi liquide qu'elle ; l'habillement de la femme l'entourait d'une manière qui avait un charme indépendant, fraternel, et comme si les œuvres de l'industrie pouvaient rivaliser de charme avec les merveilles de la nature, aussi délicates, aussi savoureuses au toucher du regard, aussi fraîchement peintes que la fourrure d'une chatte, les pétales d'un œillet, les plumes d'une colombe. La blancheur du plastron, d'une finesse de grésil et dont le frivole plissage avait des clochettes comme celles du muguet, s'étoilait des clairs reflets de la chambre, aigus eux-mêmes et finement nuancés comme des bouquets de fleurs qui auraient broché le linge. Et le velours du veston, brillant et nacré, avait çà et là quelque chose de hérissé, de déchiqueté et de velu qui faisait penser à l'ébouriffage des œillets dans le vase. Mais surtout on sentait qu'Elstir, insoucieux de ce que pouvait présenter d'immoral ce travesti d'une jeune actrice, pour qui le talent avec lequel elle jouerait son rôle avait sans doute moins d'importance que l'attrait irritant qu'elle allait offrir aux sens blasés ou dépravés de certains spectateurs, s'était au contraire attaché à ces traits d'ambiguïté comme à un élément esthétique qui valait d'être mis en relief et qu'il avait tout fait pour souligner. Le long des lignes du visage, le sexe avait l'air d'être sur le point d'avouer qu'il était celui d'une fille un peu garçonnière, s'évanouissait, et plus loin se retrouvait, suggérant plutôt l'idée d'un jeune efféminé vicieux et songeur, puis fuyait encore, restait insaisissable. Le caractère de tristesse rêveuse du regard, par son contraste même avec les accessoires appartenant au monde de la noce et du théâtre, n'était pas ce qui était le moins troublant. On pensait du reste qu'il devait être factice et que le jeune être qui semblait s'offrir aux caresses dans ce provocant costume avait probablement trouvé piquant d'y ajouter l'expression romanesque d'un sentiment secret, d'un chagrin inavoué. Au bas du portrait était écrit : *Miss Sacripant*, octobre 1872. Je ne pus contenir mon admiration. « Oh ! ce n'est rien, c'est une pochade de jeunesse, c'était un costume pour une revue des Variétés. Tout cela est bien loin. – Et qu'est devenu le modèle ? » Un étonnement provoqué par mes paroles précéda sur la figure d'Elstir l'air indifférent et distrait qu'au bout d'une seconde il y étendit. « Tenez, passez-moi vite cette toile, me dit-il, j'entends Madame Elstir qui arrive et bien que la jeune personne au melon n'ait joué, je vous assure, aucun rôle dans ma vie, il est inutile que ma femme ait cette aquarelle sous les yeux. Je n'ai gardé cela que comme un document amusant sur le théâtre de cette époque. » Et avant de cacher l'aquarelle derrière lui, Elstir qui peut-être ne l'avait pas vue depuis longtemps y attacha un regard attentif. « Il faudra que je ne garde que la tête, murmura-t-il, le bas est vraiment trop mal peint, les mains sont d'un commençant. » J'étais désolé de l'arrivée de Mme Elstir qui allait encore nous retarder. Le rebord de la fenêtre fut bientôt rose. Notre sortie serait en pure perte. Il n'y avait aucune chance de voir les jeunes filles, par conséquent plus aucune importance à ce que Mme Elstir nous quittât plus ou moins vite. Elle ne resta, d'ailleurs, pas très longtemps. Je la trouvai très ennuyeuse ; elle aurait pu être belle, si elle avait eu vingt ans, conduisant un bœuf dans la campagne romaine ; mais ses cheveux noirs blanchissaient ; et elle était commune sans être simple, parce qu'elle croyait que la solennité des manières et la majesté de l'attitude étaient requises par sa beauté sculpturale à laquelle, d'ailleurs, l'âge avait enlevé toutes ses séductions. Elle était mise avec la plus grande simplicité. Et on était touché mais surpris d'entendre Elstir dire à tout propos et avec une douceur respectueuse, comme si rien que prononcer ces mots lui causait de l'attendrissement et de la vénération : « Ma belle Gabrielle ! » Plus tard, quand je connus la peinture mythologique d'Elstir, Mme Elstir prit pour moi aussi de la beauté. Je compris qu'à certain type idéal résumé en certaines lignes, en certaines arabesques qui se retrouvaient sans cesse dans son œuvre, à un certain canon, il avait attribué en fait un caractère presque divin, puisque tout son temps, tout l'effort de pensée dont il était capable, en un mot toute sa vie, il l'avait consacrée à la tâche de distinguer mieux ces lignes, de les reproduire plus fidèlement. Ce qu'un tel idéal inspirait à Elstir, c'était vraiment un culte si grave, si exigeant, qu'il ne lui permettait jamais d'être content, c'était la partie la plus intime de lui-même, aussi n'avait-il pu le considérer avec détachement, en tirer des émotions, jusqu'au jour où il le rencontra, réalisé au dehors, dans le corps d'une femme, le corps de celle qui était par la suite devenue Mme Elstir et chez qui il avait pu – comme cela ne nous est possible que pour ce qui n'est pas nous-même – le trouver méritoire, attendrissant, divin. Quel repos, d'ailleurs, de poser ses lèvres sur ce Beau que jusqu'ici il fallait avec tant de peine extraire de soi, et qui maintenant mystérieusement incarné, s'offrait à lui pour une suite de communions efficaces ! Elstir à cette époque n'était plus dans la première jeunesse où l'on attend que de la puissance de la pensée la réalisation de son idéal. Il approchait de l'âge où l'on compte sur les satisfactions du corps pour stimuler la force de l'esprit, où la fatigue de celui-ci, en nous inclinant au matérialisme, et la diminution de l'activité à la possibilité d'influences passivement reçues, commencent à nous faire admettre qu'il y a peut-être bien certains corps, certains métiers, certains rythmes privilégiés, réalisant si naturellement notre idéal, que même sans génie, rien qu'en copiant le mouvement d'une épaule, la tension d'un cou, nous ferions un chef-d'œuvre ; c'est l'âge où nous aimons à caresser la Beauté du regard, hors de nous, près de nous, dans une tapisserie, dans une belle esquisse de Titien découverte chez un brocanteur, dans une maîtresse aussi belle que l'esquisse de

Titien. Quand j'eus compris cela, je ne pus plus voir sans plaisir Mme Elstir, et son corps perdit de sa lourdeur, car je le remplis d'une idée, l'idée qu'elle était une créature immatérielle, un portrait d'Elstir. Elle en était un pour moi et pour lui aussi sans doute. Les données de la vie ne comptent pas pour l'artiste, elles ne sont pour lui qu'une occasion de mettre à nu son génie. On sent bien, à voir les uns à côté des autres dix portraits de personnes différentes peintes par Elstir, que ce sont avant tout des Elstir. Seulement, après cette marée montante du génie qui recouvre la vie, quand le cerveau se fatigue, peu à peu l'équilibre se rompt et comme un fleuve qui reprend son cours après le contreflux d'une grande marée, c'est la vie qui reprend le dessus. Or, pendant que durait la première période, l'artiste a, peu à peu, dégagé la loi, la formule de son inconscient. Il sait quelles situations s'il est romancier, quels paysages s'il est peintre, lui fournissent la matière, indifférente en soi, mais nécessaire à ses recherches comme serait un laboratoire ou un atelier. Il sait qu'il a fait ses chefs d'œuvre avec des effets de lumière atténuée, avec des remords modifiant l'idée d'une faute, avec des femmes posées sous les arbres ou à demi plongées dans l'eau, comme des statues. Un jour viendra où, par l'usure de son cerveau, il n'aura plus, devant ces matériaux dont se servait son génie, la force de faire l'effort intellectuel qui seul peut produire son œuvre, et continuera pourtant à les rechercher, heureux de se trouver près d'eux à cause du plaisir spirituel, amorce du travail, qu'ils éveillent en lui ; et les entourant d'ailleurs d'une sorte de superstition comme s'ils étaient supérieurs à autre chose, si en eux résidait déjà une bonne part de l'œuvre d'art qu'ils porteraient en quelque sorte toute faite, il n'ira pas plus loin que la fréquentation, l'adoration des modèles. Il causera indéfiniment avec des criminels repentis, dont le remords, la régénération a fait l'objet de ses romans ; il achètera une maison de campagne dans un pays où la brume atténue la lumière ; il passera de longues heures à regarder des femmes se baigner ; il collectionnera les belles étoffes. Et ainsi la beauté de la vie, mot en quelque sorte dépourvu de signification, stade situé en deçà de l'art et auquel j'avais vu s'arrêter Swann, était celui où par ralentissement du génie créateur, idolâtrie des formes qui l'avaient favorisé, désir du moindre effort, devait un jour rétrograder peu à peu un Elstir.

Il venait enfin de donner un dernier coup de pinceau à ses fleurs ; je perdis un instant à les regarder ; je n'avais pas de mérite à le faire, puisque je savais que les jeunes filles ne se trouveraient plus sur la plage ; mais j'aurais cru qu'elles y étaient encore et que ces minutes perdues me les faisaient manquer que j'aurais regardé tout de même, car je me serais dit qu'Elstir s'intéressait plus à ses fleurs qu'à ma rencontre avec les jeunes filles. La nature de ma grand-mère, nature qui était tout juste l'opposé de mon total égoïsme, se reflétait pourtant dans la mienne. Dans une circonstance où quelqu'un qui m'était indifférent, pour qui j'avais toujours feint de l'affection ou du respect, ne risquait qu'un désagrément tandis que je courais un danger, je n'aurais pas pu faire autrement que de le plaindre de son ennui comme d'une chose considérable et de traiter mon danger comme un rien, parce qu'il me semblait que c'était avec ces proportions que les choses devaient lui apparaître. Pour dire les choses telles qu'elles sont, c'est même un peu plus que cela, et pas seulement ne pas déplorer le danger que je courais moi-même, mais aller au devant de ce danger-là, et pour celui qui concernait les autres, tâcher au contraire, dussé-je avoir plus de chances d'être atteint moi-même, de le leur éviter. Cela tient à plusieurs raisons qui ne sont point à mon honneur. L'une est que si, tant que je ne faisais que raisonner, je croyais surtout tenir à la vie, chaque fois qu'au cours de mon existence, je me suis trouvé obsédé par des soucis moraux ou seulement par des inquiétudes nerveuses, quelquefois si puériles que je n'oserais pas les rapporter, si une circonstance imprévue survenait alors, amenant pour moi le risque d'être tué, cette nouvelle préoccupation était si légère, relativement aux autres, que je l'accueillais avec un sentiment de détente qui allait jusqu'à l'allégresse. Je me trouve ainsi avoir connu, quoique étant l'homme le moins brave du monde, cette chose qui me semblait, quand je résonnais, si étrangère à ma nature, si inconcevable, l'ivresse du danger. Mais même fussé-je, quand il y en a un, et mortel, qui se présente, dans une période entièrement calme et heureuse, je ne pourrais pas, si je suis avec une autre personne, ne pas la mettre à l'abri et choisir pour moi la place dangereuse. Quand un assez grand nombre d'expériences m'eurent appris que j'agissais toujours ainsi, et avec plaisir, je découvris et à ma grande honte, que contrairement à ce que j'avais toujours cru et affirmé, j'étais très sensible à l'opinion des autres. Cette sorte d'amour-propre inavoué n'a pourtant aucun rapport avec la vanité ni avec l'orgueil. Car ce qui peut contenter l'une ou l'autre ne me causerait aucun plaisir et je m'en suis toujours abstenu. Mais les gens devant qui j'ai réussi à cacher le plus complètement les petits avantages qui auraient pu leur donner une moins piètre idée de moi, je n'ai jamais pu me refuser le plaisir de leur montrer que je mets plus de soin à écarter la mort de leur route que de la mienne. Comme son mobile est alors l'amour-propre et non la vertu, je trouve bien naturel qu'en toute circonstance ils agissent autrement. Je suis bien loin de les en blâmer, ce que je ferais, peut-être, si j'avais été mû par l'idée d'un devoir qui me semblerait dans ce cas être obligatoire pour eux aussi bien que pour moi. Au contraire, je les trouve fort sages de préserver leur vie, tout en ne pouvant m'empêcher de faire passer au second plan la mienne, ce qui est particulièrement absurde et coupable, depuis que j'ai cru reconnaître que celle de beaucoup de gens devant qui je me place, quand éclate une bombe, est plus dénuée de prix. D'ailleurs le jour de cette visite à Elstir les temps étaient encore loin où je devais prendre conscience de cette différence de valeur, et il ne s'agissait d'aucun danger, mais simplement, signe avant-coureur du pernicieux amour-propre, de ne pas avoir l'air d'attacher au plaisir que je désirais si ardemment plus d'importance qu'à la besogne d'aquarelliste qu'il n'avait pas achevée. Elle le fut enfin. Et, une fois dehors, je m'aperçus que – tant les jours étaient longs dans cette saison-là – il était moins tard que je ne croyais ; nous allâmes sur la digue. Que de ruses j'employais pour faire demeurer Elstir à l'endroit où je croyais que ces jeunes filles pouvaient encore passer. Lui montrant les falaises qui s'élevaient à côté de nous, je ne cessais de lui demander de me parler d'elles, afin de lui faire oublier l'heure et de le faire rester. Il me semblait que nous avions plus de chance de cerner la petite bande en allant vers l'extrémité de la plage. « J'aurais voulu voir d'un tout petit peu plus près avec vous ces falaises », dis-je à Elstir, ayant remarqué qu'une de ces jeunes filles s'en allait souvent de ce côté. « Et pendant ce temps-là, parlez-moi de Carquethuit. Ah ! que j'aimerais aller à Carquethuit ! » ajoutai-je sans penser que le caractère si nouveau qui se manifestait avec tant de puissance dans le « Port de Carquethuit » d'Elstir tenait peut-être plus à la vision du peintre qu'à un mérite spécial de cette plage. « Depuis que j'ai vu ce tableau, c'est peut-être ce que je désire le plus connaître avec la Pointe du Raz qui serait, d'ailleurs, d'ici, tout un voyage. – Et puis même si ce n'était pas plus près, je vous conseillerais peut-être tout de même davantage Carquethuit, me répondit Elstir. La Pointe du Raz est admirable, mais enfin c'est toujours la grande falaise normande ou bretonne que vous connaissez. Carquethuit c'est tout autre chose avec ces roches sur une plage basse. Je ne connais rien en France d'analogue, cela me rappelle plutôt certains aspects de la Floride. C'est très curieux, et du reste extrêmement sauvage aussi. C'est entre Clitourps et Nehomme et vous savez combien ces parages sont désolés ; la ligne des plages est ravissante. Ici, la ligne de la plage est quelconque ; mais là-bas, je ne peux vous dire quelle grâce elle a, quelle douceur. »

Le soir tombait ; il fallut revenir ; je ramenais Elstir vers sa villa, quand tout d'un coup, tel Méphistophélès surgissant devant Faust, apparurent au bout de l'avenue – comme une simple objectivation irréelle et diabolique du tempérament opposé au mien, de la vitalité quasi barbare et cruelle dont étaient si dépourvue ma faiblesse, mon excès de sensibilité douloureuse et d'intellectualité – quelques taches de l'essence impossible à confondre avec rien d'autre, quelques sporades de la bande zoophytique des jeunes filles, lesquelles avaient l'air de ne pas me voir, mais sans aucun doute n'en étaient pas moins en train de porter sur moi un jugement ironique. Sentant qu'il était inévitable que la rencontre entre elles et nous se produisît, et qu'Elstir allait m'appeler, je tournai le dos comme un baigneur qui va recevoir la lame ; je m'arrêtai net et laissant mon illustre compagnon poursuivre son chemin, je restai en arrière, penché, comme si j'étais subitement intéressé par elle, vers la vitrine du marchand d'antiquités devant lequel nous passions en ce moment ; je n'étais pas fâché d'avoir l'air de pouvoir penser à autre chose qu'à ces jeunes filles, et je savais déjà obscurément que quand Elstir m'appellerait pour me présenter, j'aurais la sorte de regard interrogateur qui décèle non la surprise, mais le désir d'avoir l'air surpris – tant chacun est un mauvais acteur ou le prochain un bon physiognomoniste, – que j'irais même jusqu'à indiquer ma poitrine avec mon doigt pour demander : « C'est bien moi que vous appelez » et accourir vite, la tête courbée par l'obéissance et la docilité, le visage dissimulant froidement l'ennui d'être arraché à la contemplation de vieilles faïences pour être présenté à des personnes que je ne souhaitais pas de connaître. Cependant je considérais la devanture en attendant le moment où mon nom crié par Elstir viendrait me frapper comme une balle attendue et inoffensive. La certitude de la présentation à ces jeunes filles avait eu pour résultat, non seulement de me faire à leur égard jouer, mais éprouver, l'indifférence. Désormais inévitable, le plaisir de les connaître fut comprimé, réduit, me parut plus petit que celui de causer avec Saint-Loup, de dîner avec ma grand-mère, de faire dans les environs des excursions que je regretterais d'être probablement, par le fait de relations avec des personnes qui devaient peu s'intéresser aux monuments historiques, contraint de négliger. D'ailleurs, ce qui diminuait le plaisir que j'allais avoir, ce n'était pas seulement l'imminence mais l'incohérence de sa réalisation. Des lois aussi précises que celles de l'hydrostatique, maintiennent la superposition des images que nous formons dans un ordre fixe que la proximité de l'événement bouleverse. Elstir allait m'appeler. Ce n'était pas du tout de cette façon que je m'étais souvent, sur la plage, dans ma chambre, figuré que je connaîtrais ces jeunes filles. Ce qui allait avoir lieu, c'était un autre événement auquel je n'étais pas préparé. Je ne reconnaissais ni mon désir, ni son objet ; je regrettais presque d'être sorti avec Elstir. Mais, surtout, la contraction du plaisir que j'avais auparavant cru avoir était due à la certitude que rien ne pouvait plus me l'enlever. Et il reprit, comme en vertu d'une force élastique, toute sa hauteur, quand il cessa de subir l'étreinte de cette certitude, au moment où m'étant décidé à tourner la tête, je vis Elstir, arrêté quelques pas plus loin avec les jeunes filles, leur dire au revoir. La figure de celle qui était le plus près de lui, grosse et éclairée par ses regards, avait l'air d'un gâteau où on eût réservé de la place pour un peu de ciel. Ses yeux, même fixes, donnaient l'impression de la mobilité comme il arrive par ces jours de grand vent où l'air, quoique invisible, laisse percevoir la vitesse avec laquelle il passe sur le fond de l'azur. Un instant ses regards croisèrent les miens, comme ces ciels voyageurs des jours d'orage qui approchent d'une nuée moins rapide, la côtoient, la touchent, la dépassent. Mais ils ne se connaissent pas et s'en vont loin l'un de l'autre. Tels nos regards furent un instant face à face, ignorant chacun ce que le continent céleste qui était devant lui contenait de promesses et de menaces pour l'avenir. Au moment seulement où son regard passa exactement sous le mien sans ralentir sa marche, il se voila légèrement. Ainsi, par une nuit claire, la lune emportée par le vent passe sous un nuage et voile un instant son éclat, puis reparaît bien vite. Mais déjà Elstir avait quitté les jeunes filles sans m'avoir appelé. Elles prirent une rue de traverse, il vint vers moi. Tout était manqué.

J'ai dit qu'Albertine ne m'était pas apparue ce jour-là la même que les précédents, et que chaque fois elle devait me sembler différente. Mais je sentis à ce moment que certaines modifications dans l'aspect, l'importance, la grandeur d'un être peuvent tenir aussi à la variabilité de certains états interposés entre cet être et nous. L'un de ceux qui jouent à cet égard le rôle le plus considérable est la croyance (ce soir-là, la croyance, puis l'évanouissement de la croyance que j'allais connaître Albertine, l'avait, à quelques secondes d'intervalle, rendue presque insignifiante puis infiniment précieuse à mes yeux ; quelques années plus tard, la croyance, puis la disparition de la croyance qu'Albertine m'était fidèle, amena des changements analogues).

Certes, à Combray déjà j'avais vu diminuer ou grandir selon les heures, selon que j'entrais dans l'un ou l'autre des deux grands modes qui se partageaient ma sensibilité, le chagrin de n'être pas près de ma mère, aussi imperceptible tout l'après-midi que la lumière de la lune tant que brille le soleil et, la nuit venue, régnant seul dans mon âme anxieuse à la place de souvenirs effacés et récents. Mais ce jour-là, en voyant qu'Elstir quittait les jeunes filles sans m'avoir appelé, j'appris que les variations de l'importance qu'ont à nos yeux un plaisir ou un chagrin peuvent ne pas tenir seulement à cette alternance de deux états, mais au déplacement de croyances invisibles, lesquelles par exemple nous font paraître indifférente la mort parce qu'elles répandent sur celle-ci une lumière d'irréalité, et nous permettent ainsi d'attacher de l'importance à nous rendre à une soirée musicale qui perdrait de son charme si, à l'annonce que nous allons être guillotinés, la croyance qui baigne cette soirée se dissipait tout à coup ; ce rôle des croyances, il est vrai que quelque chose en moi le savait, c'était la volonté, mais elle le sait en vain si l'intelligence, la sensibilité continuent à l'ignorer ; celles-ci sont de bonne foi quand elles croient que nous avons envie de quitter une maîtresse à laquelle seule notre volonté sait que nous tenons. C'est qu'elles sont obscurcies par la croyance que nous la retrouverons dans un instant. Mais que cette croyance se dissipe, qu'elles apprennent tout d'un coup que cette maîtresse est partie pour toujours, alors l'intelligence et la sensibilité ayant perdu leur mise au point sont comme folles, le plaisir infime s'agrandit à l'infini.

Variation d'une croyance, néant de l'amour aussi, lequel, préexistant et mobile, s'arrête à l'image d'une femme simplement parce que cette femme sera presque impossible à atteindre. Dès lors on pense moins à la femme, qu'on se représente difficilement, qu'aux moyens de la connaître. Tout un processus d'angoisses se développe et suffit pour fixer notre amour sur celle qui en est l'objet à peine connu de nous. L'amour devient immense, nous ne songeons pas combien la femme réelle y tient peu de place. Et si tout d'un coup, comme au moment où j'avais vu Elstir s'arrêter avec les jeunes filles, nous cessons d'être inquiets, d'avoir de l'angoisse, comme c'est elle qui est tout notre amour, il semble brusquement qu'il se soit évanoui au moment où nous tenons enfin la proie à la valeur de laquelle nous n'avons pas assez pensé. Que connaissais-je d'Albertine ? Un ou deux profils sur la mer, moins beaux assurément que ceux des femmes de Véronèse que j'aurais dû, si j'avais obéi à des raisons purement esthétiques, lui préférer. Or, pouvais-je en d'autres raisons, puisque, l'anxiété tombée, je ne pouvais retrouver que ces profils muets, je ne possédais rien d'autre ? Depuis que j'avais vu Albertine, j'avais fait chaque jour à son sujet des milliers de réflexions, j'avais poursuivi, avec ce que j'appelais elle, tout un entretien intérieur, où je la faisais questionner, répondre, penser, agir, et dans la série indéfinie d'Albertines imaginées qui se succédaient en moi heure par heure, l'Albertine réelle, aperçue sur la plage, ne figurait qu'en tête, comme la créatrice d'un rôle, l'étoile, ne paraît, dans une longue série de représentations, que dans toutes les premières. Cette Albertine-là n'était guère qu'une silhouette, tout ce qui était superposé était de mon cru, tant dans l'amour les apports qui viennent de nous l'emportent – à ne se placer même qu'au point de vue quantité – sur ceux qui nous viennent de l'être aimé. Et cela est vrai des amours les plus effectifs. Il en est qui peuvent non seulement se former mais subsister autour de bien peu de chose – et même parmi ceux qui ont reçu leur exaucement charnel. Un ancien professeur de dessin de ma grand'mère avait eu d'une maîtresse obscure une fille. La mère mourut peu de temps après la naissance de l'enfant et le professeur de dessin en eut un chagrin tel qu'il ne survécut pas longtemps. Dans les derniers mois de sa vie, ma grand'mère et quelques dames de Combray, qui n'avaient jamais voulu faire même allusion devant leur professeur à cette femme, avec laquelle d'ailleurs il n'avait pas officiellement vécu et n'avait eu que peu de relations, songèrent à assurer le sort de la petite fille en se cotisant pour lui faire une rente viagère. Ce fut ma grand'mère qui le proposa, certaines amies se firent tirer l'oreille ; cette petite-fille était-elle vraiment si intéressante, était-elle seulement la fille de celui qui s'en croyait le père ; avec des femmes comme était la mère, on n'est jamais sûr. Enfin on se décida. La petite fille vint remercier. Elle était laide et d'une ressemblance avec le vieux maître de dessin qui ôta tous les doutes ; comme ses cheveux étaient tout ce qu'elle avait de bien, une dame dit au père qui l'avait conduite : « Comme elle a de beaux cheveux. » Et pensant que maintenant, la femme coupable étant morte et le professeur à demi mort, une allusion à ce passé qu'on avait toujours feint d'ignorer n'avait plus de conséquence, ma grand-mère ajouta : « Ça doit être de famille. Est-ce que sa mère avait ces beaux cheveux-là ? – Je ne sais pas, répondit naïvement le père. Je ne l'ai jamais vue qu'en chapeau. »

Il fallait rejoindre Elstir. Je m'aperçus dans une glace. En plus du désastre de ne pas avoir été présenté, je remarquai que ma cravate était tout de travers, mon chapeau laissait voir mes cheveux longs ce qui m'allait mal ; mais c'était une chance tout de même qu'elles m'eussent, même ainsi, rencontré avec Elstir et ne pussent pas m'oublier ; c'en était une autre que j'eusse ce jour-là, sur le conseil de ma grand'mère, mis mon joli gilet qu'il s'en était fallu de si peu que j'eusse remplacé par un affreux, et pris ma plus belle canne ; car un événement que nous désirons ne se produisant jamais comme nous avons pensé, à défaut des avantages sur lesquels nous croyions pouvoir compter, d'autres que nous n'espérions pas se sont présentés, le tout se compense ; et nous redoutions tellement le pire que nous sommes finalement enclins à trouver que dans l'ensemble pris en bloc, le hasard nous a, somme toute, plutôt favorisé.

« J'aurais été si content de les connaître, dis-je à Elstir en arrivant près de lui. – Aussi pourquoi restez-vous à des lieues ? » Ce furent les paroles qu'il prononça, non qu'elles exprimassent sa pensée, puisque si son désir avait été d'exaucer le mien, m'appeler lui eût été bien facile, mais peut-être parce qu'il avait entendu des phrases de ce genre, familier aux gens vulgaires pris en faute, et parce que même les grands hommes sont, en certaines choses, pareils aux gens vulgaires, prennent les excuses journalières dans le même répertoire qu'eux, comme le pain quotidien chez le même boulanger ; soit que de telles paroles qui doivent en quelque sorte être lues à l'envers, puisque leur lettre signifie le contraire de la vérité, soient l'effet nécessaire, le graphique négatif d'un réflexe. « Elles étaient pressées. » Je pensai que surtout elles l'avaient empêché d'appeler quelqu'un qui leur était peu sympathique ; sans cela il n'y eût pas manqué, après toutes les questions que je lui avais posées sur elles, et l'intérêt qu'il avait bien vu que je leur portais.

– Je vous parlais de Carquethuit, me dit-il, avant que je l'eusse quitté à sa porte. J'ai fait une petite esquisse où on voit bien mieux la cernure de la plage. Le tableau n'est pas trop mal, mais c'est autre chose. Si vous le permettez, en souvenir de notre amitié, je vous donnerai mon esquisse, ajouta-t-il, car les gens qui vous refusent les choses qu'on désire vous en donnent d'autres.

– J'aurais beaucoup aimé, si vous en possédiez, avoir une photographie du petit portrait de Miss Sacripant ! Mais qu'est-ce que c'est que ce nom ? – C'est celui d'un personnage que tint le modèle dans une stupide petite opérette. – Mais vous savez que je ne la connais nullement, monsieur, vous avez l'air de croire le contraire.

Elstir se tut. « Ce n'est pourtant pas Mme Swann avant son mariage », dis-je par une de ces brusques rencontres fortuites de la vérité, qui sont somme toute assez rares, mais qui suffisent après coup à donner un certain fondement à la théorie des pressentiments si on prend soin d'oublier toutes les erreurs qui l'infirmeraient. Elstir ne me répondit pas. C'était bien un portrait d'Odette de Crécy. Elle n'avait pas voulu le garder pour beaucoup de raisons dont quelques-unes sont trop évidentes. Il y en avait d'autres. Le portrait était antérieur au moment où Odette disciplinant ses traits avait fait de son visage et de sa taille cette création dont, à travers les années, ses coiffeurs, ses couturiers, elle-même – dans sa façon de se tenir, de parler, de sourire, de poser ses mains, ses regards, de penser – devaient respecter les grandes lignes. Il fallait la dépravation d'un amant rassasié pour que Swann préférât aux nombreuses photographies de l'Odette *ne varietur* qu'était sa ravissante femme, la petite photographie qu'il avait dans sa chambre, et où sous un chapeau de paille orné de pensées on voyait une maigre jeune femme assez laide, aux cheveux bouffants, aux traits tirés.

Mais d'ailleurs le portrait eût-il été, non pas antérieur, comme la photographie préférée de Swann, à la systématisation des traits d'Odette en un type nouveau, majestueux et charmant, mais postérieur, qu'il eût suffi de la vision d'Elstir pour désorganiser ce type. Le génie artistique agit à la façon de ces températures extrêmement élevées qui ont le pouvoir de dissocier les combinaisons d'atomes et de grouper ceux-ci suivant un ordre absolument contraire, répondant à un autre type. Toute cette harmonie factice que la femme a imposée à ses traits et dont chaque jour avant de sortir elle surveille la persistance dans sa glace, chargeant l'inclinaison du chapeau, le lissage des cheveux, l'enjouement du regard, afin d'en assurer la continuité, cette harmonie, le coup d'œil du grand peintre la détruit en une seconde, et à sa place il fait un regroupement des traits de la femme, de manière à donner satisfaction à un certain idéal féminin et pictural qu'il porte en lui. De même, il arrive souvent qu'à partir d'un certain âge, l'œil d'un grand chercheur trouve partout les éléments nécessaires à établir les rapports qui seuls l'intéressent. Comme ces ouvriers et ces joueurs qui ne font pas d'embarras et se contentent de ce qui leur tombe sous la main, ils pourraient dire de n'importe quoi : cela fera l'affaire. Ainsi une cousine de la princesse de Luxembourg, beauté des plus altières, s'étant éprise autrefois d'un art qui était nouveau à cette époque, avait demandé au plus grand des peintres naturalistes de faire son portrait. Aussitôt l'œil de l'artiste avait trouvé ce qu'il cherchait partout. Et sur la toile il y avait à la place de la grande dame un trottin, et derrière lui un vaste décor incliné et violet qui faisait penser à la place Pigalle. Mais même sans aller jusque-là, non seulement le portrait d'une femme par un grand artiste ne cherchera aucunement à donner satisfaction à quelques-unes des exigences de la femme – comme celles qui, par exemple, quand elle commence à vieillir, la font se faire photographier dans des tenues presque de fillette qui font valoir sa taille restée jeune et la font paraître comme la sœur ou même la fille de sa fille, celle-ci au besoin « fagotée » pour la circonstance, à côté d'elle – et mettra au contraire en relief les désavantages qu'elle cherche à cacher et qui, comme un teint fiévreux, voire verdâtre, le tentent d'autant plus parce qu'ils ont du « caractère » ; mais ils suffisent à désenchanter le spectateur vulgaire et réduisent pour lui en miettes l'idéal dont la femme soutenait si fièrement l'armature et qui la plaçait dans sa forme unique, irréductible, si en dehors, si au-dessus du reste de l'humanité. Maintenant déchue, située hors de son propre type où elle trônait invulnérable, elle n'est plus qu'une femme quelconque en la supériorité de qui nous avons perdu toute foi. Ce type, nous faisions tellement consister en lui, non seulement la beauté d'une Odette, mais sa personnalité, son identité, que devant le portrait qui l'a dépouillée de lui, nous sommes tentés de nous écrier non pas seulement : « Comme c'est enlaidi », mais : « Comme c'est peu ressemblant. » Nous avons peine à croire que ce soit elle. Nous ne la reconnaissons pas. Et pourtant il y a là un être que nous sentons bien que nous avons déjà vu. Mais cet être-là ce n'est pas Odette ; le visage de cet être, son corps, son aspect, nous sont bien connus. Ils nous rappellent, non pas la femme, qui ne se tenait jamais ainsi, dont la pose habituelle ne dessine nullement une telle étrange et provocante arabesque, mais d'autres femmes, toutes celles qu'a peintes Elstir et que toujours, si différentes qu'elles puissent être, il a aimé à camper ainsi de face, le pied cambré dépassant de la jupe, le large chapeau rond tenu à la main, répondant symétriquement, à la hauteur du genou qu'il couvre, à cet autre disque vu de face, le visage. Et enfin non seulement un portrait génial disloque le type d'une femme, tel que l'ont défini sa coquetterie et sa conception égoïste de la beauté, mais s'il est ancien, il ne se contente pas de vieillir l'original de la même manière que la photographie, en le montrant dans des atours démodés. Dans le portrait, ce n'est pas seulement la manière que la femme avait de s'habiller qui date, c'est aussi la manière que l'artiste avait de peindre. Cette manière, la première manière d'Elstir, était l'extrait de naissance le plus accablant pour Odette, parce qu'il faisait d'elle non pas seulement comme ses photographies d'alors une cadette de cocottes connues, mais parce qu'il faisait de son portrait le contemporain d'un des nombreux portraits que Manet ou Whistler ont peints d'après tant de modèles disparus qui appartiennent déjà à l'oubli ou à l'histoire.

C'est dans ces pensées silencieusement ruminées à côté d'Elstir, tandis que je le conduisais chez lui, que m'entraînait la découverte que je venais de faire relativement à l'identité de son modèle, quand cette première découverte m'en fit faire une seconde, plus troublante encore pour moi, concernant l'identité de l'artiste. Il avait fait le portrait d'Odette de Crécy. Serait-il possible que cet homme de génie, ce sage, ce solitaire, ce philosophe à la conversation magnifique et qui dominait toutes choses, fût le peintre ridicule et pervers, adopté jadis par les Verdurin ? Je lui demandai s'il les avait connus, si par hasard ils ne le surnommaient pas alors M. Biche. Il me répondit que si, sans embarras, comme s'il s'agissait d'une partie déjà un peu ancienne de son existence et s'il ne se doutait pas de la déception extraordinaire qu'il éveillait en moi, mais levant les yeux, il la lut sur mon visage. Le sien eut une expression de mécontentement. Et comme nous étions déjà presque arrivés chez lui, un homme moins éminent par l'intelligence et par le cœur m'eût peut-être simplement dit au revoir un peu sèchement et après cela eût évité de me revoir. Mais ce ne fut pas ainsi qu'Elstir agit avec moi ; en vrai maître – et c'était peut-être au point de vue de la création pure son seul défaut d'en être un, dans ce sens du mot maître, car un artiste pour être tout à fait dans la vérité de la vie spirituelle doit être seul, et ne pas prodiguer de son moi, même à des disciples, – de toute circonstance, qu'elle fût relative à lui ou à d'autres, il cherchait à extraire pour le meilleur enseignement des jeunes gens la part de vérité qu'elle contenait. Il préféra donc aux paroles qui auraient pu venger son amour-propre celles qui pouvaient m'instruire. « Il n'y a pas d'homme si sage qu'il soit, me dit-il, qui n'ait à telle époque de sa jeunesse prononcé des paroles, ou même mené une vie, dont le souvenir lui soit désagréable et qu'il souhaiterait être aboli. Mais il ne doit pas absolument le regretter, parce qu'il ne peut être assuré d'être devenu un sage, dans la mesure où cela est possible, que s'il a passé par toutes les incarnations ridicules ou odieuses qui doivent précéder cette dernière incarnation-là. Je sais qu'il y a des jeunes gens, fils et petits-fils d'hommes distingués, à qui leurs précepteurs ont enseigné la noblesse de l'esprit et l'élégance morale dès le collège. Ils n'ont peut-être rien à retrancher de leur vie, ils pourraient publier et signer tout ce qu'ils ont dit, mais ce sont de pauvres esprits, descendants sans force de doctrinaires, et de qui la sagesse est négative et stérile. On ne reçoit pas la sagesse, il faut la découvrir soi-même après un trajet que personne ne peut faire pour nous, ne peut nous épargner, car elle est un point de vue sur les choses. Les vies que vous admirez, les attitudes que vous trouvez nobles n'ont pas été disposées par le père de famille ou par le précepteur, elles ont été précédées de débuts bien différents, ayant été influencées par ce qui régnait autour d'elles de mal ou de banalité. Elles représentent un combat et une victoire. Je comprends que l'image de ce que nous avons été dans une période première ne soit plus reconnaissable et soit en tous cas déplaisante. Elle ne doit pas être reniée pourtant, car elle est un témoignage que nous avons vraiment vécu, que c'est selon les lois de la vie et de l'esprit que nous avons, des éléments communs de la vie, de la vie des ateliers, des coteries artistiques s'il s'agit d'un peintre, extrait quelque chose qui les dépasse. » Nous étions arrivés devant sa porte. J'étais déçu de ne pas avoir connu ces jeunes filles.

Mais enfin maintenant il y aurait une possibilité de les retrouver dans la vie ; elles avaient cessé de ne faire que passer à un horizon où j'avais pu croire que je ne les verrais plus jamais apparaître. Autour d'elles ne flottait plus comme ce grand remous qui nous séparait et qui n'était que la traduction du désir en perpétuelle activité, mobile, urgent, alimenté d'inquiétudes, qu'éveillaient en moi leur inaccessibilité, leur fuite peut-être pour toujours. Mon désir d'elles, je pouvais maintenant le mettre au repos, le garder en réserve, à côté de tant d'autres dont, une fois que je la savais possible, j'ajournais la réalisation. Je quittai Elstir, je me retrouvai seul. Alors tout d'un coup, malgré ma déception, je vis dans mon esprit tous ces hasards que je n'eusse pas soupçonné pouvoir se produire, qu'Elstir fût justement lié avec ces jeunes filles, que celles qui le matin encore étaient pour moi des figures dans un tableau ayant pour fond la mer, m'eussent vu, m'eussent vu lié avec un grand peintre, lequel savait maintenant mon désir de les connaître et le seconderait sans doute. Tout cela avait causé pour moi du plaisir, mais ce plaisir m'était resté caché ; il était de ces visiteurs qui attendent, pour nous faire savoir qu'ils sont là, que les autres nous aient quitté, que nous soyons seuls. Alors nous les apercevons, nous pouvons leur dire : je suis tout à vous, et les écouter. Quelquefois entre le moment où ces plaisirs sont entrés en nous et le moment où nous pouvons y rentrer nous-même, il s'est écoulé tant d'heures, nous avons vu tant de gens dans l'intervalle que nous craignons qu'ils ne nous aient pas attendus. Mais ils sont patients, ils ne se lassent pas et dès que tout le monde est parti nous les trouvons en face de nous. Quelquefois c'est nous alors qui sommes si fatigués qu'il nous semble que nous n'aurons plus dans notre pensée défaillante assez de force pour retenir ces souvenirs, ces impressions, pour qui notre moi fragile est le seul lieu habitable, l'unique mode de réalisation. Et nous le regretterions, car l'existence n'a guère d'intérêt que dans les journées où la poussière des réalités est mêlée de sable magique, où quelque vulgaire incident de la vie devient un ressort romanesque. Tout un promontoire du monde inaccessible surgit alors de l'éclairage du songe et entre dans notre vie, dans notre vie où comme le dormeur éveillé nous voyons les personnes dont nous avions si ardemment rêvé que nous avions cru que nous ne les verrions jamais qu'en rêve.

L'apaisement apporté par la probabilité de connaître maintenant ces jeunes filles quand je le voudrais me fut d'autant plus précieux que je n'aurais pu continuer à les guetter les jours suivants, lesquels furent pris par les préparatifs du départ de Saint-Loup. Ma grand'mère était désireuse de témoigner à mon ami sa reconnaissance de tant de gentillesses qu'il avait eues pour elle et pour moi. Je lui dis qu'il était grand admirateur de Proudhon et je lui donnai l'idée de faire venir de nombreuses lettres autographes de ce philosophe qu'elle avait achetées ; Saint-Loup vint les voir à l'hôtel, le jour où elles arrivèrent qui était la veille de son départ. Il les lut avidement, maniant chaque feuille avec respect, tâchant de retenir les phrases, puis s'étant levé, s'excusait déjà auprès de ma grand'mère d'être resté aussi longtemps, quand il l'entendit lui répondre :

– Mais non, emportez-les, c'est à vous, c'est pour vous les donner que je les ai fait venir.

Il fut pris d'une joie dont il ne fut pas plus le maître que d'un état physique qui se produit sans intervention de la volonté, il devint écarlate comme un enfant qu'on vient de punir, et ma grand'mère fut beaucoup plus touchée de voir tous les efforts qu'il avait faits (sans y réussir) pour contenir la joie qui le secouait, que par tous les remerciements qu'il aurait pu proférer. Mais lui, craignant d'avoir mal témoigné sa reconnaissance, me priait encore de l'en excuser, le lendemain, penché à la fenêtre du petit chemin de fer d'intérêt local qu'il prit pour rejoindre sa garnison. Celle-ci était, en effet, très peu éloignée. Il avait pensé s'y rendre, comme il faisait souvent, quand il devait revenir le soir et qu'il ne s'agissait pas d'un départ définitif, en voiture. Mais il eût fallu cette fois-ci qu'il mît ses nombreux bagages dans le train. Et il trouva plus simple d'y monter aussi lui-même, suivant en cela l'avis du directeur qui, consulté, répondit que, voiture ou petit chemin de fer, « ce serait à peu près équivoque ». Il entendait signifier par là que ce serait équivalent (en somme, à peu près ce que Françoise eût exprimé en disant que « cela reviendrait du pareil au même »).

« Soit, avait conclu Saint-Loup, je prendrai le petit « tortillard ». Je l'aurais pris aussi si je n'avais été fatigué et aurais accompagné mon ami jusqu'à Doncières ; je lui promis du moins, tout le temps que nous restâmes à la gare de Balbec – c'est-à-dire que le chauffeur du petit train passa à attendre des amis retardataires, sans lesquels il ne voulait pas s'en aller, et aussi à prendre quelques rafraîchissements – d'aller le voir plusieurs fois par semaine. Comme

Bloch était venu aussi à la gare – au grand ennui de Saint-Loup – ce dernier voyant que notre camarade l'entendait me prier de venir déjeuner, dîner, habiter à Doncières, finit par lui dire d'un ton extrêmement froid, lequel était chargé de corriger l'amabilité forcée de l'invitation et d'empêcher Bloch de la prendre au sérieux : « Si jamais vous passez par Doncières une après-midi où je sois libre, vous pourrez me demander au quartier, mais libre, je ne le suis à peu près jamais. » Peut-être aussi Robert craignait-il que, seul, je ne vinsse pas et pensant que j'étais plus lié avec Bloch que je ne le disais, me mettait-il ainsi en mesure d'avoir un compagnon de route, un entraîneur.

J'avais peur que ce ton, cette manière d'inviter quelqu'un en lui conseillant de ne pas venir, n'eût froissé Bloch, et je trouvais que Saint-Loup eût mieux fait de ne rien dire. Mais je m'étais trompé, car après le départ du train, tant que nous fîmes route ensemble jusqu'au croisement de deux avenues où il fallait nous séparer, l'une allant à l'hôtel, l'autre à la villa de Bloch, celui-ci ne cessa de me demander quel jour nous irions à Doncières, car après « toutes les amabilités que Saint-Loup lui avait faites », il eût été « trop grossier de sa part » de ne pas se rendre à son invitation. J'étais content qu'il n'eût pas remarqué, ou fût assez peu mécontent pour désirer feindre de ne pas avoir remarqué, sur quel ton moins que pressant, à peine poli, l'invitation avait été faite. J'aurais pourtant voulu pour Bloch qu'il s'évitât le ridicule d'aller tout de suite à Doncières. Mais je n'osais pas lui donner un conseil qui n'eût pu que lui déplaire en lui montrant que Saint-Loup avait été moins pressant que lui n'était empressé. Il l'était beaucoup trop, et bien que tous les défauts qu'il avait dans ce genre fussent compensés chez lui par de remarquables qualités que d'autres plus réservés n'auraient pas eues, il poussait l'indiscrétion à un point dont on était agacé. La semaine ne pouvait, à l'entendre, se passer sans que nous allions à Doncières (il disait « nous », car je crois qu'il comptait un peu sur ma présence pour excuser la sienne). Tout le long de la route, devant le gymnase perdu dans ses arbres, devant le terrain de tennis, devant la maison, devant le marchand de coquillages, il m'arrêta, me suppliant de fixer un jour, et comme je ne le fis pas, me quitta fâché en me disant : « À ton aise, messire. Moi en tous cas, je suis obligé d'y aller puisqu'il m'a invité. »

Saint-Loup avait si peur d'avoir mal remercié ma grand-mère

qu'il me chargeait encore de lui dire sa gratitude le surlendemain, dans une lettre que je reçus de lui de la ville où il était en garnison et qui semblait, sur l'enveloppe où la poste en avait timbré le nom, accourir vite vers moi, me dire qu'entre ses murs, dans le quartier de cavalerie Louis XVI, il pensait à moi. Le papier était aux armes de Marsantes dans lesquelles je distinguais un lion que surmontait une couronne formée par un bonnet de pair de France.

« Après un trajet qui, me disait-il, s'est bien effectué, en lisant un livre acheté à la gare, qui est par Arvède Barine (c'est un auteur russe, je pense, cela m'a paru remarquablement écrit pour un étranger, mais donnez-moi votre appréciation, car vous devez connaître cela, vous, puits de science qui avez tout lu), me voici revenu au milieu de cette vie grossière, où hélas, je me sens bien exilé, n'y ayant pas ce que j'ai laissé à Balbec ; cette vie où je ne retrouve aucun souvenir d'affection, aucun charme d'intellectualité ; vie dont vous mépriseriez sans doute l'ambiance et qui n'est pourtant pas sans charme. Tout m'y semble avoir changé depuis que j'en étais parti, car dans l'intervalle, une des ères les plus importantes de ma vie, celle d'où notre amitié date, a commencé. J'espère qu'elle ne finira jamais. Je n'ai parlé d'elle, de vous, qu'à une seule personne, qu'à mon amie qui m'a fait la surprise de venir passer une heure auprès de moi. Elle aimerait beaucoup vous connaître et je crois que vous vous accorderiez, car elle est aussi extrêmement littéraire. En revanche, pour repenser à nos causeries, pour revivre ces heures que je n'oublierai jamais, je me suis isolé de mes camarades, excellents garçons, mais qui eussent été bien incapables de comprendre cela. Ce souvenir des instants passés avec vous, j'aurais presque mieux aimé, pour le premier jour, l'évoquer pour moi seul et sans vous écrire. Mais j'ai craint que vous, esprit subtil et cœur ultra-sensitif, ne vous mettiez martel en tête en ne recevant pas de lettre, si toutefois vous avez daigné abaisser votre pensée sur le rude cavalier que vous aurez fort à faire pour dégrossir et rendre un peu plus subtil et plus digne de vous. »

Au fond cette lettre ressemblait beaucoup par sa tendresse à celles que, quand je ne connaissais pas encore Saint-Loup, je m'étais imaginé qu'il m'écrirait, dans ces songeries d'où la froideur de son premier accueil m'avait tiré en me mettant en présence d'une réalité glaciale qui ne devait pas être définitive. Une fois que je l'eus reçue, chaque fois qu'à l'heure du déjeuner on apportait le courrier, je reconnaissais tout de suite quand c'était de lui que venait une lettre, car elle avait toujours ce second visage qu'un être montre quand il est absent et dans les traits duquel (les caractères de l'écriture) il n'y a aucune raison pour que nous ne croyions pas saisir une âme individuelle aussi bien que dans la ligne du nez ou les inflexions de la voix.

Je restais maintenant volontiers à table pendant qu'on desservait, et si ce n'était pas un moment où les jeunes filles de la petite bande pouvaient passer, ce n'était plus uniquement du côté de la mer que je regardais. Depuis que j'en avais vu dans des aquarelles d'Elstir, je cherchais à retrouver dans la réalité, j'aimais comme quelque chose de poétique, le geste interrompu des couteaux encore de travers, la rondeur bombée d'une serviette défaite où le soleil intercale un morceau de velours jaune, le verre à demi vidé qui montre mieux ainsi le noble évasement de ses formes, et au fond de son vitrage translucide et pareil à une condensation du jour, un reste de vin sombre, mais scintillant de lumières, le déplacement des volumes, la transmutation des liquides par l'éclairage, l'altération des prunes qui passent du vert au bleu et du bleu à l'or dans le compotier déjà à demi dépouillé, la promenade des chaises vieillottes qui deux fois par jour viennent s'installer autour de la nappe dressée sur la table ainsi que sur un autel où sont célébrées les fêtes de la gourmandise, et sur laquelle au fond des huîtres quelques gouttes d'eau lustrale restent comme dans de petits bénitiers de pierre ; j'essayais de trouver la beauté là où je ne m'étais jamais figuré qu'elle fût, dans les choses les plus usuelles, dans la vie profonde des « natures mortes ».

Quand quelques jours après le départ de Saint-Loup, j'eus réussi à ce qu'Elstir donnât une petite matinée où je rencontrerais Albertine, le charme et l'élégance tout momentanés qu'on me trouva au moment où je sortais du Grand-Hôtel (et qui était dus à un repos prolongé, à des frais de toilette spéciaux), je regrettai de ne pas pouvoir les réserver (et aussi le crédit d'Elstir) pour la conquête de quelque autre personne plus intéressante, je regrettai de consommer tout cela pour le simple plaisir de faire la connaissance d'Albertine. Mon intelligence jugeait ce plaisir fort peu précieux, depuis qu'il était assuré. Mais en moi la volonté ne partagea pas un instant cette illusion, la volonté qui est le serviteur, persévérant et immuable, de nos personnalités successives ; cachée dans l'ombre, dédaignée, inlassablement fidèle, travaillant sans cesse, et sans se soucier des variations de notre moi, à ce qu'il ne manque jamais du nécessaire. Pendant qu'au moment où va se réaliser un voyage désiré, l'intelligence et la sensibilité commencent à se demander s'il vaut vraiment la peine d'être entrepris, la volonté qui sait que ces maîtres oisifs recommenceraient immédiatement à trouver merveilleux ce voyage, si celui-ci ne pouvait avoir lieu, la volonté les laisse disserter devant la gare, multiplier les hésitations ; mais elle s'occupe de prendre les billets et de nous mettre en wagon pour l'heure du départ. Elle est aussi invariable que l'intelligence et la sensibilité sont changeantes, mais comme elle est silencieuse, ne donne pas ses raisons, elle semble presque inexistante ; c'est sa ferme détermination que suivent les autres parties de notre moi, mais sans l'apercevoir, tandis qu'elles distinguent nettement leurs propres incertitudes. Ma sensibilité et mon intelligence instituèrent donc une discussion sur la valeur du plaisir qu'il y aurait à connaître Albertine tandis que je regardais dans la glace de vains et fragiles agréments qu'elles eussent voulu garder intacts pour une autre occasion. Mais ma volonté ne laissa pas passer l'heure où il fallait partir, et ce fut l'adresse d'Elstir qu'elle donna au cocher. Mon intelligence et ma sensibilité eurent le loisir, puisque le sort en était jeté, de trouver que c'était dommage. Si ma volonté avait donné une autre adresse, elles eussent été bien attrapées.

Quand j'arrivai chez Elstir, un peu plus tard, je crus d'abord que Mlle Simonet n'était pas dans l'atelier. Il y avait bien une jeune fille assise, en robe de soie, nu-tête, mais de laquelle je ne connaissais pas la magnifique chevelure, ni le nez, ni ce teint, et où je ne retrouvais pas l'entité que j'avais extraite d'une jeune cycliste se promenant coiffée d'un polo, le long de la mer. C'était pourtant Albertine. Mais même quand je le sus, je ne m'occupai pas d'elle. En entrant dans toute réunion mondaine, quand on est jeune, on meurt à soi-même, on devient un homme différent, tout salon étant un nouvel univers où, subissant la loi d'une autre perspective morale, on darde son attention, comme si elles devaient nous importer à jamais, sur des personnes, des danses, des parties de cartes, que l'on aura oubliées le lendemain. Obligé de suivre, pour me diriger vers une causerie avec Albertine, un chemin nullement tracé par moi et qui s'arrêtait d'abord devant Elstir, passait par d'autres groupes d'invités à qui on me nommait, puis le long du buffet, où m'étaient offertes, et où je mangeais, des tartes aux fraises, cependant que j'écoutais, immobile, une musique qu'on commençait d'exécuter, je me trouvais donner à ces divers épisodes la même importance qu'à ma présentation à Mlle Simonet, présentation qui n'était plus que l'un d'entre eux et que j'avais entièrement oublié d'avoir été, quelques minutes auparavant, le but unique de ma venue. D'ailleurs n'en est-il pas ainsi, dans la vie active, de nos vrais bonheurs, de nos grands malheurs ? Au milieu d'autres personnes, nous recevons de celle que nous aimons la réponse favorable ou mortelle que nous attendions depuis une année. Mais il faut continuer à causer, les idées s'ajoutent les unes aux autres, développant une surface sous laquelle c'est à peine si de temps à autre vient sourdement affleurer le souvenir autrement profond, mais fort étroit, que le malheur est venu pour nous. Si, au lieu du malheur, c'est le bonheur, il peut arriver que ce ne soit que plusieurs années après que nous nous rappelons que le plus grand événement de notre vie sentimentale s'est produit, sans que nous eussions le temps de lui accorder une longue attention, presque d'en prendre conscience, dans une réunion mondaine par exemple, et où nous ne nous étions rendus que dans l'attente de cet événement.

Au moment où Elstir me demanda de venir pour qu'il me présentât à Albertine, assise un peu plus loin, je finis d'abord de manger un éclair au café et demandai avec intérêt à un vieux monsieur dont je venais de faire la connaissance et auquel je crus pouvoir offrir la rose qu'il admirait à ma boutonnière, de me donner des détails sur certaines foires normandes. Ce n'est pas à dire que la présentation qui suivit ne me causa aucun plaisir et n'offrit pas, à mes yeux, une certaine gravité. Pour le plaisir, je ne le connus naturellement qu'un peu plus tard, quand, rentré à l'hôtel, resté seul, je fus redevenu moi-même. Il en est des plaisirs comme des photographies. Ce qu'on prend en présence de l'être aimé n'est qu'un cliché négatif, on le développe plus tard, une fois chez soi, quand on a retrouvé à sa disposition cette chambre noire intérieure dont l'entrée est « condamnée » tant qu'on voit du monde.

Si la connaissance du plaisir fut ainsi retardée pour moi de quelques heures, en revanche la gravité de cette présentation, je la ressentis tout de suite. Au moment de la présentation, nous avons beau nous sentir tout à coup gratifiés et porteurs d'un « bon », valable pour des plaisirs futurs, après lequel nous courions depuis des semaines, nous comprenons bien que son obtention met fin pour nous, non pas seulement à de pénibles recherches – ce qui ne pourrait que nous remplir de joie – mais aussi à l'existence d'un certain être, celui que notre imagination avait dénaturé, que notre crainte anxieuse de ne jamais pouvoir être connus de lui avait grandi. Au moment où notre nom résonne dans la bouche du présentateur, surtout si celui-ci l'entoure comme fit Elstir de commentaires élogieux, ce moment sacramentel, analogue à celui où, dans une féerie, le génie ordonne à une personne d'en être soudain une autre, celle que nous avons désiré d'approcher s'évanouit ; d'abord comment resterait-elle pareille à elle-même puisque – de par l'attention que l'inconnue est obligée de prêter à notre nom et de marquer à notre personne – dans les yeux situés à l'infini (et que nous croyions que les nôtres, errants, mal réglés, désespérés, divergents, ne parviendraient jamais à rencontrer) le regard conscient, la pensée inconnaissable que nous cherchions, vient d'être miraculeusement et tout simplement remplacée par notre propre image peinte comme au fond d'un miroir qui sourirait. Si l'incarnation de nous-même en ce qui nous semblait le plus différent est ce qui modifie le plus la personne à qui on vient de nous présenter, la forme de cette personne reste encore assez vague ; et nous pouvons nous demander si elle sera dieu, table ou cuvette. Mais, aussi agiles que ces ciroplastes qui font un buste devant nous en cinq minutes, les quelques mots que l'inconnue va nous dire préciseront cette forme et lui donneront quelque chose de définitif qui exclura toutes les hypothèses auxquelles se livraient la veille notre désir et notre imagination. Sans doute, même avant de venir à cette matinée, Albertine n'était plus tout à fait pour moi ce seul fantôme digne de hanter notre vie que reste une passante dont nous ne savons rien, que nous avons à peine discernée. Sa parenté avec Mme Bontemps avait déjà restreint ces hypothèses merveilleuses, en aveuglant une des voies par lesquelles elles pouvaient se répandre. Au fur et à mesure que je me rapprochais de la jeune fille, et la connaissais davantage, cette connaissance se faisait par soustraction, chaque partie d'imagination et de désir étant remplacée par une notion qui valait infiniment moins, notion à laquelle il est vrai que venait s'ajouter une sorte d'équivalent, dans le domaine de la vie, de ce que les Sociétés financières donnent après le remboursement de l'action primitive, et qu'elles appellent action de jouissance. Son nom, ses parentés avaient été une première limite apportée à mes suppositions. Son amabilité, tandis que tout près d'elle je retrouvais son petit grain de beauté sur la joue au-dessous de l'œil fut une autre borne ; enfin je fus étonné de l'entendre se servir de l'adverbe « parfaitement » au lieu de « tout à fait », en parlant de deux personnes, disant de l'une « elle est parfaitement folle, mais très gentille tout de même » et de l'autre « c'est un monsieur parfaitement commun et parfaitement ennuyeux ». Si peu plaisant que soit cet emploi de parfaitement, il indique un degré de civilisation et de culture auquel je n'aurais pu imaginer qu'atteignait la bacchante à bicyclette, la muse orgiaque du golf. Il n'empêche d'ailleurs qu'après cette première métamorphose, Albertine devait changer encore bien des fois pour moi. Les qualités et les défauts qu'un être présente disposés au premier plan de son visage se rangent selon une formation tout autre si nous l'abordons par un côté différent – comme dans une ville les monuments répandus en ordre dispersé sur une seule ligne, d'un autre point de vue s'échelonnent en profondeur et échangent leurs grandeurs relatives. Pour commencer je trouvai à Albertine l'air assez intimidé à la place d'implacable ; elle me sembla plus comme il faut que mal élevée à en juger par les épithètes de « elle a un mauvais genre, elle a un drôle de genre », qu'elle appliqua à toutes les jeunes filles dont je lui parlai ; elle avait enfin comme point de mire du visage une tempe assez enflammée et peu agréable à voir, et non plus le regard singulier auquel j'avais toujours repensé jusque-là. Mais ce n'était qu'une seconde vue et il y en avait d'autres sans doute par lesquelles je devrais successivement passer. Ainsi ce n'est qu'après avoir reconnu non sans tâtonnements les erreurs d'optique du début qu'on pourrait arriver à la connaissance exacte d'un être si cette connaissance était possible. Mais elle ne l'est pas ; car tandis que se rectifie la vision que nous avons de lui, lui-même qui n'est pas un objectif inerte change pour son compte, nous pensons le rattraper, il se déplace, et, croyant le voir enfin plus clairement, ce n'est que les images anciennes que nous en avions prises que nous avons réussi à éclaircir, mais qui ne le représentent plus.

Pourtant, quelques déceptions inévitables qu'elle doive apporter, cette démarche vers ce qu'on n'a qu'entrevu, ce qu'on a eu le loisir d'imaginer, cette démarche est la seule qui soit saine pour les sens, qui y entretienne l'appétit. De quel morne ennui est empreinte la vie des gens qui par paresse ou timidité, se rendent directement en voiture chez des amis qu'ils ont connus sans avoir d'abord rêvé d'eux, sans jamais oser sur le parcours s'arrêter auprès de ce qu'ils désirent.

Je rentrai en pensant à cette matinée, en revoyant l'éclair au café que j'avais fini de manger avant de me laisser conduire par Elstir auprès d'Albertine, la rose que j'avais donnée au vieux monsieur, tous ces détails choisis à notre insu par les circonstances et qui composent pour nous, en un arrangement spécial et fortuit, le tableau d'une première rencontre. Mais ce tableau, j'eus l'impression de le voir d'un autre point de vue, de très loin de moi-même, comprenant qu'il n'avait pas existé que pour moi, quand quelques mois plus tard, à mon grand étonnement, comme je parlais à Albertine du premier jour où je l'avais connue, elle me rappela l'éclair, la fleur que j'avais donnée, tout ce que je croyais, je ne peux pas dire n'être important que pour moi, mais n'avoir été aperçu que de moi, que je retrouvais ainsi, transcrit en une version dont je ne soupçonnais l'existence, dans la pensée d'Albertine. Dès ce premier jour, quand en entrant je pus voir le souvenir que je rapportais, je compris quel tour de muscade avait été parfaitement exécuté, et comment j'avais causé un moment avec une personne qui, grâce à l'habileté du prestidigitateur, sans avoir rien de celle que j'avais suivie si longtemps au bord de la mer, lui avait été substituée. J'aurais du reste pu le deviner d'avance, puisque la jeune fille de la plage avait été fabriquée par moi. Malgré cela, comme je l'avais, dans mes conversations avec Elstir, identifiée à Albertine, je me sentais envers celle-ci l'obligation morale de tenir les promesses d'amour faites à l'Albertine imaginaire. On se fiance par procuration, et on se croit obligé d'épouser ensuite la personne interposée. D'ailleurs, si avait disparu provisoirement du moins de ma vie une angoisse qu'eût suffi à apaiser le souvenir des manières comme il faut, de cette expression « parfaitement commune » et de la tempe enflammée, ce souvenir éveillait en moi un autre genre de désir, qui bien que doux et nullement douloureux, semblable à un sentiment fraternel, pouvait à la longue devenir aussi dangereux en me faisant ressentir à tout moment le besoin d'embrasser cette personne nouvelle dont les bonnes façons et la timidité, la disponibilité inattendue, arrêtaient la course inutile de mon imagination, mais donnaient naissance à une gratitude attendrie. Et puis comme la mémoire commence tout de suite à prendre des clichés indépendants les uns des autres, supprime tout lien, tout progrès, entre les scènes qui y sont figurées, dans la collection de ceux qu'elle expose, le dernier ne détruit pas forcément les précédents. En face de la médiocre et touchante Albertine à qui j'avais parlé, je voyais la mystérieuse Albertine en face de la mer. C'étaient maintenant des souvenirs, c'est-à-dire des tableaux dont l'un ne me semblait pas plus vrai que l'autre. Pour en finir avec ce premier soir de présentation, en cherchant à revoir ce petit grain de beauté sur la joue au-dessous de l'œil, je me rappelai que de chez Elstir, quand Albertine était partie, j'avais vu ce grain de beauté sur le menton. En somme, quand je la voyais, je remarquais qu'elle avait un grain de beauté, mais ma mémoire errante le promenait ensuite sur la figure d'Albertine et le plaçait tantôt ici tantôt là.

J'avais beau être assez désappointé d'avoir trouvé en Mlle Simonet une jeune fille trop peu différente de tout ce que je connaissais, de même que ma déception devant l'église de Balbec ne m'empêchait pas de désirer aller à Quimperlé, à Pont-Aven et à Venise, je me disais que par Albertine du moins, si elle-même n'était pas ce que j'avais espéré, je pourrais connaître ses amies de la petite bande.

Je crus d'abord que j'y échouerais. Comme elle devait rester fort longtemps encore à Balbec et moi aussi, j'avais trouvé que le mieux était de ne pas trop chercher à la voir et d'attendre une occasion qui me fît la rencontrer. Mais cela arrivât-il tous les jours, il était fort à craindre qu'elle se contentât de répondre de loin à mon salut, lequel dans ce cas, répété quotidiennement pendant toute la saison, ne m'avancerait à rien.

Peu de temps après, un matin où il avait plu et où il faisait presque froid, je fus abordé sur la digue par une jeune fille portant un toquet et un manchon, si différente de celle que j'avais vue à la réunion d'Elstir que reconnaître en elle la même personne semblait pour l'esprit une opération impossible ; le mien y réussit cependant, mais après une seconde de surprise qui, je crois, n'échappa pas à Albertine. D'autre part me souvenant à ce moment-là des « bonnes façons » qui m'avaient frappé, elle me fit éprouver l'étonnement inverse par son ton rude et ses manières « petite bande ». Au reste la tempe avait cessé d'être le centre optique et rassurant du visage, soit que je fusse placé de l'autre côté, soit que le toquet la recouvrît, soit que son inflammation ne fût pas constante. « Quel temps ! me dit-elle, au fond l'été sans fin à Balbec est une vaste blague. Vous ne faites rien ici ? On ne vous voit jamais au golf, aux bals du Casino ; vous ne montez pas à cheval non plus. Comme vous devez vous raser ! Vous ne trouvez pas qu'on se bêtifie à rester tout le temps sur la plage. Ah ! vous aimez à faire le lézard. Vous avez du temps de reste. Je vois que vous n'êtes pas comme moi, j'adore tous les sports ! Vous n'étiez pas aux courses de la Sogne ? Nous y sommes allés par le tram et je comprends que ça ne vous amuse pas de prendre un tacot pareil ! nous avons mis deux heures ! J'aurais fait trois fois l'aller et retour avec ma bécane. » Moi qui avais admiré Saint-Loup quand il avait appelé tout naturellement le petit chemin de fer d'intérêt local le tortillard, à cause des innombrables détours qu'il faisait, j'étais intimidé par la facilité avec laquelle Albertine disait le « tram », le « tacot ». Je sentais sa maîtrise dans un mode de désignations où j'avais peur qu'elle ne constatât et ne méprisât mon infériorité. Encore la richesse de synonymes que possédait la petite bande pour désigner ce chemin de fer ne m'était-elle pas encore révélée. En parlant, Albertine gardait la tête immobile, les narines serrées, ne faisait remuer que le bout des lèvres. Il en résultait ainsi un son traînard et nasal dans la composition duquel entraient peut-être des hérédités provinciales, une affectation juvénile de flegme britannique, les leçons d'une institutrice étrangère et une hypertrophie congestive de la muqueuse du nez. Cette émission, qui cédait bien vite du reste quand elle connaissait plus les gens et redevenait naturellement enfantine, aurait pu passer pour désagréable. Mais elle était particulière et m'enchantait. Chaque fois que j'étais quelques jours sans la rencontrer, je m'exaltais en me répétant : « On ne vous voit jamais au golf », avec le ton nasal sur lequel elle l'avait dit, toute droite, sans bouger la tête. Et je pensais alors qu'il n'existait pas de personne plus désirable.

Nous formions ce matin-là un de ces couples qui piquent çà et là la digue de leur conjonction, de leur arrêt, juste le temps d'échanger quelques paroles avant de se désunir pour reprendre séparément chacun sa promenade divergente. Je profitai de cette immobilité pour regarder et savoir définitivement où était situé le grain de beauté. Or, comme une phrase de Vinteuil qui m'avait enchanté dans la Sonate et que ma mémoire faisait errer de l'andante au finale jusqu'au jour où, ayant la partition en main, je pus la trouver et l'immobiliser dans mon souvenir à sa place, dans le scherzo, de même le grain de beauté que je m'étais rappelé tantôt sur la joue, tantôt sur le menton, s'arrêta à jamais sur la lèvre supérieure au-dessous du nez. C'est ainsi encore que nous rencontrons avec étonnement des vers que nous savons par cœur, dans une pièce où nous ne soupçonnions pas qu'ils se trouvassent.

À ce moment, comme pour que devant la mer se multipliât en liberté, dans la variété de ses formes, tout le riche ensemble décoratif qu'était le beau déroulement des vierges, à la fois dorées et roses, cuites par le soleil et par le vent, les amies d'Albertine, aux belles jambes, à la taille souple, mais si différentes les unes des autres, montrèrent leur groupe qui se développa, s'avançant dans notre direction, plus près de la mer, sur une ligne parallèle. Je demandai à Albertine la permission de l'accompagner pendant quelques instants. Malheureusement elle se contenta de leur faire bonjour de la main. « Mais vos amies vont se plaindre si vous les laissez », lui dis-je, espérant que nous nous promènerions ensemble. Un jeune homme aux traits réguliers, qui tenait à la main des raquettes, s'approcha de nous. C'était le joueur de baccarat dont les folies indignaient tant la femme du premier président. D'un air froid, impassible, en lequel il se figurait évidemment que consistait la distinction suprême, il dit bonjour à Albertine. « Vous venez du golf, Octave ? lui demanda-t-elle. Ça a-t-il bien marché ? étiez-vous en forme ? – Oh ! ça me dégoûte, je suis dans les choux », répondit-il. – Est-ce qu'Andrée y était ? – Oui, elle a fait soixante-dix-sept. – Oh ! mais c'est un record. – J'avais fait quatre-vingt-deux hier. » Il était le fils d'un très riche industriel qui devait jouer un rôle assez important dans l'organisation de la prochaine Exposition Universelle. Je fus frappé à quel point chez ce jeune homme et les autres très rares amis masculins de ces jeunes filles la connaissance de tout ce qui était vêtements, manière de les porter, cigares, boissons anglaises, cheveux, – et qu'il possédait jusque dans ses moindres détails avec une infaillibilité orgueilleuse qui atteignait à la silencieuse modestie du savant – s'était développée isolément sans être accompagnée de la moindre culture intellectuelle. Il n'avait aucune hésitation sur l'opportunité du smoking ou du pyjama, mais ne se doutait pas du cas où on peut ou non employer tel mot, même des règles les plus simples du français. Cette disparité entre les deux cultures devait être la même chez son père, président du Syndicat des propriétaires de Balbec, car dans une lettre ouverte aux électeurs, qu'il venait de faire afficher sur tous les murs, il disait : « J'ai voulu voir le maire pour lui en causer, il n'a pas voulu écouter mes justes griefs. » Octave obtenait, au casino, des prix dans tous les concours de boston, de tango, etc., ce qui lui ferait faire s'il le voulait un joli mariage dans ce milieu des « bains de mer », où ce n'est pas au figuré mais au propre que les jeunes filles épousent leur

« danseur ». Il alluma un cigare en disant à Albertine : « Vous permettez », comme on demande l'autorisation de terminer tout en causant un travail pressé. Car il ne pouvait jamais « rester sans rien faire » quoique il ne fît d'ailleurs jamais rien. Et comme l'inactivité complète finit par avoir les mêmes effets que le travail exagéré, aussi bien dans le domaine moral que dans la vie du corps et des muscles, la constante nullité intellectuelle qui habitait sous le front songeur d'Octave avait fini par lui donner, malgré son air calme, d'inefficaces démangeaisons de penser qui la nuit l'empêchaient de dormir, comme il aurait pu arriver à un métaphysicien surmené.

Pensant que si je connaissais leurs amis j'aurais plus d'occasions de voir ces jeunes filles, j'avais été sur le point de lui demander à être présenté. Je le dis à Albertine, dès qu'il fut parti en répétant : « Je suis dans les choux. » Je pensais lui inculquer ainsi l'idée de le faire la prochaine fois. « Mais voyons, s'écria-t-elle, je ne peux pas vous présenter à un gigolo ! Ici ça pullule de gigolos. Mais ils ne pourraient pas causer avec vous. Celui-ci joue très bien au golf, un point c'est tout. Je m'y connais, il ne serait pas du tout votre genre. – Vos amies vont se plaindre si vous les laissez ainsi, lui dis-je, espérant qu'elle allait me proposer d'aller avec elle les rejoindre. – Mais non, elles n'ont aucun besoin de moi ». Nous croisâmes Bloch qui m'adressa un sourire fin et insinuant, et, embarrassé au sujet d'Albertine qu'il ne connaissait pas ou du moins connaissait « sans la connaître », abaissa sa tête vers son col d'un mouvement raide et rébarbatif. « Comment s'appelle-t-il, cet ostrogoth-là, me demanda Albertine. Je ne sais pas pourquoi il me salue puisqu'il ne me connaît pas. Aussi je ne lui ai pas rendu son salut. » Je n'eus pas le temps de répondre à Albertine, car marchant droit sur nous : « Excuse-moi, dit-il, de t'interrompre, mais je voulais t'avertir que je vais demain à Doncières. Je ne peux plus attendre sans impolitesse et je me demande ce que Saint-Loup-en-bray doit penser de moi. Je te préviens que je prends le train de deux heures. À ta disposition. » Mais je ne pensais plus qu'à revoir Albertine et à tâcher de connaître ses amies, et Doncières, comme elles n'y allaient pas et que je rentrerais après l'heure où elles allaient sur la plage, me paraissait au bout du monde. Je dis à Bloch que cela m'était impossible. « Hé bien, j'irai seul. Selon les deux ridicules alexandrins du sieur Arouet, je dirai à Saint-Loup, pour charmer son cléricalisme : « Apprends que mon devoir ne dépend pas du sien, qu'il y manque s'il veut, je dois faire le mien. » – Je reconnais qu'il est assez joli garçon, me dit

Albertine, mais ce qu'il me dégoûte ! » Je n'avais jamais songé que Bloch pût être joli garçon ; il l'était, en effet. Avec une tête un peu proéminente, un nez très busqué, un air d'extrême finesse et d'être persuadé de sa finesse, il avait un visage agréable. Mais il ne pouvait pas plaire à Albertine. C'était peut-être du reste à cause des mauvais côtés de celle-ci, de la dureté, de l'insensibilité de la petite bande, de sa grossièreté avec tout ce qui n'était pas elle. D'ailleurs plus tard quand je les présentai, l'antipathie d'Albertine ne diminua pas. Bloch appartenait à un milieu où, entre la blague exercée contre le monde et pourtant le respect suffisant des bonnes manières que doit avoir un homme qui a « les mains propres », on a fait une sorte de compromis spécial qui diffère des manières du monde et est malgré tout une sorte particulièrement odieuse de mondanité. Quand on le présentait, il s'inclinait à la fois avec un sourire de scepticisme et un respect exagéré, et si c'était à un homme disait : « Enchanté, Monsieur », d'une voix qui se moquait des mots qu'elle prononçait, mais avait conscience d'appartenir à quelqu'un qui n'était pas un mufle. Cette première seconde donnée à une coutume qu'il suivait et raillait à la fois (comme il disait le premier janvier : « Je vous la souhaite bonne et heureuse »), il prenait un air fin et rusé et « proférait des choses subtiles » qui étaient souvent pleines de vérité mais « tapaient sur les nerfs » d'Albertine. Quand je lui dis ce premier jour qu'il s'appelait Bloch, elle s'écria : « Je l'aurais parié que c'était un youpin. C'est bien leur genre de faire les punaises. » Du reste, Bloch devait dans la suite irriter Albertine d'autre façon. Comme beaucoup d'intellectuels, il ne pouvait pas dire simplement les choses simples. Il trouvait pour chacune d'elles un qualificatif précieux, puis généralisait. Cela ennuyait Albertine, laquelle n'aimait pas beaucoup qu'on s'occupât de ce qu'elle faisait, que quand elle s'était foulé le pied et restait tranquille, Bloch dît : « Elle est sur sa chaise longue, mais par ubiquité ne cesse pas de fréquenter simultanément de vagues golfs et de quelconques tennis. » Ce n'était que de la « littérature », mais qui, à cause des difficultés qu'Albertine sentait que cela pouvait lui créer avec des gens chez qui elle avait refusé une invitation en disant qu'elle ne pouvait pas remuer, eût suffi pour lui faire prendre en grippe la figure, le son de la voix, du garçon qui disait ces choses. Nous nous quittâmes, Albertine et moi, en nous promettant de sortir une fois ensemble. J'avais causé avec elle sans plus savoir où tombaient mes paroles, ce qu'elles devenaient, que si j'eusse jeté des cailloux dans un abîme sans fond. Qu'elles soient remplies en général par la personne à qui nous les adressons d'un sens qu'elle tire de sa propre substance et qui est très différent de celui que nous avions mis dans ces mêmes paroles, c'est un fait que la vie courante nous révèle perpétuellement. Mais si de plus nous nous trouvons auprès d'une personne dont l'éducation (comme pour moi celle d'Albertine) nous est inconcevable, inconnus les penchants, les lectures, les principes, nous ne savons pas si nos paroles éveillent en elle quelque chose qui y ressemble plus que chez un animal à qui pourtant on aurait à faire comprendre certaines choses. De sorte qu'essayer de me lier avec Albertine m'apparaissait comme une mise en contact avec l'inconnu sinon avec l'impossible, comme un exercice aussi malaisé que dresser un cheval, aussi reposant qu'élever des abeilles ou que cultiver des rosiers.

J'avais cru, il y avait quelques heures, qu'Albertine ne répondrait à mon salut que de loin. Nous venions de nous quitter en faisant le projet d'une excursion ensemble. Je me promis, quand je rencontrerais Albertine, d'être plus hardi avec elle, et je m'étais tracé d'avance le plan de tout ce que je lui dirais et même (maintenant que j'avais tout à fait l'impression qu'elle devait être légère) de tous les plaisirs que je lui demanderais. Mais l'esprit est influençable comme la plante, comme la cellule, comme les éléments chimiques, et le milieu qui le modifie si on l'y plonge, ce sont des circonstances, un cadre nouveau. Devenu différent par le fait de sa présence même, quand je me trouvai de nouveau avec Albertine, je lui dis tout autre chose que ce que j'avais projeté. Puis me souvenant de la tempe enflammée je me demandais si Albertine n'appréciait pas davantage une gentillesse qu'elle saurait être désintéressée. Enfin j'étais embarrassé devant certains de ses regards, de ses sourires. Ils pouvaient signifier mœurs faciles, mais aussi gaieté un peu bête d'une jeune fille sémillante mais ayant un fond d'honnêteté. Une même expression, de figure comme de langage, pouvant comporter diverses acceptions ; j'étais hésitant comme un élève devant les difficultés d'une version grecque.

Cette fois-là nous rencontrâmes presque tout de suite la grande Andrée, celle qui avait sauté par-dessus le premier président ; Albertine dut me présenter. Son amie avait des yeux extraordinairement clairs, comme est dans un appartement à l'ombre l'entrée, par la porte ouverte, d'une chambre où donnent le soleil et le reflet verdâtre de la mer illuminée.

Cinq messieurs passèrent que je connaissais très bien de vue depuis que j'étais à Balbec. Je m'étais souvent demandé qui ils étaient. « Ce ne sont pas des gens très chics, me dit Albertine en ricanant d'un air de mépris. Le petit vieux, qui a des gants jaunes, il en a une touche, hein, il dégotte bien, c'est le dentiste de Balbec, c'est un brave type ; le gros, c'est le maire, pas le tout petit gros, celui-là vous devez l'avoir vu, c'est le professeur de danse, il est assez moche aussi, il ne peut pas nous souffrir parce que nous faisons trop de bruit au Casino, que nous démolissons ses chaises, que nous voulons danser sans tapis, aussi il ne nous a jamais donné le prix quoique il n'y a que nous qui sachions danser. Le dentiste est un brave homme, je lui aurais fait bonjour pour faire rager le maître de danse, mais je ne pouvais pas parce qu'il y a avec eux M. de Sainte-Croix, le conseiller général, un homme d'une très bonne famille qui s'est mis du côté des républicains, pour de l'argent ; aucune personne propre ne le salue plus. Il connaît mon oncle, à cause du gouvernement, mais le reste de ma famille lui a tourné le dos. Le maigre avec un imperméable, c'est le chef d'orchestre. Comment, vous ne le connaissez pas ! Il joue divinement. Vous n'avez pas été entendre *Cavalleria Rusticana* ? Ah ! je trouve ça idéal ! Il donne un concert ce soir, mais nous ne pouvons pas y aller parce que ça a lieu dans la salle de la Mairie. Au casino ça ne fait rien, mais dans la salle de la Mairie d'où on a enlevé le Christ, la mère d'Andrée tomberait en apoplexie si nous y allions. Vous me direz que le mari de ma tante est dans le gouvernement. Mais qu'est-ce que vous voulez ? Ma tante est ma tante. Ce n'est pas pour cela que je l'aime ! Elle n'a jamais eu qu'un désir, se débarrasser de moi. La personne qui m'a vraiment servi de mère, et qui a eu double mérite puisqu'elle ne m'est rien, c'est une amie que j'aime du reste comme une mère. Je vous montrerai sa photo. » Nous fûmes abordés un instant par le champion de golf et joueur de baccara, Octave. Je pensai avoir découvert un lien entre nous, car j'appris dans la conversation qu'il était un peu parent, et de plus assez aimé des Verdurin. Mais il parla avec dédain des fameux mercredis, et ajouta que M. Verdurin ignorait l'usage du smoking, ce qui rendait assez gênant de le rencontrer dans certains « music-halls » où on aurait tant aimé ne pas s'entendre crier : « Bonjour, galopin » par un monsieur en veston et en cravate noire de notaire de village. Puis Octave nous quitta, et bientôt après ce fut le tour d'Andrée, arrivée devant son chalet où elle entra sans que de toute la promenade elle m'eût dit un seul mot. Je regrettai d'autant plus son départ que tandis que je faisais remarquer à Albertine combien son amie avait été froide avec moi, et rapprochais en moi-même cette difficulté qu'Albertine semblait avoir à me lier avec ses amies de l'hostilité contre laquelle, pour exaucer mon souhait, paraissait s'être le premier jour heurté Elstir, passèrent des jeunes filles que je saluai, les demoiselles d'Ambresac, auxquelles Albertine dit aussi bonjour.

Je pensais que ma situation vis-à-vis d'Albertine allait en être améliorée. Elles étaient les filles d'une parente de Mme de Villeparisis et qui connaissait aussi Mme de Luxembourg. M. et Mme d'Ambresac qui avaient une petite villa à Balbec, et excessivement riches, menaient une vie des plus simples, étaient toujours habillés, le mari du même veston, la femme d'une robe sombre. Tous deux faisaient à ma grand'mère d'immenses saluts qui ne menaient à rien. Les filles, très jolies, s'habillaient avec plus d'élégance, mais une élégance de ville et non de plage. Dans leurs robes longues, sous leurs grands chapeaux, elles avaient l'air d'appartenir à une autre humanité qu'Albertine. Celle-ci savait très bien qui elles étaient. « Ah ! vous connaissez les petites d'Ambresac. Hé bien, vous connaissez des gens très chics. Du reste, ils sont très simples, ajouta-t-elle comme si c'était contradictoire. Elles sont très gentilles mais tellement bien élevées qu'on ne les laisse pas aller au Casino, surtout à cause de nous, parce que nous avons trop mauvais genre. Elles vous plaisent ? Dame, ça dépend. C'est tout à fait les petites oies blanches. Ça a peut-être son charme. Si vous aimez les petites oies blanches, vous êtes servi à souhait. Il paraît qu'elles peuvent plaire puisqu'il y en a déjà une de fiancée au marquis de Saint-Loup. Et cela fait beaucoup de peine à la cadette qui était amoureuse de ce jeune homme. Moi, rien que leur manière de parler du bout des lèvres m'énerve. Et puis elles s'habillent d'une manière ridicule. Elles vont jouer au golf en robes de soie. À leur âge elles sont mises plus prétentieusement que des femmes âgées qui savent s'habiller. Tenez Madame Elstir, voilà une femme élégante. » Je répondis qu'elle m'avait semblé vêtue avec beaucoup de simplicité. Albertine se mit à rire. « Elle est mise très simplement, en effet, mais elle s'habille à ravir et pour arriver à ce que vous trouvez de la simplicité, elle dépense un argent fou. » Les robes de Mme Elstir passaient inaperçues aux yeux de quelqu'un qui n'avait pas le goût sûr et sobre des choses de la toilette. Il me faisait défaut. Elstir le possédait au suprême degré, à ce que me dit Albertine. Je ne m'en étais pas douté ni que les choses élégantes mais simples qui emplissaient son atelier étaient des merveilles désirées par lui, qu'il avait suivies de vente en vente, connaissant toute leur histoire, jusqu'au jour où il avait gagné assez d'argent pour pouvoir les posséder. Mais là-dessus Albertine, aussi ignorante que moi, ne pouvait rien m'apprendre. Tandis que pour les toilettes, avertie par un instinct de coquette et peut-être par un regret de jeune fille pauvre qui goûte avec plus de désintéressement, de délicatesse, chez les riches, ce dont elle ne pourra se parer elle-même, elle sut me parler très bien des raffinements d'Elstir, si difficile qu'il trouvait toute femme mal habillée, et que mettant tout un monde dans une proportion, dans une nuance, il faisait faire pour sa femme à des prix fous des ombrelles, des chapeaux, des manteaux qu'il avait appris à Albertine à trouver charmants et qu'une personne sans goût n'eût pas plus remarqués que je n'avais fait. Du reste, Albertine qui avait fait un peu de peinture sans avoir d'ailleurs, elle l'avouait, aucune « disposition », éprouvait une grande admiration pour Elstir, et grâce à ce qu'il lui avait dit et montré, s'y connaissait en tableaux d'une façon qui contrastait fort avec son enthousiasme pour *Cavalleria Rusticana*. C'est qu'en réalité, bien que cela ne se vît guère encore, elle était très intelligente et dans les choses qu'elle disait, la bêtise n'était pas sienne, mais celle de son milieu et de son âge. Elstir avait eu sur elle une influence heureuse mais partielle. Toutes les formes de l'intelligence n'étaient pas arrivées chez Albertine au même degré de développement. Le goût de la peinture avait presque rattrapé celui de la toilette et de toutes les formes de l'élégance, mais n'avait pas été suivi par le goût de la musique qui restait fort en arrière.

Albertine avait beau savoir qui étaient les Ambresac, comme qui peut le plus ne peut pas forcément le moins, je ne la trouvai pas, après que j'eusse salué ces jeunes filles, plus disposée à me faire connaître ses amies. « Vous êtes bien bon d'attacher, de leur donner de l'importance. Ne faites pas attention à elles, ce n'est rien du tout. Qu'est-ce que ces petites gosses peuvent compter pour un homme de votre valeur. Andrée au moins est remarquablement intelligente. C'est une bonne petite fille, quoique parfaitement fantasque, mais les autres sont vraiment très stupides. » Après avoir quitté Albertine, je ressentis tout à coup beaucoup de chagrin que Saint-Loup m'eût caché ses fiançailles, et fît quelque chose d'aussi mal que se marier sans avoir rompu avec sa maîtresse. Peu de jours après pourtant, je fus présenté à Andrée et comme elle parla assez longtemps, j'en profitai pour lui dire que je voudrais bien la voir le lendemain, mais elle me répondit que c'était impossible parce qu'elle avait trouvé sa mère assez mal et ne voulait pas la laisser seule. Deux jours après, étant allé voir Elstir, il me dit la sympathie très grande qu'Andrée avait pour moi ; comme je lui répondais : « Mais c'est moi qui ai eu beaucoup de sympathie pour elle dès le premier jour, je lui avais demandé à la revoir le lendemain, mais elle ne pouvait pas. – Oui, je sais, elle me l'a raconté, me dit Elstir, elle l'a assez regretté, mais elle avait accepté un pique-nique à dix lieues d'ici où elle devait aller en break et elle ne pouvait plus se décommander. » Bien que ce mensonge fût, Andrée me connaissant si peu, fort insignifiant, je n'aurais pas dû continuer à fréquenter une personne qui en était capable. Car ce que les gens ont fait, ils le recommencent indéfiniment. Et qu'on aille voir chaque année un ami qui les premières fois n'a pu venir à votre rendez-vous, ou s'est enrhumé, on le retrouvera avec un autre rhume qu'il aura pris, on le manquera à un autre rendez-vous où il ne sera pas venu, pour une même raison permanente à la place de laquelle il croit voir des raisons variées, tirées des circonstances.

Un des matins qui suivirent celui où Andrée m'avait dit qu'elle était obligée de rester auprès de sa mère, je faisais quelques pas avec Albertine que j'avais aperçue, élevant au bout d'un cordonnet un attribut bizarre qui la faisait ressembler à l'« Idolâtrie » de Giotto ; il s'appelle d'ailleurs un « diabolo » et est tellement tombé en désuétude que devant le portrait d'une jeune fille en tenant un, les commentateurs de l'avenir pourront disserter comme devant telle figure allégorique de l'Arêna, sur ce qu'elle a dans la main. Au bout d'un moment, leur amie à l'air pauvre et dur, qui avait ricané le premier jour d'un air si méchant : « Il me fait de la peine ce pauvre vieux » en parlant du vieux monsieur effleuré par les pieds légers d'Andrée, vint dire à Albertine : « Bonjour, je vous dérange ? » Elle avait ôté son chapeau qui la gênait, et ses cheveux comme une variété végétale ravissante et inconnue reposaient sur son front dans la minutieuse délicatesse de leur foliation. Albertine, peut-être irritée de la voir tête nue, ne répondit rien, garda un silence glacial malgré lequel l'autre resta, tenue à distance de moi par Albertine qui s'arrangeait à certains instants pour être seule avec elle, à d'autres pour marcher avec moi, en la laissant derrière. Je fus obligé pour qu'elle me présentât de le lui demander devant l'autre. Alors au moment où Albertine me nomma, sur la figure et dans les yeux bleus de cette jeune fille à qui j'avais trouvé un air si cruel quand elle avait dit : « Ce pauvre vieux, y m'fait d'la peine », je vis passer et briller un sourire cordial, aimant, et elle me tendit la main. Ses cheveux étaient dorés, et ne l'étaient pas seuls ; car si ses joues étaient roses et ses yeux bleus, c'était comme le ciel encore empourpré du matin où partout pointe et brille l'or.

Prenant feu aussitôt, je me dis que c'était une enfant timide quand elle aimait et que c'était pour moi, par amour pour moi, qu'elle était restée avec nous malgré les rebuffades d'Albertine, et qu'elle avait dû être heureuse de pouvoir m'avouer enfin, par ce regard souriant et bon, qu'elle serait aussi douce avec moi que terrible aux autres. Sans doute m'avait-elle remarqué sur la plage même quand je ne la connaissais pas encore et pensa-t-elle à moi depuis ; peut-être était-ce pour se faire admirer de moi qu'elle s'était moquée du vieux monsieur et parce qu'elle ne parvenait pas à me connaître qu'elle avait eu les jours suivants l'air morose. De l'hôtel, je l'avais souvent aperçue le soir se promenant sur la plage. C'était probablement avec l'espoir de me rencontrer. Et maintenant, gênée par la présence d'Albertine autant qu'elle l'eût été par celle de toute la bande, elle ne s'attachait évidemment à nos pas, malgré l'attitude de plus en plus froide de son amie, que dans l'espoir de rester la dernière, de prendre rendez-vous avec moi pour un moment où elle trouverait moyen de s'échapper sans que sa famille et ses amies le sussent et me donner rendez-vous dans un lieu sûr avant la messe ou après le golf. Il était d'autant plus difficile de la voir qu'Andrée était mal avec elle et la détestait.

– J'ai supporté longtemps sa terrible fausseté, me dit-elle, sa bassesse, les innombrables crasses qu'elle m'a faites. J'ai tout supporté à cause des autres. Mais le dernier trait a tout fait déborder. Et elle me raconta un potin qu'avait fait cette jeune fille et qui, en effet, pouvait nuire à Andrée.

Mais les paroles à moi promises par le regard de Gisèle pour le moment où Albertine nous aurait laissés ensemble ne purent m'être dites, parce qu'Albertine, obstinément placée entre nous deux, ayant continué de répondre de plus en plus brièvement, puis ayant cessé de répondre du tout aux propos de son amie, celle-ci finit par abandonner la place. Je reprochai à Albertine d'avoir été si désagréable. « Cela lui apprendra à être plus discrète. Ce n'est pas une mauvaise fille mais elle est barbante. Elle n'a pas besoin de venir fourrer son nez partout. Pourquoi se colle-t-elle à nous sans qu'on lui demande ? Il était moins cinq que je l'envoie paître. D'ailleurs, je déteste qu'elle ait ses cheveux comme ça, ça donne mauvais genre. » Je regardais les joues d'Albertine pendant qu'elle me parlait et je me demandais quel parfum, quel goût elles pouvaient avoir : ce jour-là elle était non pas fraîche, mais lisse, d'un rose uni, violacé, crémeux, comme certaines roses qui ont un vernis de cire. J'étais passionné pour elles comme on l'est parfois pour une espèce de fleurs. « Je ne l'avais pas remarquée, lui répondis-je. – Vous l'avez pourtant assez regardée, on aurait dit que vous vouliez faire son portrait, me dit-elle sans être radoucie par le fait qu'en ce moment ce fût elle-même que je regardais tant. Je ne crois pourtant pas qu'elle vous plairait. Elle n'est pas flirt du tout. Vous devez aimer les jeunes filles flirt, vous. En tous cas, elle n'aura plus l'occasion d'être collante et de se faire semer, parce qu'elle repart tantôt pour Paris. – Vos autres amies s'en vont avec elle ? – Non, elle seulement, elle et miss, parce qu'elle a à repasser ses examens, elle va potasser, la pauvre gosse. Ce n'est pas gai, je vous assure. Il peut arriver qu'on tombe sur un bon sujet. Le hasard est si grand. Ainsi une de nos amies a eu : « Racontez un accident auquel vous avez assisté ». Ça c'est une veine. Mais je connais une jeune fille qui a eu à traiter (et à l'écrit encore) : « D'Alceste ou de Philinte, qui préféreriez-vous avoir comme ami ? » Ce que j'aurais séché là-dessus ! D'abord en dehors de tout, ce n'est pas une question à poser à des jeunes filles. Les jeunes filles sont liées avec d'autres jeunes filles et ne sont pas censées avoir pour amis des messieurs. (Cette phrase, en me montrant que j'avais peu de chance d'être admis dans la petite bande, me fit trembler.) Mais en tous cas, même si la question était posée à des jeunes gens, qu'est-ce que vous voulez qu'on puisse trouver à dire là-dessus ? Plusieurs familles ont écrit au *Gaulois* pour se plaindre de la difficulté de questions pareilles. Le plus fort est que dans un recueil des meilleurs devoirs d'élèves couronnées, le sujet a été traité deux fois d'une façon absolument opposée. Tout dépend de l'examinateur. L'un voulait qu'on dise que Philinte était un homme flatteur et fourbe, l'autre qu'on ne pouvait pas refuser son admiration à Alceste, mais qu'il était par trop acariâtre et que comme ami il fallait lui préférer Philinte. Comment voulez-vous que les malheureuses élèves s'y reconnaissent quand les professeurs ne sont pas d'accord entre eux ? Et encore ce n'est rien, chaque année ça devient plus difficile. Gisèle ne pourrait s'en tirer qu'avec un bon coup de piston. » Je rentrai à l'hôtel, ma grand'mère n'y était pas, je l'attendis longtemps ; enfin, quand elle rentra, je la suppliai de me laisser aller faire dans des conditions inespérées une excursion qui durerait peut-être quarante-huit heures, je déjeunai avec elle, commandai une voiture et me fis conduire à la gare. Gisèle ne serait pas étonnée de m'y voir ; une fois que nous aurions changé à Doncières, dans le train de Paris, il y avait un wagon couloir où tandis que miss sommeillerait je pourrais emmener Gisèle dans des coins obscurs, prendre rendez-vous avec elle pour ma rentrée à Paris que je tâcherais de rapprocher le plus possible. Selon la volonté qu'elle m'exprimerait, je l'accompagnerais jusqu'à Caen ou jusqu'à Évreux, et reprendrais le train suivant. Tout de même, qu'eût-elle pensé si elle avait su que j'avais hésité longtemps entre elle et ses amies, que tout autant que d'elle j'avais voulu être amoureux d'Albertine, de la jeune fille aux yeux clairs, et de Rosemonde ! J'éprouvais des remords, maintenant qu'un amour réciproque allait m'unir à Gisèle. J'aurais pu du reste lui assurer très véridiquement qu'Albertine ne me plaisait plus. Je l'avais vue ce matin s'éloigner en me tournant presque le dos, pour parler à Gisèle. Sur sa tête inclinée d'un air boudeur, ses cheveux qu'elle avait derrière, différents et plus noirs encore, luisaient comme si elle venait de sortir de l'eau. J'avais pensé à une poule mouillée et ces cheveux m'avaient fait incarner en Albertine une autre âme que jusque-là la figure violette et le regard mystérieux. Ces cheveux luisants derrière la tête, c'est tout ce que j'avais pu apercevoir d'elle pendant un moment, et c'est cela seulement que je continuais à voir. Notre mémoire ressemble à ces magasins, qui, à leurs devantures, exposent d'une certaine personne, une fois une photographie, une fois une autre. Et d'habitude la plus récente reste quelque temps seule en vue. Tandis que le cocher pressait son cheval, j'écoutais les paroles de reconnaissance et de tendresse que Gisèle me disait, toutes nées de son bon sourire, et de sa main tendue : c'est que dans les périodes de ma vie où je n'étais pas amoureux et où je désirais l'être, je ne portais pas seulement en moi un idéal physique de beauté qu'on a vu que je reconnaissais de loin dans chaque passante assez éloignée pour que ses traits confus ne s'opposassent pas à cette identification, mais encore le fantôme moral – toujours prêt à être incarné – de la femme qui allait être éprise de moi, me donner la réplique dans la comédie amoureuse que j'avais tout écrite dans ma tête depuis mon enfance et que toute jeune fille aimable me semblait avoir la même envie de jouer, pourvu qu'elle eût aussi un peu le physique de l'emploi. De cette pièce, quelle que fût la nouvelle « étoile » que j'appelais à créer ou à reprendre le rôle, le scénario, les péripéties, le texte même, gardaient une forme *ne varietur*.

Quelques jours plus tard, malgré le peu d'empressement qu'Albertine avait mis à nous présenter, je connaissais toute la petite bande du premier jour, restée au complet à Balbec (sauf Gisèle, qu'à cause d'un arrêt prolongé devant la barrière de la gare, et un changement dans l'horaire, je n'avais pu rejoindre au train, parti cinq minutes avant mon arrivée, et à laquelle d'ailleurs je ne pensais plus) et en plus deux ou trois de leurs amies qu'à ma demande elles me firent connaître. Et ainsi l'espoir du plaisir que je retrouverais avec une jeune fille nouvelle venant d'une autre jeune fille par qui je l'avais connue, la plus récente était alors comme une de ces variétés de roses qu'on obtient grâce à une rose d'une autre espèce. Et remontant de corolle en corolle dans cette chaîne de fleurs, le plaisir d'en connaître une différente me faisait retourner vers celle à qui je la devais, avec une reconnaissance mêlée d'autant de désir que mon espoir nouveau. Bientôt je passai toutes mes journées avec ces jeunes filles.

Hélas ! dans la fleur la plus fraîche on peut distinguer les points imperceptibles qui pour l'esprit averti dessinent déjà ce qui sera, par la dessiccation ou la fructification des chairs aujourd'hui en fleur, la forme immuable et déjà prédestinée de la graine. On suit avec délices un nez pareil à une vaguelette qu'enfle délicieusement une eau matinale et qui semble immobile, dessinable, parce que la mer est tellement calme qu'on ne perçoit pas la marée. Les visages humains ne semblent pas changer au moment qu'on les regarde, parce que la révolution qu'ils accomplissent est trop lente pour que nous la percevions. Mais il suffisait de voir à côté de ces jeunes filles leur mère ou leur tante, pour mesurer les distances que sous l'attraction interne d'un type généralement affreux, ces traits auraient traversées dans moins de trente ans, jusqu'à l'heure du déclin des regards, jusqu'à celle où le visage, passé tout entier au-dessous de l'horizon, ne reçoit plus de lumière. Je savais que, aussi profond, aussi inéluctable que le patriotisme juif ou l'atavisme chrétien chez ceux qui se croient les plus libérés de leur race, habitait sous la rose inflorescence d'Albertine, de Rosemonde, d'Andrée, inconnus à elles-mêmes, tenus en réserve pour les circonstances, un gros nez, une bouche proéminente, un embonpoint qui étonnerait mais était en réalité dans la coulisse, prêt à entrer en scène, tout comme tel dreyfusisme, tel cléricalisme soudain, imprévu, fatal, tel héroïsme nationaliste et féodal, soudainement issus à l'appel des circonstances d'une nature antérieure à l'individu lui-même, par laquelle il pense, vit, évolue, se fortifie ou meurt, sans qu'il puisse la distinguer des mobiles particuliers qu'il prend pour elle. Même mentalement, nous dépendons des lois naturelles beaucoup plus que nous croyons et notre esprit possède d'avance comme certain cryptogame, comme telle graminée, les particularités que nous croyons choisir. Mais nous ne saisissons que les idées secondes sans percevoir la cause première (race juive, famille française, etc.) qui les produisait nécessairement et que nous manifestons au moment voulu. Et peut-être, alors que les unes nous paraissent le résultat d'une délibération, les autres d'une imprudence dans notre hygiène, tenons-nous de notre famille, comme les papilionacés la forme de leur graine, aussi bien les idées dont nous vivons que la maladie dont nous mourrons.

Comme sur un plant où les fleurs mûrissent à des époques différentes, je les avais vues, en de vieilles dames, sur cette plage de Balbec, ces dures graines, ces mous tubercules, que mes amies seraient un jour. Mais qu'importait ? en ce moment c'était la saison des fleurs. Aussi quand Mme de Villeparisis m'invitait à une promenade, je cherchais une excuse pour n'être pas libre. Je ne fis des visites à Elstir que celles où mes nouvelles amies m'accompagnèrent. Je ne pus même pas trouver un après-midi pour aller à Doncières voir Saint-Loup, comme je le lui avais promis. Les réunions mondaines, les conversations sérieuses, voire une amicale causerie, si elles avaient pris la place de mes sorties avec ces jeunes filles, m'eussent fait le même effet qui si à l'heure du déjeuner on nous emmenait non pas manger, mais regarder un album. Les hommes, les jeunes gens, les femmes vieilles ou mûres, avec qui nous croyons nous plaire, ne sont portés pour nous que sur une plane et inconsistante superficie, parce que nous ne prenons conscience d'eux que par la perception visuelle réduite à elle-même ; mais c'est comme déléguée des autres sens qu'elle se dirige vers les jeunes filles ; ils vont chercher l'une derrière l'autre les diverses qualités odorantes, tactiles, savoureuses, qu'ils goûtent ainsi même sans le secours des mains et des lèvres ; et, capables, grâce aux arts de transposition, au génie de synthèse où excelle le désir, de restituer sous la couleur des joues ou de la poitrine, l'attouchement, la dégustation, les contacts interdits, ils donnent à ces filles la même consistance mielleuse qu'ils font quand ils butinent dans une roseraie, ou dans une vigne dont ils mangent des yeux les grappes.

S'il pleuvait, bien que le mauvais temps n'effrayât pas Albertine qu'on voyait souvent, dans son caoutchouc, filer en bicyclette sous les averses, nous passions la journée dans le Casino où il m'eût paru ces jours-là impossible de ne pas aller. J'avais le plus grand mépris pour les demoiselles d'Ambresac qui n'y étaient jamais entrées. Et j'aidais volontiers mes amies à jouer de mauvais tours au professeur de danse. Nous subissions généralement quelques admonestations du tenancier ou des employés usurpant un pouvoir directorial, parce que mes amies, même Andrée qu'à cause de cela j'avais cru le premier jour une créature si dionysiaque et qui était au contraire frêle, intellectuelle, et cette année-là fort souffrante, mais qui obéissait malgré cela moins à l'état de santé qu'au génie de cet âge qui emporte tout et confond dans la gaieté les malades et les vigoureux, ne pouvaient pas aller au vestibule, à la salle des fêtes, sans prendre leur élan, sauter par-dessus toutes les chaises, revenir sur une glissade en gardant leur équilibre par un gracieux mouvement de bras, en chantant, mêlant tous les arts, dans cette première jeunesse, à la façon de ces poètes des anciens âges pour qui les genres ne sont pas encore séparés, et qui mêlent dans un poème épique les préceptes agricoles aux enseignements théologiques.

Cette Andrée qui m'avait paru la plus froide le premier jour était infiniment plus délicate, plus affectueuse, plus fine qu'Albertine à qui elle montrait une tendresse caressante et douce de grande sœur. Elle venait au casino s'asseoir à côté de moi et savait – au contraire d'Albertine – refuser un tour de valse ou même si j'étais fatigué renoncer à aller au Casino pour venir à l'hôtel. Elle exprimait son amitié pour moi, pour Albertine, avec des nuances qui prouvaient la plus délicieuse intelligence des choses du cœur, laquelle était peut-être due en partie à son état maladif. Elle avait toujours un sourire gai pour excuser l'enfantillage d'Albertine qui exprimait avec une violence naïve la tentation irrésistible qu'offraient pour elle des parties de plaisir auxquelles elle ne savait pas, comme Andrée, préférer résolument de causer avec moi... Quand l'heure d'aller à un goûter donné au golf approchait, si nous étions tous ensemble à ce moment-là, elle se préparait, puis venant à Andrée : « Hé bien, Andrée, qu'est-ce que tu attends pour venir ? tu sais que nous allons goûter au golf. – Non, je reste à causer avec lui, répondait Andrée en me désignant. – Mais tu sais que Madame Durieux t'a invitée, s'écriait Albertine, comme si l'intention d'Andrée de rester avec moi ne pouvait s'expliquer que par l'ignorance où elle devait être qu'elle avait été invitée. – Voyons, ma petite, ne sois pas tellement idiote », répondait Andrée. Albertine n'insistait pas de peur qu'on lui proposât de rester aussi. Elle secouait la tête : « Fais à ton idée, répondait-elle, comme on dit à un malade qui par plaisir se tue à petit feu, moi je me trotte, car je crois que ma montre retarde », et elle prenait ses jambes à son cou. « Elle est charmante, mais inouïe », disait Albertine en enveloppant son amie d'un sourire qui la caressait et la jugeait à la fois. Si, en ce goût du divertissement, Albertine avait quelque chose de la Gilberte des premiers temps, c'est qu'une certaine ressemblance existe, tout en évoluant, entre les femmes que nous aimons successivement, ressemblance qui tient à la fixité de notre tempérament parce que c'est lui qui les choisit, éliminant toutes celles qui ne nous seraient pas à la fois opposées et complémentaires, c'est-à-dire propres à satisfaire nos sens et à faire souffrir notre cœur. Elles sont, ces femmes, un produit de notre tempérament, une image, une projection renversée, un « négatif » de notre sensibilité. De sorte qu'un romancier pourrait, au cours de la vie de son héros, peindre presque exactement semblables ses successives amours et donner par là l'impression non de s'imiter lui-même mais de créer, puisqu'il y a moins de force dans une innovation artificielle que dans une répétition destinée à suggérer une vérité neuve. Encore devrait-il noter, dans le caractère de l'amoureux, un indice de variation qui s'accuse au fur et à mesure qu'on arrive dans de nouvelles régions, sous d'autres latitudes de la vie. Et peut-être exprimerait-il encore une vérité de plus si, peignant pour ses autres personnages des caractères, il s'abstenait d'en donner aucun à la femme aimée. Nous connaissons le caractère des indifférents, comment pourrions-nous saisir celui d'un être qui se confond avec notre vie, que bientôt nous ne séparerons plus de nous-même, sur les mobiles duquel nous ne cessons de faire d'anxieuses hypothèses, perpétuellement remaniées. S'élançant d'au delà de l'intelligence, notre curiosité de la femme que nous aimons dépasse dans sa course le caractère de cette femme, nous pourrions nous y arrêter que sans doute nous ne le voudrions pas. L'objet de notre inquiète investigation est plus essentiel que ces particularités de caractère, pareilles à ces petits losanges d'épiderme dont les combinaisons variées font l'originalité fleurie de la chair. Notre radiation intuitive les traverse et les images qu'elle nous rapporte ne sont point celles d'un visage particulier, mais représentent la morne et douloureuse universalité d'un squelette.

Comme Andrée était extrêmement riche, Albertine pauvre et orpheline, Andrée avec une grande générosité la faisait profiter de son luxe. Quant à ses sentiments pour Gisèle ils n'étaient pas tout à fait ceux que j'avais crus. On eut en effet bientôt des nouvelles de l'étudiante et, quand Albertine montra la lettre qu'elle en avait reçue, lettre destinée par Gisèle à donner des nouvelles de son voyage et de son arrivée à la petite bande en s'excusant de sa paresse de ne pas écrire encore aux autres, je fus surpris d'entendre Andrée, que je croyais brouillée à mort avec elle, dire : « Je lui écrirai demain, parce que si j'attends sa lettre d'abord, je peux attendre longtemps, elle est si négligente. » Et se tournant vers moi elle ajouta : « Vous ne la trouveriez pas très remarquable évidemment, mais c'est une si brave fille et puis j'ai vraiment une grande affection pour elle. » Je conclus que les brouilles d'Andrée ne duraient pas longtemps.

Sauf ces jours de pluie, comme nous devions aller en bicyclette sur la falaise ou dans la campagne, une heure d'avance je cherchais à me faire beau et gémissais si Françoise n'avait pas bien préparé mes affaires. Or, même à Paris, elle redressait fièrement et rageusement sa taille que l'âge commençait à courber, pour peu qu'on la trouvât en faute, elle humble, elle modeste et charmante quand son amour-propre était flatté. Comme il était le grand ressort de sa vie, la satisfaction et la bonne humeur de Françoise étaient en proportion directe de la difficulté des choses qu'on lui demandait. Celles qu'elle avait à faire à Balbec étaient si aisées qu'elle montrait presque toujours un mécontentement qui était soudain centuplé et auquel s'alliait une ironique expression d'orgueil quand je me plaignais, au moment d'aller retrouver mes amies, que mon chapeau ne fût pas brossé, ou mes cravates en ordre. Elle qui pouvait se donner tant de peine sans trouver pour cela qu'elle eût rien fait, à la simple observation qu'un veston n'était pas à sa place, non seulement elle vantait avec quel soin elle l'avait « renfermé plutôt que non pas le laisser à la poussière », mais prononçant un éloge en règle de ses travaux, déplorait que ce ne fussent guère des vacances qu'elle prenait à Balbec, qu'on ne trouverait pas une seconde personne comme elle pour mener une telle vie. « Je ne comprends pas comment qu'on peut laisser ses affaires comme ça et allez-y voir si une autre saurait se retrouver dans ce pêle et mêle. Le diable lui-même y perdrait son latin. » Ou bien elle se contentait de prendre un visage de reine, me lançant des regards enflammés, et gardait un silence rompu aussitôt qu'elle avait fermé la porte et s'était engagée dans le couloir ; il retentissait alors de propos que je devinais injurieux, mais qui restaient aussi indistincts que ceux des personnages qui débitent leurs premières paroles derrière le portant avant d'être entrés en scène. D'ailleurs, quand je me préparais ainsi à sortir avec mes amies, même si rien ne manquait et si Françoise était de bonne humeur, elle se montrait tout de même insupportable. Car se servant de plaisanteries que dans mon besoin de parler de ces jeunes filles je lui avais faites sur elles, elle prenait un air de me révéler ce que j'aurais mieux su qu'elle si cela avait été exact, mais ce qui ne l'était pas car Françoise avait mal compris. Elle avait comme tout le monde son caractère propre ; une personne ne ressemble jamais à une voie droite, mais nous étonne de ses détours singuliers et inévitables dont les autres ne s'aperçoivent pas et par où il nous est pénible d'avoir à passer. Chaque fois que j'arrivais au point : « Chapeau pas en place », « nom d'Andrée ou d'Albertine », j'étais obligé par Françoise de m'égarer dans les chemins détournés et absurdes qui me retardaient beaucoup. Il en était de même quand je faisais préparer des sandwiches au chester et à la salade et acheter des tartes que je mangerais à l'heure du goûter, sur la falaise, avec ces jeunes filles, et qu'elles auraient bien pu payer à tour de rôle si elles n'avaient été aussi intéressées, déclarait Françoise, au secours de qui venait alors tout un atavisme de rapacité et de vulgarité provinciales, et pour laquelle on eût dit que l'âme divisée de la défunte Eulalie s'était incarnée, plus gracieusement qu'en Saint-Éloi, dans les corps charmants de mes amies de la petite bande. J'entendais ces accusations avec la rage de me sentir buter à un des endroits à partir desquels le chemin rustique et familier qu'était le caractère de Françoise devenait impraticable, pas pour longtemps heureusement. Puis le veston retrouvé et les sandwichs prêts, j'allais chercher Albertine, Andrée, Rosemonde, d'autres parfois, et, à pied ou en bicyclette, nous partions.

Autrefois j'eusse préféré que cette promenade eût lieu par le mauvais temps. Alors je cherchais à retrouver dans Balbec « le pays des Cimmériens », et de belles journées étaient une chose qui n'aurait pas dû exister là, une intrusion du vulgaire été des baigneurs dans cette antique région voilée par les brumes. Mais maintenant, tout ce que j'avais dédaigné, écarté de ma vue, non seulement les effets de soleil, mais même les régates, les courses de chevaux, je l'eusse recherché avec passion pour la même raison qu'autrefois je n'aurais voulu que des mers tempétueuses, et qui était qu'elles se rattachaient, les unes comme autrefois les autres, à une idée esthétique. C'est qu'avec mes amies nous étions quelquefois allés voir Elstir, et les jours où les jeunes filles étaient là, ce qu'il avait montré de préférence, c'était quelques croquis d'après de jolies yachtswomen ou bien une esquisse prise sur un hippodrome voisin de Balbec. J'avais d'abord timidement avoué à Elstir que je n'avais pas voulu aller aux réunions qui y avaient été données. « Vous avez eu tort, me dit-il, c'est si joli et si curieux aussi. D'abord cet être particulier, le jockey, sur lequel tant de regards sont fixés, et qui devant le paddock est là morne, grisâtre dans sa casaque éclatante, ne faisant qu'un avec le cheval caracolant qu'il ressaisit, comme ce serait intéressant de dégager ses mouvements professionnels, de montrer la tache brillante qu'il fait et que fait aussi la robe des chevaux, sur le champ de courses. Quelle transformation de toutes choses dans cette immensité lumineuse d'un champ de courses où on est surpris par tant d'ombres, de reflets, qu'on ne voit que là. Ce que les femmes peuvent y être jolies ! La première réunion surtout était ravissante, et il y avait des femmes d'une extrême élégance, dans une lumière humide, hollandaise, où l'on sentait monter dans le soleil même, le froid pénétrant de l'eau. Jamais je n'ai vu de femmes arrivant en voiture ou leurs jumelles aux yeux, dans une pareille lumière qui tient sans doute à l'humidité marine. Ah ! que j'aurais aimé la rendre ; je suis revenu de ces courses, fou, avec un tel désir de travailler ! » Puis il s'extasia plus encore sur les réunions du yachting que sur les courses de chevaux, et je compris que des régates, que des meetings sportifs où des femmes bien habillées baignent dans la glauque lumière d'un hippodrome marin, pouvaient être pour un artiste moderne motifs aussi intéressants que les fêtes qu'ils aimaient tant à décrire pour un Véronèse ou un Carpaccio. « Votre comparaison est d'autant plus exacte, me dit Elstir, qu'à cause de la ville où ils peignaient, ces fêtes étaient pour une part nautiques. Seulement, la beauté des embarcations de ce temps-là résidait le plus souvent dans leur lourdeur, dans leur complication. Il y avait des joutes sur l'eau, comme ici, données généralement en l'honneur de quelque ambassade pareille à celle que Carpaccio a représentée dans la Légende de Sainte Ursule. Les navires étaient massifs, construits comme des architectures, et semblaient presque amphibies comme de moindres Venises au milieu de l'autre, quand amarrés à l'aide de ponts volants, recouverts de satin cramoisi et de tapis persans ils portaient des femmes en brocart cerise ou en damas vert, tout près des balcons incrustés de marbres multicolores où d'autres femmes se penchaient pour regarder, dans leurs robes aux manches noires à crevés blancs serrés de perles ou ornés de guipures. On ne savait plus où finissait la terre, où commençait l'eau, qu'est-ce qui était encore le palais ou déjà le navire, la caravelle, la galéasse, le Bucentaure. » Albertine écoutait avec une attention passionnée ces détails de toilette, ces images de luxe que nous décrivait Elstir. « Oh ! je voudrais bien avoir les guipures dont vous me parlez, c'est si joli le point de Venise, s'écriait-elle ; d'ailleurs j'aimerais tant aller à Venise. »

– Vous pourrez peut-être bientôt, lui dit Elstir, contempler les étoffes merveilleuses qu'on portait là-bas. On ne les voyait plus que dans les tableaux des peintres vénitiens, ou alors très rarement dans les trésors des églises, parfois même il y en avait une qui passait dans une vente. Mais on dit qu'un artiste de Venise, Fortuny, a retrouvé le secret de leur fabrication et qu'avant quelques années les femmes pourront se promener, et surtout rester chez elles, dans des brocarts aussi magnifiques que ceux que Venise ornait, pour ses patriciennes, avec des dessins d'Orient. Mais je ne sais pas si j'aimerai beaucoup cela, si ce ne sera pas un peu trop costume anachronique, pour des femmes d'aujourd'hui, même paradant aux régates, car pour en revenir à nos bateaux modernes de plaisance, c'est tout le contraire que du temps de Venise, « Reine de l'Adriatique ». Le plus grand charme d'un yacht, de l'ameublement d'un yacht, des toilettes de yachting, est leur simplicité de choses de la mer, et j'aime tant la mer ! Je vous avoue que je préfère les modes d'aujourd'hui aux modes du temps de Véronèse et même de Carpaccio. Ce qu'il y a de joli dans nos yachts – et dans les yachts moyens surtout, je n'aime pas les énormes, trop navires, c'est comme pour les chapeaux, il y a une mesure à garder – c'est la chose unie, simple, claire, grise, qui par les temps voilés, bleuâtres, prend un flou crémeux. Il faut que la pièce où l'on se tient ait l'air d'un petit café. Les toilettes des femmes sur un yacht c'est la même chose ; ce qui est gracieux, ce sont ces toilettes légères, blanches et unies, en toile, en linon, en pékin, en coutil, qui au soleil et sur le bleu de la mer font un blanc aussi éclatant qu'une voile blanche. Il y a très peu de femmes du reste qui s'habillent bien, quelques-unes pourtant sont merveilleuses. Aux courses, Mlle Léa avait un petit chapeau blanc et une petite ombrelle blanche, c'était ravissant. Je ne sais pas ce que je donnerais pour avoir cette petite ombrelle. » J'aurais tant voulu savoir en quoi cette petite ombrelle différait des autres, et pour d'autres raisons, de coquetterie féminine, Albertine l'aurait voulu plus encore. Mais comme Françoise qui disait pour les soufflés : « C'est un tour de main », la différence était dans la coupe. « C'était, disait Elstir, tout petit, tout rond, comme un parasol chinois. » Je citai les ombrelles de certaines femmes, mais ce n'était pas cela du tout. Elstir trouvait toutes ces ombrelles affreuses. Homme d'un goût difficile et exquis, il faisait consister dans un rien, qui était tout, la différence entre ce que portaient les trois quarts des femmes et qui lui faisait horreur et une jolie chose qui le ravissait, et, au contraire de ce qui m'arrivait à moi pour qui tout luxe était stérilisant, exaltait son désir de peintre « pour tâcher de faire des choses aussi jolies ». « Tenez, voilà une petite qui a déjà compris comment étaient le chapeau et l'ombrelle, me dit Elstir en me montrant Albertine, dont les yeux brillaient de convoitise. – Comme j'aimerais être riche pour avoir un yacht, dit-elle au peintre. Je vous demanderais des conseils pour l'aménager. Quels beaux voyages je ferais ! Et comme ce serait joli d'aller aux régates de Cowes. Et une automobile ! Est-ce que vous trouvez que c'est joli, les modes des femmes pour les automobiles ? – Non, répondait Elstir, mais cela sera. D'ailleurs, il y a peu de couturiers, un ou deux, Callot, quoique donnant un peu trop dans la dentelle, Doucet, Cheruit, quelquefois Paquin. Le reste sont des horreurs. – Mais alors, il y a une différence immense entre une toilette de Callot et celle d'un couturier quelconque ? demandai-je à Albertine. – Mais énorme, mon petit bonhomme, me répondit-elle. Oh ! pardon. Seulement, hélas ! ce qui coûte trois cents francs ailleurs coûte deux mille francs chez eux. Mais cela ne se ressemble pas, cela a l'air pareil pour les gens qui n'y connaissent rien. – Parfaitement, répondit Elstir, sans aller pourtant jusqu'à dire que la différence soit aussi profonde qu'entre une statue de la cathédrale de Reims et de l'église Saint-Augustin... Tenez, à propos de cathédrales, dit-il en s'adressant spécialement à moi, parce que cela se référait à une causerie à laquelle ces jeunes filles n'avaient pas pris part et qui d'ailleurs ne les eût nullement intéressées, je vous parlais l'autre jour de l'église de Balbec comme d'une grande falaise, une grande levée des pierres du pays, mais inversement, me dit-il en me montrant une aquarelle, regardez ces falaises (c'est une esquisse prise tout près d'ici, aux Creuniers), regardez comme ces rochers puissamment et délicatement découpés font penser à une cathédrale. » En effet, on eût dit d'immenses arceaux roses. Mais peints par un jour torride, ils semblaient réduits en poussière, volatilisés par la chaleur, laquelle avait à demi bu la mer, presque passée, dans toute l'étendue de la toile, à l'état gazeux. Dans ce jour où la lumière avait comme détruit la réalité, celle-ci était concentrée dans des créatures sombres et transparentes qui par contraste donnaient une impression de vie plus saisissante, plus proche : les ombres. Altérées de fraîcheur, la plupart, désertant le large enflammé, s'étaient réfugiées au pied des rochers, à l'abri du soleil ; d'autres nageant lentement sur les eaux comme des dauphins s'attachaient aux flancs de barques en promenade dont elles élargissaient la coque, sur l'eau pâle, de leur corps verni et bleu. C'était peut-être la soif de fraîcheur communiquée par elles qui donnait le plus la sensation de la chaleur de ce jour et qui me fit m'écrier combien je regrettais de ne pas connaître les Creuniers. Albertine et Andrée assurèrent que j'avais dû y aller cent fois. En ce cas, c'était sans le savoir, ni me douter qu'un jour leur vue pourrait m'inspirer une telle soif de beauté, non pas précisément naturelle comme celle que j'avais cherchée jusqu'ici dans les falaises de Balbec, mais plutôt architecturale. Surtout moi qui, parti pour voir le royaume des tempêtes, ne trouvais jamais dans mes promenades avec Mme de Villeparisis où souvent nous ne l'apercevions que de loin, peint dans l'écartement des arbres, l'océan assez réel, assez liquide, assez vivant, donnant assez l'impression de lancer ses masses d'eau, et qui n'aurais aimé le voir immobile que sous un linceul hivernal de brume, je n'eusse guère pu croire que je rêverais maintenant d'une mer qui n'était plus qu'une vapeur blanchâtre ayant perdu la consistance et la couleur. Mais cette mer, Elstir, comme ceux qui rêvaient dans ces barques engourdies par la chaleur, en avait, jusqu'à une telle profondeur, goûté l'enchantement qu'il avait su rapporter, fixer sur sa toile, l'imperceptible reflux de l'eau, la pulsation d'une minute heureuse ; et on était soudain devenu si amoureux, en voyant ce portrait magique, qu'on ne pensait plus qu'à courir le monde pour retrouver la journée enfuie, dans sa grâce instantanée et dormante.

De sorte que si, avant ces visites chez Elstir, avant d'avoir vu une marine de lui où une jeune femme, en robe de barège ou de linon, dans un yacht arborant le drapeau américain, mit le « double » spirituel d'une robe de linon blanc et d'un drapeau dans mon imagination, qui aussitôt couva un désir insatiable de voir sur-le-champ des robes de linon blanc et des drapeaux près de la mer, comme si cela ne m'était jamais arrivé jusque-là, je m'étais toujours efforcé, devant la mer, d'expulser du champ de ma vision, aussi bien que les baigneurs du premier plan, les yachts aux voiles trop blanches comme un costume de plage, tout ce qui m'empêchait de me persuader que je contemplais le flot immémorial qui déroulait déjà sa même vie mystérieuse avant l'apparition de l'espèce humaine, et jusqu'aux jours radieux qui me semblaient revêtir de l'aspect banal de l'universel été de cette côte de brumes et de tempêtes, y marquer un simple temps d'arrêt, l'équivalent de ce qu'on appelle en musique une mesure pour rien ; maintenant c'était le mauvais temps qui me paraissait devenir quelque accident funeste, ne pouvant plus trouver de place dans le monde de la beauté ; je désirais vivement aller retrouver dans la réalité ce qui m'exaltait si fort et j'espérais que le temps serait assez favorable pour voir du haut de la falaise les mêmes ombres bleues que dans le tableau d'Elstir.

Le long de la route, je ne me faisais plus d'ailleurs un écran de mes mains comme dans ces jours où concevant la nature comme animée d'une vie antérieure à l'apparition de l'homme, et en opposition avec tous ces fastidieux perfectionnements de l'industrie qui m'avaient fait jusqu'ici bâiller d'ennui dans les expositions universelles ou chez les modistes, j'essayais de ne voir de la mer que la section où il n'y avait pas de bateau à vapeur, de façon à me la représenter comme immémoriale, encore contemporaine des âges où elle avait été séparée de la terre, à tout le moins contemporaine des premiers siècles de la Grèce, ce qui me permettait de me redire en toute vérité les vers du « père Leconte » chers à Bloch :

Ils sont partis les rois des nefs éperonnées

Emmenant sur la mer tempétueuse, hélas !
Les hommes chevelus de l'héroïque Hellas.

Je ne pouvais plus mépriser les modistes puisque Elstir m'avait dit que le geste délicat par lequel elles donnent un dernier chiffonnement, une suprême caresse aux nœuds ou aux plumes d'un chapeau terminé, l'intéresserait autant à rendre que celui des jockeys (ce qui avait ravi Albertine). Mais il fallait attendre mon retour, pour les modistes, à Paris, pour les courses et les régates, à Balbec où on n'en donnerait plus avant l'année prochaine. Même un yacht emmenant des femmes en linon blanc était introuvable.

Souvent nous rencontrions les sœurs de Bloch que j'étais obligé de saluer depuis que j'avais dîné chez leur père. Mes amies ne les connaissaient pas. « On ne me permet pas de jouer avec des Israélites », disait Albertine. La façon dont elle prononçait « issraêlite » au lieu d'« izraëlite » aurait suffi à indiquer, même si on n'avait pas entendu le commencement de la phrase, que ce n'était pas de sentiments de sympathie envers le peuple élu qu'étaient animées ces jeunes bourgeoises, de familles dévotes, et qui devaient croire aisément que les Juifs égorgeaient les enfants chrétiens. « Du reste, elles ont un sale genre, vos amies », me disait Andrée avec un sourire qui signifiait qu'elle savait bien que ce n'était pas mes amies. « Comme tout ce qui touche à la tribu », répondait Albertine sur le ton sentencieux d'une personne d'expérience. À vrai dire les sœurs de Bloch, à la fois trop habillées et à demi nues, l'air languissant, hardi, fastueux et souillon, ne produisaient pas une impression excellente. Et une de leurs cousines qui n'avait que quinze ans scandalisait le casino par l'admiration qu'elle affichait pour Mlle Léa, dont M. Bloch père prisait très fort le talent d'actrice, mais que son goût ne passait pas pour porter surtout du côté des messieurs.

Il y avait des jours où nous goûtions dans l'une des fermes-restaurants du voisinage. Ce sont les fermes dites des Écorres, Marie-Thérèse, de la Croix d'Heuland, de Bagatelle, de Californie, de Marie-Antoinette. C'est cette dernière qu'avait adoptée la petite bande.

Mais quelquefois au lieu d'aller dans une ferme, nous montions jusqu'au haut de la falaise, et une fois arrivés et assis sur l'herbe, nous défaisions notre paquet de sandwichs et de gâteaux. Mes amies préféraient les sandwiches et s'étonnaient de me voir manger seulement un gâteau au chocolat gothiquement historié de sucre ou une tarte à l'abricot. C'est qu'avec les sandwiches au chester et à la salade, nourriture ignorante et nouvelle, je n'avais rien à dire. Mais les gâteaux étaient instruits, les tartes étaient bavardes. Il y avait dans les premiers des fadeurs de crème et dans les secondes des fraîcheurs de fruits qui en savaient long sur Combray, sur Gilberte, non seulement la Gilberte de Combray mais celle de Paris aux goûters de qui je les avais retrouvés. Ils me rappelaient ces assiettes à petits fours, des Mille et une Nuits, qui distrayaient tant de leurs « sujets » ma tante Léonie quand Françoise lui apportait un jour *Aladin ou la Lampe Merveilleuse*, un autre *Ali-Baba*, le *Dormeur éveillé* ou *Sinbad le Marin embarquant à Bassora avec toutes ses richesses*. J'aurais bien voulu les revoir, mais ma grand'mère ne savait pas ce qu'elles étaient devenues et croyait d'ailleurs que c'était de vulgaires assiettes achetées dans le pays. N'importe, dans le gris et champenois Combray, elles et leurs vignettes s'encastraient multicolores, comme dans la noire église les vitraux aux mouvantes pierreries, comme dans le crépuscule de ma chambre les projections de la lanterne magique, comme devant la vue de la gare et du chemin de fer départemental les boutons d'or des Indes et les lilas de Perse, comme la collection de vieux Chine de ma grand'tante dans sa sombre demeure de vieille dame de province.

Étendu sur la falaise je ne voyais devant moi que des prés, et, au-dessus d'eux, non pas les sept ciels de la physique chrétienne, mais la superposition de deux seulement, un plus foncé – de la mer – et en haut un plus pâle. Nous goûtions, et si j'avais emporté aussi quelque petit souvenir qui pût plaire à l'une ou à l'autre de mes amies, la joie remplissait avec une violence si soudaine leur visage translucide et un instant devenu rouge, que leur bouche n'avait pas la force de la retenir et pour la laisser passer, éclatait de rire. Elles étaient assemblées autour de moi ; et entre les visages peu éloignés les uns des autres, l'air qui les séparait traçait des sentiers d'azur comme frayés par un jardinier qui a voulu mettre un peu de jour pour pouvoir circuler lui-même au milieu d'un bosquet de roses.

Nos provisions épuisées, nous jouions à des jeux qui jusque-là m'eussent paru ennuyeux, quelquefois aussi enfantins que « La Tour Prends Garde » ou « À qui rira le premier », mais auxquels je n'aurais plus renoncé pour un empire ; l'aurore de jeunesse dont s'empourprait encore le visage de ces jeunes filles et hors de laquelle je me trouvais déjà, à mon âge, illuminait tout devant elles, et, comme la fluide peinture de certains primitifs, faisait se détacher les détails les plus insignifiants de leur vie, sur un fond d'or. Pour la plupart, les visages mêmes de ces jeunes filles étaient confondus dans cette rougeur confuse de l'aurore d'où les véritables traits n'avaient pas encore jailli. On ne voyait qu'une couleur charmante sous laquelle ce que devait être dans quelques années le profil n'était pas discernable. Celui d'aujourd'hui n'avait rien de définitif et pouvait n'être qu'une ressemblance momentanée avec quelque membre défunt de la famille auquel la nature avait fait cette politesse commémorative. Il vient si vite, le moment où l'on n'a plus rien à attendre, où le corps est figé dans une immobilité qui ne promet plus de surprises, où l'on perd toute espérance en voyant, comme aux arbres en plein été des feuilles déjà mortes, autour de visages encore jeunes des cheveux qui tombent ou blanchissent, il est si court, ce matin radieux, qu'on en vient à n'aimer que les très jeunes filles, celles chez qui la chair comme une pâte précieuse travaille encore. Elles ne sont qu'un flot de matière ductile pétrie à tout moment par l'impression passagère qui les domine. On dirait que chacune est tour à tour une petite statuette de la gaieté, du sérieux juvénile, de la câlinerie, de l'étonnement, modelée par une expression franche, complète, mais fugitive. Cette plasticité donne beaucoup de variété et de charme aux gentils égards que nous montre une jeune fille. Certes ils sont indispensables aussi chez la femme, et celle à qui nous ne plaisons pas ou qui ne nous laisse pas voir que nous lui plaisons, prend à nos yeux quelque chose d'ennuyeusement uniforme. Mais ces gentillesses elles-mêmes, à partir d'un certain âge, n'amènent plus de molles fluctuations sur un visage que les luttes de l'existence ont durci, rendu à jamais militant ou extatique. L'un – par la force continue de l'obéissance qui soumet l'épouse à son époux – semble, plutôt que d'une femme, le visage d'un soldat ; l'autre, sculpté par les sacrifices qu'a consentis chaque jour la mère pour ses enfants, est d'un apôtre. Un autre encore est, après des années de traverses et d'orages, le visage d'un vieux loup de mer, chez une femme dont les vêtements seuls révèlent le sexe. Et certes les attentions qu'une femme a pour nous peuvent encore, quand nous l'aimons, semer de charmes nouveaux les heures que nous passons auprès d'elle. Mais elle n'est pas successivement pour nous une femme différente. Sa gaieté reste extérieure à une figure inchangée. Mais l'adolescence est antérieure à la solidification complète et de là vient qu'on éprouve auprès des jeunes filles ce rafraîchissement que donne le spectacle des formes sans cesse en train de changer, de jouer en une instable opposition qui fait penser à cette perpétuelle recréation des éléments primordiaux de la nature qu'on contemple devant la mer.

Ce n'était pas seulement une matinée mondaine, une promenade avec Mme de Villeparisis que j'eusse sacrifiées au « furet » ou aux « devinettes » de mes amies. À plusieurs reprises Robert de Saint-Loup me fit dire que puisque je n'allais pas le voir à Doncières, il avait demandé une permission de vingt-quatre heures et la passerait à Balbec. Chaque fois je lui écrivis de n'en rien faire, en invoquant l'excuse d'être obligé de m'absenter justement ce jour-là pour aller remplir dans le voisinage un devoir de famille avec ma grand-mère. Sans doute me jugea-t-il mal en apprenant par sa tante en quoi consistait le devoir de famille et quelles personnes tenaient en l'espèce le rôle de grand'mère. Et pourtant je n'avais peut-être pas tort de sacrifier les plaisirs non seulement de la mondanité, mais de l'amitié, à celui de passer tout le jour dans ce jardin. Les êtres qui en ont la possibilité – il est vrai que ce sont les artistes et j'étais convaincu depuis longtemps que je ne le serais jamais – ont aussi le devoir de vivre pour eux-mêmes ; or l'amitié leur est une dispense de ce devoir, une abdication de soi. La conversation même qui est le mode d'expression de l'amitié est une divagation superficielle, qui ne nous donne rien à acquérir. Nous pouvons causer pendant toute une vie sans rien faire que répéter indéfiniment le vide d'une minute, tandis que la marche de la pensée dans le travail solitaire de la création artistique se fait dans le sens de la profondeur, la seule direction qui ne nous soit pas fermée, où nous puissions progresser, avec plus de peine il est vrai, pour un résultat de vérité. Et l'amitié n'est pas seulement dénuée de vertu comme la conversation, elle est de plus funeste. Car l'impression d'ennui que ne peuvent pas ne pas éprouver auprès de leur ami, c'est-à-dire à rester à la surface de soi-même, au lieu de poursuivre leur voyage de découvertes dans les profondeurs, ceux d'entre nous dont la loi de développement est purement interne, cette impression d'ennui, l'amitié nous persuade de la rectifier quand nous nous retrouvons seuls, de nous rappeler avec émotion les paroles que notre ami nous a dites, de les considérer comme un précieux apport, alors que nous ne sommes pas comme des bâtiments à qui on peut ajouter des pierres du dehors, mais comme des arbres qui tirent de leur propre sève le nœud suivant de leur tige, l'étage supérieur de leur frondaison. Je me mentais à moi-même, j'interrompais la croissance dans le sens selon lequel je pouvais en effet véritablement grandir et être heureux, quand je me félicitais d'être aimé, admiré, par un être aussi bon, aussi intelligent, aussi recherché que Saint-Loup, quand j'adaptais mon intelligence, non à mes propres obscures impressions que c'eût été mon devoir de démêler, mais aux paroles de mon ami à qui en me les redisant – en me les faisant redire, par cet autre que soi-même qui vit en nous et sur qui on est toujours si content de se décharger du fardeau de penser – je m'efforçais de trouver une beauté, bien différente de celle que je poursuivais silencieusement quand j'étais vraiment seul, mais qui donnerait plus de mérite à Robert, à moi-même, à ma vie. Dans celle qu'un tel ami me faisait, je m'apparaissais comme douillettement préservé de la solitude, noblement désireux de me sacrifier moi-même pour lui, en somme incapable de me réaliser. Près de ces jeunes filles au contraire si le plaisir que je goûtais était égoïste, du moins n'était-il pas basé sur le mensonge qui cherche à nous faire croire que nous ne sommes pas irrémédiablement seuls et qui, quand nous causons avec un autre, nous empêche de nous avouer que ce n'est plus nous qui parlons, que nous nous modelons alors à la ressemblance des étrangers et non d'un moi qui diffère d'eux. Les paroles qui s'échangeaient entre les jeunes filles de la petite bande et moi étaient peu intéressantes, rares d'ailleurs, coupées de ma part de longs silences. Cela ne m'empêchait pas de prendre à les écouter quand elles me parlaient autant de plaisir qu'à les regarder, à découvrir dans la voix de chacune d'elles un tableau vivement coloré. C'est avec délices que j'écoutais leur pépiement. Aimer aide à discerner, à différencier. Dans un bois l'amateur d'oiseaux distingue aussitôt ces gazouillis particuliers à chaque oiseau, que le vulgaire confond. L'amateur de jeunes filles sait que les voix humaines sont encore bien plus variées. Chacune possède plus de notes que le plus riche instrument. Et les combinaisons selon lesquelles elle les groupe sont aussi inépuisables que l'infinie variété des personnalités. Quand je causais avec une de mes amies, je m'apercevais que le tableau original, unique de son individualité, m'était ingénieusement dessiné, tyranniquement imposé, aussi bien par les inflexions de sa voix que par celles de son visage et que c'était deux spectacles qui traduisaient, chacun dans son plan, la même réalité singulière. Sans doute les lignes de la voix, comme celles du visage, n'étaient pas encore définitivement fixées ;

la première muerait encore, comme le second changerait. Comme les enfants possèdent une glande dont la liqueur les aide à digérer le lait et qui n'existe plus chez les grandes personnes, il y avait dans le gazouillis de ces jeunes filles des notes que les femmes n'ont plus. Et de cet instrument plus varié, elles jouaient avec leurs lèvres, avec cette application, cette ardeur des petits anges musiciens de Bellini, lesquelles sont aussi un apanage exclusif de la jeunesse. Plus tard ces jeunes filles perdraient cet accent de conviction enthousiaste qui donnait du charme aux choses les plus simples, soit qu'Albertine sur un ton d'autorité débitât des calembours que les plus jeunes écoutaient avec admiration jusqu'à ce que le fou rire se saisît d'elles avec la violence irrésistible d'un éternuement, soit qu'Andrée mît à parler de leurs travaux scolaires, plus enfantins encore que leurs jeux, une gravité essentiellement puérile ; et leurs paroles détonnaient, pareilles à ces strophes des temps antiques où la poésie encore peu différenciée de la musique se déclamait sur des notes différentes. Malgré tout, la voix de ces jeunes filles accusait déjà nettement le parti pris que chacune de ces petites personnes avait sur la vie, parti pris si individuel que c'est user d'un mot bien trop général que de dire pour l'une : « elle prend tout en plaisantant » ; pour l'autre : « elle va d'affirmation en affirmation » ; pour la troisième : « elle s'arrête à une hésitation expectante ». Les traits de notre visage ne sont guère que des gestes devenus, par l'habitude, définitifs. La nature, comme la catastrophe de Pompéi, comme une métamorphose de nymphe, nous a immobilisés dans le mouvement accoutumé. De même nos intonations contiennent notre philosophie de la vie, ce que la personne se dit à tout moment sur les choses. Sans doute ces traits n'étaient pas qu'à ces jeunes filles. Ils étaient à leurs parents. L'individu baigne dans quelque chose de plus général que lui. À ce compte, les parents ne fournissent pas que ce geste habituel que sont les traits du visage et de la voix, mais aussi certaines manières de parler, certaines phrases consacrées, qui presque aussi inconscientes qu'une intonation, presque aussi profondes, indiquent, comme elle, un point de vue sur la vie. Il est vrai que pour les jeunes filles, il y a certaines de ces expressions que leurs parents ne leur donnent pas avant un certain âge, généralement pas avant qu'elles soient des femmes. On les garde en réserve. Ainsi par exemple si on parlait des tableaux d'un ami d'Elstir, Andrée, qui avait encore les cheveux dans le dos, ne pouvait encore faire personnellement usage de l'expression dont usaient sa mère et sa sœur mariée : « Il paraît que *l'homme* est charmant. » Mais cela viendrait avec la permission d'aller au Palais-Royal. Et déjà depuis sa première communion, Albertine disait comme une amie de sa tante : « Je trouverais cela assez terrible. » On lui avait aussi donné en présent l'habitude de faire répéter ce qu'on disait pour avoir l'air de s'intéresser et de chercher à se former une opinion personnelle. Si on disait que la peinture d'un peintre était bien, ou sa maison jolie : « Ah ! c'est bien, sa peinture ? Ah ! c'est joli, sa maison ? » Enfin plus générale encore que n'est le legs familial était la savoureuse matière imposée par la province originelle d'où elles tiraient leur voix et à même laquelle mordaient leurs intonations. Quand Andrée pinçait sèchement une note grave, elle ne pouvait faire que la corde périgourdine de son instrument vocal ne rendît un son chantant, fort en harmonie d'ailleurs avec la pureté méridionale de ses traits ; et aux perpétuelles gamineries de Rosemonde, la matière de son visage et de sa voix du Nord répondaient, quoi qu'elle en eût, avec l'accent de sa province. Entre cette province et le tempérament de la jeune fille qui dictait les inflexions je percevais un beau dialogue. Dialogue, non pas discorde. Aucune ne saurait diviser la jeune fille et son pays natal. Elle, c'est lui encore. Du reste cette réaction des matériaux locaux sur le génie qui les utilise et à qui elle donne plus de verdeur ne rend pas l'œuvre moins individuelle, et que ce soit celle d'un architecte, d'un ébéniste, ou d'un musicien, elle ne reflète pas moins minutieusement les traits les plus subtils de la personnalité de l'artiste, parce qu'il a été forcé de travailler dans la pierre meulière de Senlis ou le grès rouge de Strasbourg, qu'il a respecté les nœuds particuliers au frêne, qu'il a tenu compte dans son écriture des ressources et des limites, de la sonorité, des possibilités, de la flûte ou de l'alto.

Je m'en rendais compte et pourtant nous causions si peu. Tandis qu'avec Mme de Villeparisis ou Saint-Loup, j'eusse démontré par mes paroles beaucoup plus de plaisir que je n'en eusse ressenti, car je les quittais avec fatigue, au contraire couché entre ces jeunes filles, la plénitude de ce que j'éprouvais l'emportait infiniment sur la pauvreté, la rareté de nos propos et débordait de mon immobilité et de mon silence, en flots de bonheur dont le clapotis venait mourir au pied de ces jeunes roses.

Pour un convalescent qui se repose tout le jour dans un jardin fleuri ou dans un verger, une odeur de fleurs et de fruits n'imprègne pas plus profondément les mille riens dont se compose son farniente que pour moi cette couleur, cet arôme que mes regards allaient chercher sur ces jeunes filles et dont la douceur finissait par s'incorporer à moi. Ainsi les raisins se sucrent-ils au soleil. Et par leur lente continuité, ces jeux si simples avaient aussi amené en moi, comme chez ceux qui ne font autre chose que rester étendus au bord de la mer, à respirer le sel, à se hâler, une détente, un sourire béat, un éblouissement vague qui avait gagné jusqu'à mes yeux.

Parfois une gentille attention de telle ou telle éveillait en moi d'amples vibrations qui éloignaient pour un temps le désir des autres. Ainsi un jour Albertine avait dit : « Qu'est-ce qui a un crayon ? » Andrée l'avait fourni, Rosemonde le papier, Albertine leur avait dit : « Mes petites bonnes femmes, je vous défends de regarder ce que j'écris. » Après s'être appliquée à bien tracer chaque lettre, le papier appuyé à ses genoux, elle me l'avait passé en me disant : « Faites attention qu'on ne voie pas. » Alors je l'avais déplié et j'avais lu ces mots qu'elle m'avait écrits : « Je vous aime bien. »

« Mais au lieu d'écrire des bêtises, cria-t-elle en se tournant d'un air impétueux et grave vers Andrée et Rosemonde, il faut que je vous montre la lettre que Gisèle m'a écrite ce matin. Je suis folle, je l'ai dans ma poche, et dire que cela peut nous être si utile ! » Gisèle avait cru devoir adresser à son amie, afin qu'elle la communiquât aux autres, la composition qu'elle avait faite pour son certificat d'études. Les craintes d'Albertine sur la difficulté des sujets proposés avaient encore été dépassées par les deux entre lesquels Gisèle avait eu à opter. L'un était : « Sophocle écrit des Enfers à Racine pour le consoler de l'insuccès d'*Athalie* » ; l'autre : « Vous supposerez qu'après la première représentation d'*Esther*, Mme de Sévigné écrit à Mme de la Fayette pour lui dire combien elle a regretté son absence. » Or Gisèle, par un excès de zèle qui avait dû toucher les examinateurs, avait choisi le premier, le plus difficile de ces deux sujets, et l'avait traité si remarquablement qu'elle avait eu quatorze et avait été félicitée par le jury. Elle aurait obtenu la mention « très bien » si elle n'avait « séché » dans son examen d'espagnol. La composition dont Gisèle avait envoyé la copie à Albertine nous fut immédiatement lue par celle-ci, car, devant elle-même passer le même examen, elle désirait beaucoup avoir l'avis d'Andrée, beaucoup plus forte qu'elles toutes et qui pouvait lui donner de bons tuyaux. « Elle en a eu une veine, dit Albertine. C'est justement un sujet que lui avait fait piocher ici sa maîtresse de français. » La lettre de Sophocle à Racine, rédigée par Gisèle, commençait ainsi : « Mon cher ami, excusez-moi de vous écrire sans avoir l'honneur d'être personnellement connu de vous, mais votre nouvelle tragédie d'*Athalie* ne montre-t-elle pas que vous avez parfaitement étudié mes modestes ouvrages ? Vous n'avez pas mis de vers que dans la bouche des protagonistes, ou personnages principaux du drame, mais vous en avez écrit, et de charmants, permettez-moi de vous le dire sans cajolerie, pour les chœurs qui ne faisaient pas trop mal à ce qu'on dit dans la tragédie grecque, mais qui sont en France une véritable nouveauté. De plus, votre talent, si délié, si fignolé, si charmeur, si fin, si délicat, a atteint à une énergie dont je vous félicite. Athalie, Joad, voilà des personnages que votre rival, Corneille, n'eût pas su mieux charpenter. Les caractères sont virils, l'intrigue est simple et forte. Voilà une tragédie dont l'amour n'est pas le ressort et je vous en fais mes compliments les plus sincères. Les préceptes les plus fameux ne sont pas toujours les plus vrais. Je vous citerai comme exemple : « De cette passion la sensible peinture est pour aller au cœur la route la plus sûre. » Vous avez montré que le sentiment religieux dont débordent vos chœurs n'est pas moins capable d'attendrir. Le grand public a pu être dérouté, mais les vrais connaisseurs vous rendent justice. J'ai tenu à vous envoyer toutes mes congratulations auxquelles je joins, mon cher confrère, l'expression de mes sentiments les plus distingués. » Les yeux d'Albertine n'avaient cessé d'étinceler pendant qu'elle faisait cette lecture.

« C'est à croire qu'elle a copié cela, s'écria-t-elle quand elle eut fini. Jamais je n'aurais cru Gisèle capable de pondre un devoir pareil. Et ces vers qu'elle cite ! Où a-t-elle pu aller chiper ça ? » L'admiration d'Albertine, changeant il est vrai d'objet, mais encore accrue, ne cessa pas, ainsi que l'application la plus soutenue, de lui faire « sortir les yeux de la tête » tout le temps qu'Andrée consultée comme plus grande et comme plus calée, d'abord parla du devoir de Gisèle avec une certaine ironie, puis, avec un air de légèreté qui dissimulait mal un sérieux véritable, refit à sa façon la même lettre. « Ce n'est pas mal, dit-elle à Albertine, mais si j'étais toi et qu'on me donne le même sujet, ce qui peut arriver, car on le donne très souvent, je ne ferais pas comme cela. Voilà comment je m'y prendrais. D'abord si j'avais été Gisèle je ne me serais pas laissée emballer et j'aurais commencé par écrire sur une feuille à part mon plan. En première ligne la position de la question et l'exposition du sujet, puis les idées générales à faire entrer dans le développement. Enfin l'appréciation, le style, la conclusion. Comme cela, en s'inspirant d'un sommaire, on sait où on va. Dès l'exposition du sujet ou si tu aimes mieux, Titine, puisque c'est une lettre, dès l'entrée en matière, Gisèle a gaffé. Écrivant à un homme du XVIIe siècle Sophocle ne devait pas écrire : « Mon cher ami. » – Elle aurait dû, en effet, lui faire dire : mon cher Racine, s'écria fougueusement Albertine. Ç'aurait été bien mieux. – Non, répondit Andrée sur un ton un peu persifleur, elle aurait dû mettre : « Monsieur ». De même pour finir elle aurait dû trouver quelque chose comme : « Souffrez, Monsieur (tout au plus, cher Monsieur), que je vous dise ici les sentiments d'estime avec lesquels j'ai l'honneur d'être votre serviteur. » D'autre part, Gisèle dit que les chœurs sont dans *Athalie* une nouveauté. Elle oublie *Esther*, et deux tragédies peu connues, mais qui ont été précisément analysées cette année par le Professeur, de sorte que rien qu'en les citant, comme c'est son dada, on est sûre d'être reçue. Ce sont : *Les Juives*, de Robert Garnier, et l'*Aman*, de Montchrestien. » Andrée cita ces deux titres sans parvenir à cacher un sentiment de bienveillante supériorité qui s'exprima dans un sourire, assez gracieux, d'ailleurs. Albertine n'y tint plus : « Andrée, tu es renversante, s'écria-t-elle. Tu vas m'écrire ces deux titres-là. Crois-tu ? quelle chance si je passais là-dessus, même à l'oral, je les citerais aussitôt et je ferais un effet bœuf. » Mais dans la suite chaque fois qu'Albertine demanda à Andrée de lui redire les noms des deux pièces pour qu'elle les inscrivît, l'amie si savante prétendait les avoir oubliés et ne les lui rappela jamais. « Ensuite, reprit Andrée sur un ton d'imperceptible dédain à l'égard de camarades plus puériles, mais heureuse pourtant de se faire admirer et attachant à la manière dont elle aurait fait sa composition plus d'importance qu'elle ne voulait le laisser voir, Sophocle aux Enfers doit être bien informé. Il doit donc savoir que ce n'est pas devant le grand public, mais devant le Roi-Soleil et quelques courtisans privilégiés que fut représentée *Athalie*. Ce que Gisèle a dit à ce propos de l'estime des connaisseurs n'est pas mal du tout, mais pourrait être complété. Sophocle devenu immortel peut très bien avoir le don de la prophétie et annoncer que selon Voltaire *Athalie* ne sera pas seulement « le chef-d'œuvre de Racine, mais celui de l'esprit humain ». Albertine buvait toutes ces paroles. Ses prunelles étaient en feu. Et c'est avec l'indignation la plus profonde qu'elle repoussa la proposition de Rosemonde de se mettre à jouer. « Enfin, dit Andrée du même ton détaché, désinvolte, un peu railleur et assez ardemment convaincu, si Gisèle avait posément noté d'abord les idées générales qu'elle avait à développer, elle aurait peut-être pensé à ce que j'aurais fait, moi, montrer la différence qu'il y a dans l'inspiration religieuse des chœurs de Sophocle et de ceux de Racine. J'aurais fait faire par Sophocle la remarque que si les chœurs de Racine sont empreints de sentiments religieux comme ceux de la tragédie grecque, pourtant il ne s'agit pas des mêmes dieux. Celui de Joad n'a rien à voir avec celui de Sophocle. Et cela amène tout naturellement, après la fin du développement, la conclusion : « Qu'importe que les croyances soient différentes. » Sophocle se ferait un scrupule d'insister là-dessus. Il craindrait de blesser les convictions de Racine et glissant à ce propos quelques mots sur ses maîtres de Port-Royal, il préfère féliciter son émule de l'élévation de son génie poétique. »

L'admiration et l'attention avaient donné si chaud à Albertine qu'elle suait à grosses gouttes. Andrée gardait le flegme souriant d'un dandy femelle. « Il ne serait pas mauvais non plus de citer quelques jugements des critiques célèbres », dit-elle, avant qu'on se remît à jouer. « Oui, répondit Albertine, on m'a dit cela. Les plus recommandables en général, n'est-ce pas, sont les jugements de Sainte-Beuve et de Merlet ? – Tu ne te trompes pas absolument, répliqua Andrée qui se refusa d'ailleurs à lui écrire les deux autres noms malgré les supplications d'Albertine, Merlet et Sainte-Beuve ne font pas mal. Mais il faut surtout citer Deltour et Gascq-Desfossés. »

Pendant ce temps, je songeais à la petite feuille de bloc-notes que m'avait passée Albertine : « Je vous aime bien », et une heure plus tard, tout en descendant les chemins qui ramenaient, un peu trop à pic à mon gré, vers Balbec, je me disais que c'était avec elle que j'aurais mon roman.

L'état caractérisé par l'ensemble des signes auxquels nous reconnaissons d'habitude que nous sommes amoureux, tels les ordres que je donnais à l'hôtel de ne m'éveiller pour aucune visite, sauf si c'était celle d'une ou l'autre de ces jeunes filles, ces battements de cœur en les attendant (quelle que fût celle qui dût venir), et ces jours-là ma rage si je n'avais pu trouver un coiffeur pour me raser et devais paraître enlaidi devant Albertine, Rosemonde ou Andrée ; sans doute cet état, renaissant alternativement pour l'une ou l'autre, était aussi différent de ce que nous appelons amour, que diffère de la vie humaine celle des zoophytes où l'existence, l'individualité si l'on peut dire, est répartie entre différents organismes. Mais l'histoire naturelle nous apprend qu'une telle organisation animale est observable, et que notre propre vie, pour peu qu'elle soit déjà un peu avancée, n'est pas moins affirmative sur la réalité d'états insoupçonnés de nous autrefois et par lesquels nous devons passer, quitte à les abandonner ensuite. Tel pour moi cet état amoureux divisé simultanément entre plusieurs jeunes filles. Divisé ou plutôt indivisé, car le plus souvent ce qui m'était délicieux, différent du reste du monde, ce qui commençait à me devenir cher au point que l'espoir de le retrouver le lendemain était la meilleure joie de ma vie, c'était plutôt tout le groupe de ces jeunes filles, pris dans l'ensemble de ces après-midi sur la falaise, pendant ces heures éventées, sur cette bande d'herbe où étaient posées ces figures, si excitantes pour mon imagination, d'Albertine, de Rosemonde, d'Andrée ; et cela, sans que j'eusse pu dire laquelle me rendait ces lieux si précieux, laquelle j'avais le plus envie d'aimer. Au commencement d'un amour comme à sa fin, nous ne sommes pas exclusivement attachés à l'objet de cet amour, mais plutôt le désir d'aimer dont il va procéder (et plus tard le souvenir qu'il laisse) erre voluptueusement dans une zone de charmes interchangeables – charmes parfois simplement de nature, de gourmandise, d'habitation – assez harmoniques entre eux pour qu'il ne se sente, auprès d'aucun, dépaysé. D'ailleurs comme, devant elles, je n'étais pas encore blasé par l'habitude, j'avais la faculté de les voir, autant dire d'éprouver un étonnement profond chaque fois que je me retrouvais en leur présence. Sans doute pour une part cet étonnement tient à ce que l'être nous présente alors une nouvelle face de lui-même ; mais tant est grande la multiplicité de chacun, de la richesse des lignes de son visage et de son corps, lignes desquelles si peu se retrouvent aussitôt que nous ne sommes plus auprès de la personne, dans la simplicité arbitraire de notre souvenir, comme la mémoire a choisi telle particularité qui nous a frappés, l'a isolée, l'a exagérée, faisant d'une femme qui nous a paru grande une étude où la longueur de sa taille est démesurée, ou d'une femme qui nous a semblé rose et blonde une pure « Harmonie en rose et or », au moment où de nouveau cette femme est près de nous, toutes les autres qualités oubliées qui font équilibre à celle-là nous assaillent, dans leur complexité confuse, diminuant la hauteur, noyant le rose, et substituant à ce que nous sommes venus exclusivement chercher d'autres particularités que nous nous rappelons avoir remarquées la première fois et dont nous ne comprenons pas que nous ayons pu si peu nous attendre à les revoir. Nous nous souvenons, nous allons au devant d'un paon et nous trouvons une pivoine. Et cet étonnement inévitable n'est pas le seul ; car à côté de celui-là il y en a un autre né de la différence, non plus entre les stylisations du souvenir et la réalité, mais entre l'être que nous avons vu la dernière fois, et celui qui nous apparaît aujourd'hui sous un autre angle, nous montrant un nouvel aspect. Le visage humain est vraiment comme celui du Dieu d'une théogénie orientale, toute une grappe de visages juxtaposés dans des plans différents et qu'on ne voit pas à la fois.

Mais pour une grande part, notre étonnement vient surtout de ce que l'être nous présente aussi une même face. Il nous faudrait un si grand effort pour recréer tout ce qui nous a été fourni par ce qui n'est pas nous – fût-ce le goût d'un fruit – qu'à peine l'impression reçue, nous descendons insensiblement la pente du souvenir et sans nous en rendre compte, en très peu de temps, nous sommes très loin de ce que nous avons senti. De sorte que chaque entrevue est une espèce de redressement qui nous ramène à ce que nous avions bien vu. Nous ne nous en souvenions déjà tant ce qu'on appelle se rappeler un être c'est en réalité l'oublier. Mais aussi longtemps que nous savons encore voir, au moment où le trait oublié nous apparaît, nous le reconnaissons, nous sommes obligés de rectifier la ligne déviée, et ainsi la perpétuelle et féconde surprise qui rendait si salutaires et assouplissants pour moi ces rendez-vous quotidiens avec les belles jeunes filles du bord de la mer était faite, tout autant que de découvertes, de réminiscence. En ajoutant à cela l'agitation éveillée par ce qu'elles étaient pour moi, qui n'était jamais tout à fait ce que j'avais cru et qui faisait que l'espérance de la prochaine réunion n'était plus semblable à la précédente espérance, mais au souvenir encore vibrant du dernier entretien, on comprendra que chaque promenade donnait un violent coup de barre à mes pensées, et non pas du tout dans le sens que, dans la solitude de ma chambre, j'avais pu tracer à tête reposée. Cette direction-là était oubliée, abolie, quand je rentrais vibrant comme une ruche des propos qui m'avaient troublé, et qui retentissaient longtemps en moi. Chaque être est détruit quand nous cessons de le voir ; puis son apparition suivante est une création nouvelle, différente de celle qui l'a immédiatement précédée, sinon de toutes. Car le minimum de variété qui puisse régner dans ces créations est de deux. Nous souvenant d'un coup d'œil énergique, d'un air hardi, c'est inévitablement la fois suivante par un profil quasi languide, par une sorte de douceur rêveuse, choses négligées par nous dans le précédent souvenir, que nous serons, à la prochaine rencontre, étonnés, c'est-à-dire presque uniquement frappés. Dans la confrontation de notre souvenir à la nouvelle réalité, c'est cela qui marquera notre déception ou notre surprise, nous apparaîtra comme la retouche de la réalité en nous avertissant que nous nous étions mal rappelés. À son tour l'aspect, la dernière fois négligé, du visage, et à cause de cela même le plus saisissant cette fois-ci, le plus réel, le plus rectificatif, deviendra matière à rêverie, à souvenirs. C'est un profil langoureux et rond, une expression douce, rêveuse que nous désirerons revoir. Et alors de nouveau la fois suivante, ce qu'il y a de volontaire dans les yeux perçants, dans le nez pointu, dans les lèvres serrées, viendra corriger l'écart entre notre désir et l'objet auquel il a cru correspondre. Bien entendu, cette fidélité aux impressions premières, et purement physiques, retrouvées à chaque fois auprès de mes amies, ne concernait pas que les traits de leur visage puisqu'on a vu que j'étais aussi sensible à leur voix, plus troublante peut-être (car elle n'offre pas seulement les mêmes surfaces singulières et sensuelles que lui, elle fait partie de l'abîme inaccessible qui donne le vertige des baisers sans espoir), leur voix pareille au son unique d'un petit instrument, où chacune se mettait tout entière et qui n'était qu'à elle. Tracée par une inflexion, telle ligne profonde d'une de ces voix m'étonnait quand je la reconnaissais après l'avoir oubliée. Si bien que les rectifications qu'à chaque rencontre nouvelle j'étais obligé de faire, pour le retour à la parfaite justesse, étaient aussi bien d'un accordeur ou d'un maître de chant que d'un dessinateur.

Quant à l'harmonieuse cohésion où se neutralisaient depuis quelque temps, par la résistance que chacune apportait à l'expansion des autres, les diverses ondes sentimentales propagées en moi par ces jeunes filles, elle fut rompue en faveur d'Albertine, une après-midi que nous jouions au furet. C'était dans un petit bois sur la falaise. Placé entre deux jeunes filles étrangères à la petite bande et que celle-ci avait emmenées parce que nous devions être ce jour-là fort nombreux, je regardais avec envie le voisin d'Albertine, un jeune homme, en me disant que si j'avais eu sa place, j'aurais pu toucher les mains de mon amie pendant ces minutes inespérées qui ne reviendraient peut-être pas, et eussent pu me conduire très loin. Déjà à lui seul et même sans les conséquences qu'il eût entraînées sans doute, le contact des mains d'Albertine m'eût été délicieux. Non que je n'eusse jamais vu de plus belles mains que les siennes. Même dans le groupe de ses amies, celles d'Andrée, maigres et bien plus fines, avaient comme une vie particulière, docile au commandement de la jeune fille, mais indépendante, et elles s'allongeaient souvent devant elle comme de nobles lévriers, avec des paresses, de longs rêves, de brusques étirements d'une phalange, à cause desquels Elstir avait fait plusieurs études de ces mains. Et dans l'une où on voyait Andrée les chauffer devant le feu, elles avaient sous l'éclairage la diaphanéité dorée de deux feuilles d'automne. Mais, plus grasses, les mains d'Albertine cédaient un instant, puis résistaient à la pression de la main qui les serrait, donnant une sensation toute particulière. La pression de la main d'Albertine avait une douceur sensuelle qui était comme en harmonie avec la coloration rose, légèrement mauve, de sa peau. Cette pression semblait vous faire pénétrer dans la jeune fille, dans la profondeur de ses sens, comme la sonorité de son rire, indécent à la façon d'un roucoulement ou de certains cris. Elle était de ces femmes à qui c'est un si grand plaisir de serrer la main qu'on est reconnaissant à la civilisation d'avoir fait du shake-hand un acte permis entre jeunes gens et jeunes filles qui s'abordent. Si les habitudes arbitraires de la politesse avaient remplacé la poignée de mains par un autre geste, j'eusse tous les jours regardé les mains intangibles d'Albertine avec une curiosité de connaître leur contact aussi ardente qu'était celle de savoir la saveur de ses joues. Mais dans le plaisir de tenir longtemps ses mains entre les miennes, si j'avais été son voisin au furet, je n'envisageais pas que ce plaisir même ; que d'aveux, de déclarations tus jusqu'ici par timidité j'aurais pu confier à certaines pressions de mains ; de son côté, comme il lui eût été facile en répondant par d'autres pressions de me montrer qu'elle acceptait ; quelle complicité, quel commencement de volupté ! Mon amour pouvait faire plus de progrès en quelques minutes passées ainsi à côté d'elle qu'il n'avait fait depuis que je la connaissais. Sentant qu'elles dureraient peu, étaient bientôt à leur fin, car on ne continuerait sans doute pas longtemps ce petit jeu, et qu'une fois qu'il serait fini, ce serait trop tard, je ne tenais pas en place. Je me laissai exprès prendre la bague et une fois au milieu, quand elle passa je fis semblant de ne pas m'en apercevoir et la suivis des yeux attendant le moment où elle arriverait dans les mains du voisin d'Albertine, laquelle riant de toutes ses forces, et dans l'animation et la joie du jeu, était toute rose. « Nous sommes justement dans le bois joli », me dit Andrée en me désignant les arbres qui nous entouraient, avec un sourire du regard qui n'était que pour moi et semblait passer par-dessus les joueurs, comme si nous deux étions seuls assez intelligents pour nous dédoubler et faire à propos du jeu une remarque d'un caractère poétique. Elle poussa même la délicatesse d'esprit jusqu'à chanter sans en avoir envie : « Il a passé par ici le furet du Bois, Mesdames, il a passé par ici le furet du Bois joli », comme les personnes qui ne peuvent aller à Trianon sans y donner une fête Louis XVI ou qui trouvent piquant de faire chanter un air dans le cadre pour lequel il fut écrit. J'eusse sans doute été au contraire attristé de ne pas trouver du charme à cette réalisation, si j'avais eu le loisir d'y penser. Mais mon esprit était bien ailleurs. Joueurs et joueuses commençaient à s'étonner de ma stupidité et que je ne prisse pas la bague. Je regardais Albertine si belle, si indifférente, si gaie, qui, sans le prévoir, allait devenir ma voisine quand enfin j'arrêterais la bague dans les mains qu'il faudrait, grâce à un manège qu'elle ne soupçonnait pas et dont sans cela elle se fût irritée. Dans la fièvre du jeu, les longs cheveux d'Albertine s'étaient à demi défaits et, en mèches bouclées, tombaient sur ses joues dont ils faisaient encore mieux ressortir, par leur brune sécheresse, la rose carnation. « Vous avez les tresses de Laura Dianti, d'Éléonore de Guyenne, et de sa descendante si aimée de Chateaubriand. Vous devriez porter toujours les cheveux un peu tombants », lui dis-je à l'oreille pour me rapprocher d'elle. Tout d'un coup la bague passa au voisin d'Albertine. Aussitôt je m'élançai, lui ouvris brutalement les mains, saisis la bague ; il fut obligé d'aller à ma place au milieu du cercle et je pris la sienne à côté d'Albertine. Peu de minutes auparavant, j'enviais ce jeune homme quand je voyais que ses mains en glissant sur la ficelle rencontraient à tout moment celles d'Albertine. Maintenant que mon tour était venu, trop timide pour rechercher, trop ému pour goûter ce contact, je ne sentais plus rien que le battement rapide et douloureux de mon cœur. À un moment, Albertine pencha vers moi d'un air d'intelligence sa figure pleine et rose, faisant semblant d'avoir la bague, afin de tromper le furet et de l'empêcher de regarder du côté où celle-ci était en train de passer. Je compris tout de suite que c'était à cette ruse que s'appliquaient les sous-entendus du regard d'Albertine, mais je fus troublé en voyant ainsi passer dans ses yeux l'image purement simulée pour les besoins du jeu, d'un secret, d'une entente qui n'existaient pas entre elle et moi, mais qui dès lors me semblèrent possibles et m'eussent été divinement doux. Comme cette pensée m'exaltait, je sentis une légère pression de la main d'Albertine contre la mienne, et son doigt caressant qui se glissait sous mon doigt, et je vis qu'elle m'adressait en même temps un clin d'œil qu'elle cherchait à rendre imperceptible. D'un seul coup, une foule d'espoirs jusque-là invisibles à moi-même cristallisèrent : « Elle profite du jeu pour me faire sentir qu'elle m'aime bien », pensai-je au comble d'une joie d'où je retombai aussitôt quand j'entendis Albertine me dire avec rage : « Mais prenez-là donc, voilà une heure que je vous la passe. » Étourdi de chagrin, je lâchai la ficelle, le furet aperçut la bague, se jeta sur elle, je dus me remettre au milieu, désespéré, regardant la ronde effrénée qui continuait autour de moi, interpellé par les moqueries de toutes les joueuses, obligé, pour y répondre, de rire quand j'en avais si peu envie, tandis qu'Albertine ne cessait de dire : « On ne joue pas quand on ne veut pas faire attention et pour faire perdre les autres. On ne l'invitera plus les jours où on jouera, Andrée, ou bien moi je ne viendrai pas. » Andrée, supérieure au jeu et qui chantait son « Bois joli » que, par esprit d'imitation, reprenait sans conviction Rosemonde, voulut faire diversion aux reproches d'Albertine en me disant : « Nous sommes à deux pas de ces Creuniers que vous vouliez tant voir. Tenez, je vais vous mener jusque-là par un joli petit chemin pendant que ces folles font les enfants de huit ans. » Comme Andrée était extrêmement gentille avec moi, en route je lui dis d'Albertine tout ce qui me semblait propre à me faire aimer de celle-ci. Elle me répondit qu'elle aussi l'aimait beaucoup, la trouvait charmante ; pourtant mes compliments à l'adresse de son amie n'avaient pas l'air de lui faire plaisir. Tout d'un coup dans le petit chemin creux, je m'arrêtai touché au cœur par un doux souvenir d'enfance : je venais de reconnaître, aux feuilles découpées et brillantes qui s'avançaient sur le seuil, un buisson d'aubépines défleuries, hélas, depuis la fin du printemps. Autour de moi flottait une atmosphère d'anciens mois de Marie, d'après-midi du dimanche, de croyances, d'erreurs oubliées. J'aurais voulu la saisir. Je m'arrêtai une seconde et Andrée, avec une divination charmante, me laissa causer un instant avec les feuilles de l'arbuste. Je leur demandai des nouvelles des fleurs, ces fleurs de l'aubépine pareilles à de gaies jeunes filles étourdies, coquettes et pieuses. « Ces demoiselles sont parties depuis déjà longtemps », me disaient les feuilles. Et peut-être pensaient-elles que pour le grand ami d'elles que je prétendais être, je ne semblais guère renseigné sur leurs habitudes. Un grand ami, mais qui ne les avais pas revues depuis tant d'années malgré ses promesses. Et pourtant, comme Gilberte avait été mon premier amour pour une jeune fille, elles avaient été mon premier amour pour une fleur. « Oui, je sais, elles s'en vont vers la mi-juin, répondis-je, mais cela me fait plaisir de voir l'endroit qu'elles habitaient ici. Elles sont venues me voir à Combray dans ma chambre, amenées par ma mère quand j'étais malade. Et nous nous retrouvions le samedi soir au mois de Marie. Elles peuvent y aller ici ? – Oh ! naturellement ! Du reste on tient beaucoup à avoir ces demoiselles à l'église de Saint-Denis du Désert, qui est la paroisse la plus voisine. – Alors maintenant pour les voir ? – Oh ! pas avant le mois de mai de l'année prochaine. – Mais je peux être sûr qu'elles seront là ? – Régulièrement tous les ans. – Seulement je ne sais pas si je retrouverai bien la place. – Que si ! ces demoiselles sont si gaies, elles ne s'interrompent de rire que pour chanter des cantiques, de sorte qu'il n'y a pas d'erreur possible et que du bout du sentier vous reconnaîtrez leur parfum. »

Je rejoignis Andrée, recommençai à lui faire des éloges d'Albertine. Il me semblait impossible qu'elle ne les lui répétât pas, étant donnée l'insistance que j'y mis. Et pourtant je n'ai jamais appris qu'Albertine les eût sus. Andrée avait pourtant bien plus qu'elle l'intelligence des choses du cœur, le raffinement dans la gentillesse ; trouver le regard, le mot, l'action, qui pouvaient le plus ingénieusement faire plaisir, taire une réflexion qui risquait de peiner, faire le sacrifice (et en ayant l'air que ce ne fût pas un sacrifice) d'une heure de jeu, voire d'une matinée, d'une garden-party, pour rester auprès d'un ami ou d'une amie triste et lui montrer ainsi qu'elle préférait sa simple société à des plaisirs frivoles, telles étaient ses délicatesses coutumières. Mais quand on la connaissait un peu plus, on aurait dit qu'il en était d'elle comme de ces héroïques poltrons qui ne veulent pas avoir peur, et de qui la bravoure est particulièrement méritoire ; on aurait dit qu'au fond de sa nature, il n'y avait rien de cette bonté qu'elle manifestait à tout moment par distinction morale, par sensibilité, par noble volonté de se montrer bonne amie. À écouter les charmantes choses qu'elle me disait d'une affection possible entre Albertine et moi, il semblait qu'elle eût dû travailler de toutes ses forces à la réaliser. Or, par hasard peut-être, du moindre des riens dont elle avait la disposition et qui eussent pu m'unir à Albertine, elle ne fit jamais usage, et je ne jurerais pas que mon effort pour être aimé d'Albertine n'ait, sinon provoqué de la part de son amie des manèges secrets destinés à le contrarier, mais éveillé en elle une colère bien cachée d'ailleurs, et contre laquelle par délicatesse elle luttait peut-être elle-même. De mille raffinements de bonté qu'avait Andrée, Albertine eût été incapable, et cependant je n'étais pas certain de la bonté profonde de la première comme je le fus plus tard de celle de la seconde. Se montrant toujours tendrement indulgente à l'exubérante frivolité d'Albertine, Andrée avait avec elle des paroles, des sourires qui étaient d'une amie, bien plus elle agissait en amie. Je l'ai vue, jour par jour, pour faire profiter de son luxe, pour rendre heureuse cette amie pauvre, prendre, sans y avoir aucun intérêt, plus de peine qu'un courtisan qui veut capter la faveur du souverain. Elle était charmante de douceur, de mots tristes et délicieux, quand on plaignait devant elle la pauvreté d'Albertine, et se donnait mille fois plus de peine pour elle qu'elle n'eût fait pour une amie riche. Mais si quelqu'un avançait qu'Albertine n'était peut-être pas aussi pauvre qu'on disait, un nuage à peine discernable voilait le front et les yeux d'Andrée ; elle semblait de mauvaise humeur. Et si on allait jusqu'à dire qu'après tout elle serait peut-être moins difficile à marier qu'on pensait, elle vous contredisait avec force et répétait presque rageusement : « Hélas si, elle sera immariable ! Je le sais bien, cela me fait assez de peine ! » Même, en ce qui me concernait, elle était la seule de ces jeunes filles qui jamais ne m'eût répété quelque chose de peu agréable qu'on avait pu dire de moi ; bien plus, si c'était moi-même qui le racontais, elle faisait semblant de ne pas le croire ou en donnait une explication qui rendît le propos inoffensif ; c'est l'ensemble de ces qualités qui s'appelle le tact. Il est l'apanage des gens qui, si nous allons sur le terrain, nous félicitent et ajoutent qu'il n'y avait pas lieu de le faire, pour augmenter encore à nos yeux le courage dont nous avons fait preuve, sans y avoir été contraint. Ils sont l'opposé des gens qui dans la même circonstance disent : « Cela a dû bien vous ennuyer de vous battre, mais d'un autre côté vous ne pouviez pas avaler un tel affront, vous ne pouviez faire autrement. » Mais comme en tout il y a du pour et du contre, si le plaisir ou du moins l'indifférence de nos amis à nous répéter quelque chose d'offensant qu'on a dit sur nous prouve qu'ils ne se mettent guère dans notre peau au moment où ils nous parlent, et y enfoncent l'épingle et le couteau comme dans de la baudruche, l'art de nous cacher toujours ce qui peut nous être désagréable dans ce qu'ils ont entendu dire de nos actions, ou dans l'opinion qu'elles leur ont à eux-mêmes inspirée, peut prouver chez l'autre catégorie d'amis, chez les amis pleins de tact, une forte dose de dissimulation. Elle est sans inconvénient si, en effet, ils ne peuvent penser du mal et si celui qu'on dit les fait seulement souffrir comme il nous ferait souffrir nous-mêmes. Je pensais que tel était le cas pour Andrée sans en être cependant absolument sûr.

Nous étions sortis du petit bois et avions suivi un lacis de chemins assez peu fréquentés où Andrée se retrouvait fort bien. « Tenez, me dit-elle tout à coup, voici vos fameux Creuniers, et encore vous avez de la chance, juste par le temps, dans la lumière où Elstir les a peints. » Mais j'étais encore trop triste d'être tombé pendant le jeu du furet d'un tel faîte d'espérances. Aussi ne fût-ce pas avec le plaisir que j'aurais sans doute éprouvé que je pus distinguer tout d'un coup à mes pieds, tapies entre les roches où elles se protégeaient contre la chaleur, les Déesses marines qu'Elstir avait guettées et surprises, sous un sombre glacis aussi beau qu'eût été celui d'un Léonard, les merveilleuses Ombres abritées et furtives, agiles et silencieuses, prêtes, au premier remous de lumière, à se glisser sous la pierre, à se cacher dans un trou, et promptes, la menace du rayon passée, à revenir auprès de la roche ou de l'algue, sous le soleil émietteur des falaises et de l'Océan décoloré dont elles semblent veiller l'assoupissement, gardiennes immobiles et légères, laissant paraître à fleur d'eau leur corps gluant et le regard attentif de leurs yeux foncés.

Nous allâmes retrouver les autres jeunes filles pour rentrer. Je savais maintenant que j'aimais Albertine ; mais hélas ! je ne me souciais pas de le lui apprendre. C'est que, depuis le temps des jeux aux Champs-Élysées, ma conception de l'amour était devenue différente, si les êtres auxquels s'attachaient successivement mon amour demeuraient presque identiques. D'une part l'aveu, la déclaration de ma tendresse à celle que j'aimais ne me semblait plus une des scènes capitales et nécessaires de l'amour ; ni celui-ci, une réalité extérieure mais seulement un plaisir subjectif. Et ce plaisir, je sentais qu'Albertine ferait d'autant plus ce qu'il fallait pour l'entretenir qu'elle ignorerait que je l'éprouvais.

Pendant tout ce retour, l'image d'Albertine noyée dans la lumière qui émanait des autres jeunes filles ne fut pas seule à exister pour moi. Mais comme la lune, qui n'est qu'un petit nuage blanc d'une forme plus caractérisée et plus fixe pendant le jour, prend toute sa puissance dès que celui-ci s'est éteint, ainsi quand je fus rentré à l'hôtel ce fut la seule image d'Albertine qui s'éleva de mon cœur et se mit à briller. Ma chambre me semblait tout d'un coup nouvelle. Certes, il y avait bien longtemps qu'elle n'était plus la chambre ennemie du premier soir. Nous modifions inlassablement notre demeure autour de nous ; et, au fur et à mesure que l'habitude nous dispense de sentir, nous supprimons les éléments nocifs de couleur, de dimension et d'odeur qui objectivaient notre malaise. Ce n'était plus davantage la chambre, assez puissante encore sur ma sensibilité, non certes pour me faire souffrir, mais pour me donner de la joie, la cuve des beaux jours, semblable à une piscine à mi-hauteur de laquelle ils faisaient miroiter un azur mouillé de lumière, que recouvrait un moment, impalpable et blanche comme une émanation de la chaleur, une voile reflétée et fuyante ; ni la chambre purement esthétique des soirs picturaux ; c'était la chambre où j'étais depuis tant de jours que je ne la voyais plus. Or voici que je venais de recommencer à ouvrir les yeux sur elle, mais cette fois-ci de ce point de vue égoïste qui est celui de l'amour. Je songeais que la belle glace oblique, les élégantes bibliothèques vitrées donneraient à Albertine si elle venait me voir une bonne idée de moi. À la place d'un lieu de transition où je passais un instant avant de m'évader vers la plage ou vers Rivebelle, ma chambre me redevenait réelle et chère, se renouvelait, car j'en regardais et en appréciais chaque meuble avec les yeux d'Albertine.

Quelques jours après la partie de furet, comme nous étant laissés entraîner trop loin dans une promenade nous avions été fort heureux de trouver à Maineville deux petits « tonneaux » à deux places qui nous permettraient de revenir pour l'heure du dîner, la vivacité déjà grande de mon amour pour Albertine eut pour effet que ce fut successivement à Rosemonde et à Andrée que je proposai de monter avec moi, et pas une fois à Albertine ; ensuite que, tout en invitant de préférence Andrée ou Rosemonde, j'amenai tout le monde, par des considérations secondaires d'heure, de chemin et de manteaux, à décider comme contre mon gré que le plus pratique était que je prisse avec moi Albertine, à la compagnie de laquelle je feignis de me résigner tant bien que mal. Malheureusement l'amour tendant à l'assimilation complète d'un être, comme aucun n'est comestible par la seule conversation, Albertine eut beau être aussi gentille que possible pendant ce retour, quand je l'eus déposée chez elle, elle me laissa heureux, mais plus affamé d'elle encore que je n'étais au départ, et ne comptant les moments que nous venions de passer ensemble que comme un prélude, sans grande importance par lui-même, à ceux qui suivraient. Il avait pourtant ce premier charme qu'on ne retrouve pas. Je n'avais encore rien demandé à Albertine. Elle pouvait imaginer ce que je désirais, mais n'en étant pas sûre, supposer que je ne tendais qu'à des relations sans but précis auxquelles mon amie devait trouver ce vague délicieux, riche de surprises attendues, qui est le romanesque.

Dans la semaine qui suivit je ne cherchai guère à voir Albertine. Je faisais semblant de préférer Andrée. L'amour commence, on voudrait rester pour celle qu'on aime l'inconnu qu'elle peut aimer, mais on a besoin d'elle, on a besoin de toucher moins son corps que son attention, son cœur. On glisse dans une lettre une méchanceté qui forcera l'indifférente à vous demander une gentillesse, et l'amour, suivant une technique infaillible, resserre pour nous d'un mouvement alterné l'engrenage dans lequel on ne peut plus ni ne pas aimer, ni être aimé. Je donnais à Andrée les heures où les autres allaient à quelque matinée que je savais qu'Andrée me sacrifierait, par plaisir, et qu'elle m'eût sacrifiées même avec ennui, par élégance morale, pour ne pas donner aux autres ni à elle-même l'idée qu'elle attachait du prix à un plaisir relativement mondain. Je m'arrangeais ainsi à l'avoir chaque soir toute à moi, pensant non pas rendre Albertine jalouse, mais accroître à ses yeux mon prestige ou du moins ne pas le perdre en apprenant à Albertine que c'était elle et non Andrée que j'aimais. Je ne le disais pas non plus à Andrée de peur qu'elle le lui répétât. Quand je parlais d'Albertine avec Andrée, j'affectais une froideur dont Andrée fut peut-être moins dupe que moi de sa crédulité apparente. Elle faisait semblant de croire à mon indifférence pour Albertine, de désirer l'union la plus complète possible entre Albertine et moi. Il est probable qu'au contraire elle ne croyait pas à la première ni ne souhaitait la seconde. Pendant que je lui disais me soucier assez peu de son amie, je ne pensais qu'à une chose, tâcher d'entrer en relations avec Mme Bontemps qui était pour quelques jours près de Balbec et chez qui Albertine devait bientôt aller passer trois jours. Naturellement, je ne laissais pas voir ce désir à Andrée, et, quand je lui parlais de la famille d'Albertine, c'était de l'air le plus inattentif. Les réponses explicites d'Andrée ne paraissaient pas mettre en doute ma sincérité. Pourquoi donc lui échappa-t-il un de ces jours-là de me dire : « J'ai *justement* vu la tante à Albertine » ? Certes elle ne m'avait pas dit : « J'ai bien démêlé sous vos paroles, jetées comme par hasard, que vous ne pensiez qu'à vous lier avec la tante d'Albertine. » Mais c'est bien à la présence, dans l'esprit d'Andrée, d'une telle idée qu'elle trouvait plus poli de me cacher, que semblait se rattacher le mot « justement ». Il était de la famille de certains regards, de certains gestes, qui bien que n'ayant pas une forme logique, rationnelle, directement élaborée pour l'intelligence de celui qui écoute, lui parviennent cependant avec leur signification véritable, de même que la parole humaine, changée en électricité dans le téléphone, se refait parole pour être entendue. Afin d'effacer de l'esprit d'Andrée l'idée que je m'intéressais à Mme Bontemps, je ne parlai plus d'elle avec distraction seulement, mais avec bienveillance ; je dis avoir rencontré autrefois cette espèce de folle et que j'espérais bien que cela ne m'arriverait plus. Or je cherchais au contraire de toute façon à la rencontrer.

Je tâchai d'obtenir d'Elstir, mais sans dire à personne que je l'en avais sollicité, qu'il lui parlât de moi et me réunît avec elle. Il me promit de me la faire connaître, s'étonnant toutefois que je le souhaitasse, car il la jugeait une femme méprisable, intrigante et aussi inintéressante qu'intéressée. Pensant que, si je voyais Mme Bontemps, Andrée le saurait tôt ou tard, je crus qu'il valait mieux l'avertir. « Les choses qu'on cherche le plus à fuir sont celles qu'on arrive à ne pouvoir éviter, lui dis-je. Rien au monde ne peut m'ennuyer autant que de retrouver Mme Bontemps, et pourtant je n'y échapperai pas, Elstir doit m'inviter avec elle. – Je n'en ai jamais douté un seul instant », s'écria Andrée d'un ton amer, pendant que son regard grandi et altéré par le mécontentement se rattachait à je ne sais quoi d'invisible. Ces paroles d'Andrée ne constituaient pas l'exposé le plus ordonné d'une pensée qui peut se résumer ainsi : « Je sais bien que vous aimez Albertine et que vous faites des pieds et des mains pour vous rapprocher de sa famille. » Mais elles étaient les débris informes et reconstituables de cette pensée que j'avais fait exploser, en la heurtant, malgré Andrée. De même que le « justement », ces paroles n'avaient de signification qu'au second degré, c'est-à-dire qu'elles étaient celles qui (et non pas les affirmations directes) nous inspirent de l'estime ou de la méfiance à l'égard de quelqu'un, nous brouillent avec lui.

Puisque Andrée ne m'avait pas cru quand je lui disais que la famille d'Albertine m'était indifférente, c'est qu'elle pensait que j'aimais Albertine. Et probablement n'en était-elle pas heureuse.

Elle était généralement en tiers dans mes rendez-vous avec son amie. Cependant il y avait des jours où je devais voir Albertine seule, jours que j'attendais dans la fièvre, qui passaient sans rien m'apporter de décisif, sans avoir été ce jour capital dont je confiais immédiatement le rôle au jour suivant, qui ne le tiendrait pas davantage ; ainsi s'écroulaient l'un après l'autre, comme des vagues, ces sommets aussitôt remplacés par d'autres.

Environ un mois après le jour où nous avions joué au furet, on me dit qu'Albertine devait partir le lendemain matin pour aller passer quarante-huit heures chez Mme Bontemps, et qu'obligée de prendre le train de bonne heure, elle viendrait coucher la veille au Grand-Hôtel, d'où avec l'omnibus elle pourrait, sans déranger les amies chez qui elle habitait, prendre le premier train. J'en parlai à Andrée. « Je ne le crois pas du tout, me répondit Andrée d'un air mécontent. D'ailleurs cela ne vous avancerait à rien, car je suis bien certaine qu'Albertine ne voudra pas vous voir, si elle vient seule à l'hôtel. Ce ne serait pas protocolaire, ajouta-t-elle en usant d'un adjectif qu'elle aimait beaucoup, depuis peu, dans le sens de « ce qui se fait ». Je vous dis cela parce que je connais les idées d'Albertine. Moi, qu'est-ce que vous voulez que cela me fasse que vous la voyiez ou non ? Cela m'est bien égal. »

Nous fûmes rejoints par Octave qui ne fit pas de difficulté pour dire à Andrée le nombre de points qu'il avait faits la veille au golf, puis par Albertine qui se promenait en manœuvrant son diabolo comme une religieuse son chapelet. Grâce à ce jeu elle pouvait rester des heures seule sans s'ennuyer. Aussitôt qu'elle nous eut rejoints m'apparut la pointe mutine de son nez, que j'avais omise en pensant à elle ces derniers jours ; sous ses cheveux noirs, la verticalité de son front s'opposa, et ce n'était pas la première fois, à l'image indécise que j'en avais gardée, tandis que par sa blancheur il mordait fortement dans mes regards ; sortant de la poussière du souvenir, Albertine se reconstruisait devant moi. Le golf donne l'habitude des plaisirs solitaires. Celui que procure le diabolo l'est assurément.

Pourtant après nous avoir rejoints, Albertine continua à y jouer, tout en causant avec nous, comme une dame à qui des amies sont venues faire une visite ne s'arrête pas pour cela de travailler à son crochet. « Il paraît que Mme de Villeparisis, dit-elle à Octave, a fait une réclamation auprès de votre père » (et j'entendis derrière ce mot une de ces notes qui étaient propres à Albertine ; chaque fois que je constatais que je les avais oubliées, je me rappelais en même temps avoir entr'aperçu déjà derrière elles la mine décidée et française d'Albertine. J'aurais pu être aveugle et connaître aussi bien certaines de ses qualités alertes et un peu provinciales dans ces notes-là que dans la pointe de son nez. Les unes et l'autre se valaient et auraient pu se suppléer et sa voix était comme celle que réalisera, dit-on, le photo-téléphone de l'avenir : dans le son se découpait nettement l'image visuelle). « Elle n'a du reste pas écrit seulement à votre père, mais en même temps au maire de Balbec pour qu'on ne joue plus au diabolo sur la digue, on lui a envoyé une balle dans la figure. – Oui, j'ai entendu parler de cette réclamation. C'est ridicule. Il n'y a déjà pas tant de distractions ici. » Andrée ne se mêla pas à la conversation, elle ne connaissait pas, non plus d'ailleurs qu'Albertine ni Octave, Mme de Villeparisis. « Je ne sais pas pourquoi cette dame a fait toute une histoire, dit pourtant Andrée, la vieille Mme de Cambremer a reçu une balle aussi et elle ne s'est pas plainte. – Je vais vous expliquer la différence, répondit gravement Octave en frottant une allumette, c'est qu'à mon avis, Mme de Cambremer est une femme du monde et Mme de Villeparisis est une arriviste. Est-ce que vous irez au golf cette après-midi ? » et il nous quitta, ainsi qu'Andrée. Je restai seul avec Albertine. « Voyez-vous, me dit-elle, j'arrange maintenant mes cheveux comme vous les aimez, regardez ma mèche. Tout le monde se moque de cela et personne ne sait pour qui je le fais. Ma tante va se moquer de moi aussi. Je ne lui dirai pas non plus la raison. » Je voyais de côté les joues d'Albertine qui souvent paraissaient pâles, mais ainsi, étaient arrosées d'un sang clair qui les illuminait, leur donnait ce brillant qu'ont certaines matinées d'hiver où les pierres partiellement ensoleillées semblent être du granit rose et dégagent de la joie. Celle que me donnait en ce moment la vue des joues d'Albertine était aussi vive, mais conduisait à un autre désir qui n'était pas celui de la promenade mais du baiser. Je lui demandai si les projets qu'on lui prêtait étaient vrais : « Oui, me dit-elle, je passe cette nuit-là à votre hôtel et même comme je suis un peu enrhumée, je me coucherai avant le dîner. Vous pourrez venir assister à mon dîner à côté de mon lit et après nous jouerons à ce que vous voudrez. J'aurais été contente que vous veniez à la gare demain matin, mais j'ai peur que cela ne paraisse drôle, je ne dis pas à Andrée qui est intelligente, mais aux autres qui y seront ; ça ferait des histoires si on le répétait à ma tante ; mais nous pourrions passer cette soirée ensemble. Cela, ma tante n'en saura rien. Je vais dire au revoir à Andrée. Alors à tout à l'heure. Venez tôt pour que nous ayons de bonnes heures à nous », ajouta-t-elle en souriant. À ces mots, je remontai plus loin qu'aux temps où j'aimais Gilberte à ceux où l'amour me semblait une entité non pas seulement extérieure mais réalisable. Tandis que la Gilberte que je voyais aux Champs-Élysées était une autre que celle que je retrouvais en moi dès que j'étais seul, tout d'un coup dans l'Albertine réelle, celle que je voyais tous les jours, que je croyais pleine de préjugés bourgeois et si franche avec sa tante, venait de s'incarner l'Albertine imaginaire, celle par qui, quand je ne la connaissais pas encore, je m'étais cru furtivement regardé sur la digue, celle qui avait eu l'air de rentrer à contre-cœur pendant qu'elle me voyait m'éloigner.

J'allai dîner avec ma grand-mère, je sentais en moi un secret qu'elle ne connaissait pas. De même, pour Albertine, demain ses amies seraient avec elle, sans savoir ce qu'il y avait de nouveau entre nous, et quand elle embrasserait sa nièce sur le front, Mme Bontemps ignorerait que j'étais entre elles deux, dans cet arrangement de cheveux qui avait pour but, caché à tous, de me plaire, à moi, à moi qui avais jusque-là tant envié Mme Bontemps, parce qu'apparentée aux mêmes personnes que sa nièce, elle avait les mêmes deuils à porter, les mêmes visites de famille à faire ; or je me trouvais être pour Albertine plus que n'était sa tante elle-même. Auprès de sa tante, c'est à moi qu'elle penserait. Qu'allait-il se passer tout à l'heure, je ne le savais pas trop. En tous cas le Grand-Hôtel, la soirée, ne me sembleraient plus vides ; ils contenaient mon bonheur. Je sonnai le lift pour monter à la chambre qu'Albertine avait prise, du côté de la vallée. Les moindres mouvements, comme m'asseoir sur la banquette de l'ascenseur, m'étaient doux, parce qu'ils étaient en relation immédiate avec mon cœur ; je ne voyais dans les cordes à l'aide desquelles l'appareil s'élevait, dans les quelques marches qui me restaient à monter, que les rouages, que les degrés matérialisés de ma joie. Je n'avais plus que deux ou trois pas à faire dans le couloir avant d'arriver à cette chambre où était renfermée la substance précieuse de ce corps rose – cette chambre qui, même s'il devait s'y dérouler des actes délicieux, garderait cette permanence, cet air d'être, pour un passant non informé, semblable à toutes les autres, qui font des choses les témoins obstinément muets, les scrupuleux confidents, les inviolables dépositaires du plaisir. Ces quelques pas du palier à la chambre d'Albertine, ces quelques pas que personne ne pouvait plus arrêter, je les fis avec délices, avec prudence, comme plongé dans un élément nouveau, comme si en avançant j'avais lentement déplacé du bonheur, et en même temps avec un sentiment inconnu de toute puissance, et d'entrer enfin dans un héritage qui m'eût de tout temps appartenu. Puis tout d'un coup je pensai que j'avais tort d'avoir des doutes, elle m'avait dit de venir quand elle serait couchée. C'était clair, je trépignais de joie, je renversai à demi Françoise qui était sur mon chemin, je courais, les yeux étincelants, vers la chambre de mon amie. Je trouvai Albertine dans son lit. Dégageant son cou, sa chemise blanche changeait les proportions de son visage, qui, congestionné par le lit, ou le rhume, ou le dîner, semblait plus rose ; je pensai aux couleurs que j'avais eues quelques heures auparavant à côté de moi, sur la digue, et desquelles j'allais enfin savoir le goût ; sa joue était traversée du haut en bas par une de ses longues tresses noires et bouclées que pour me plaire elle avait défaites entièrement. Elle me regardait en souriant. À côté d'elle, dans la fenêtre, la vallée était éclairée par le clair de lune. La vue du cou nu d'Albertine, de ces joues trop roses, m'avait jeté dans une telle ivresse, c'est-à-dire avait pour moi la réalité du monde non plus dans la nature, mais dans le torrent des sensations que j'avais peine à contenir, que cette vue avait rompu l'équilibre entre la vie immense, indestructible qui roulait dans mon être, et la vie de l'univers, si chétive en comparaison. La mer, que j'apercevais à côté de la vallée dans la fenêtre, les seins bombés des premières falaises de Maineville, le ciel où la lune n'était pas encore montée au zénith, tout cela semblait plus léger à porter que des plumes pour les globes de mes prunelles qu'entre mes paupières je sentais dilatés, résistants, prêts à soulever bien d'autres fardeaux, toutes les montagnes du monde, sur leur surface délicate. Leur orbe ne se trouvait plus suffisamment rempli par la sphère même de l'horizon. Et tout ce que la nature eût pu m'apporter de vie m'eût semblé bien mince, les souffles de la mer m'eussent paru bien courts pour l'immense aspiration qui soulevait ma poitrine. La mort eût dû me frapper en ce moment que cela m'eût paru indifférent ou plutôt impossible, car la vie n'était pas hors de moi, elle était en moi ; j'aurais souri de pitié si un philosophe eût émis l'idée qu'un jour même éloigné, j'aurais à mourir, que les forces éternelles de la nature me survivraient, les forces de cette nature sous les pieds divins de qui je n'étais qu'un grain de poussière ; qu'après moi il y aurait encore ces falaises arrondies et bombées, cette mer, ce clair de lune, ce ciel ! Comment cela eût-il été possible, comment le monde eût-il pu durer plus que moi, puisque je n'étais pas perdu en lui, puisque c'était lui qui était enclos en moi, en moi qu'il était bien loin de remplir, en moi, où, en sentant la place d'y entasser tant d'autres trésors, je jetais dédaigneusement dans un coin ciel, mer et falaises. « Finissez ou je sonne », s'écria Albertine voyant que je me jetais sur elle pour l'embrasser. Mais je me disais que ce n'était pas pour rien faire qu'une jeune fille fait venir un jeune homme en cachette, en s'arrangeant pour que sa tante ne le sache pas, que d'ailleurs l'audace réussit à ceux qui savent profiter des occasions ; dans l'état d'exaltation où j'étais, le visage rond d'Albertine, éclairé d'un feu intérieur comme par une veilleuse, prenait pour moi un tel relief qu'imitant la rotation d'une sphère ardente, il me semblait tourner, telles ces figures de Michel Ange qu'emporte un immobile et vertigineux tourbillon. J'allais savoir l'odeur, le goût, qu'avait ce fruit rose inconnu. J'entendis un son précipité, prolongé et criard. Albertine avait sonné de toutes ses forces.

J'avais cru que l'amour que j'avais pour Albertine n'était pas fondé sur l'espoir de la possession physique. Pourtant quand il m'eut paru résulter de l'expérience de ce soir-là que cette possession était impossible et qu'après n'avoir pas douté le premier jour, sur la plage, qu'Albertine ne fût dévergondée, puis être passé par des suppositions intermédiaires, il me sembla acquis d'une manière définitive qu'elle était absolument vertueuse ; quand, à son retour de chez sa tante, huit jours plus tard, elle me dit avec froideur : « Je vous pardonne, je regrette même de vous avoir fait de la peine, mais ne recommencez jamais », au contraire de ce qui s'était produit quand Bloch m'avait dit qu'on pouvait avoir toutes les femmes, et comme si, au lieu d'une jeune fille réelle, j'avais connu une poupée de cire, il arriva que peu à peu se détacha d'elle mon désir de pénétrer dans sa vie, de la suivre dans les pays où elle avait passé son enfance, d'être initié par elle à une vie de sport ; ma curiosité intellectuelle de ce qu'elle pensait sur tel ou tel sujet ne survécut pas à la croyance que je pourrais l'embrasser. Mes rêves l'abandonnèrent dès qu'ils cessèrent d'être alimentés par l'espoir d'une possession dont je les avais crus indépendants. Dès lors ils se retrouvèrent libres de se reporter – selon le charme que je lui avais trouvé un certain jour, surtout selon la possibilité et les chances que j'entrevoyais d'être aimé par elle – sur telle ou telle des amies d'Albertine et d'abord sur Andrée. Pourtant si Albertine n'avait pas existé, peut-être n'aurais-je pas eu le plaisir que je commençai à prendre de plus en plus, les jours qui suivirent, à la gentillesse que me témoignait Andrée. Albertine ne raconta à personne l'échec que j'avais essuyé auprès d'elle. Elle était une de ces jolies filles qui dès leur extrême jeunesse, par leur beauté, mais surtout par un agrément, un charme qui restent assez mystérieux, et qui ont leur source peut-être dans des réserves de vitalité où de moins favorisés par la nature viennent se désaltérer, toujours, dans leur famille, au milieu de leurs amies, dans le monde, ont plu davantage que de plus belles, de plus riches ; elle était de ces êtres à qui, avant l'âge de l'amour et bien plus encore quand il est venu, on demande plus qu'eux ne demandent et même qu'ils ne peuvent donner. Dès son enfance Albertine avait toujours eu en admiration devant elle quatre ou cinq petites camarades, parmi lesquelles se trouvait Andrée qui lui était si supérieure et le savait (et peut-être cette attraction qu'Albertine exerçait bien involontairement avait-elle été à l'origine, avait-elle servi à la fondation de la petite bande). Cette attraction s'exerçait même assez loin dans les milieux relativement plus brillants, où, s'il y avait une pavane à danser, on demandait Albertine plutôt qu'une jeune fille mieux née. La conséquence était que, n'ayant pas un sou de dot, vivant assez mal, d'ailleurs, à la charge de M. Bontemps qu'on disait véreux et qui souhaitait se débarrasser d'elle, elle était pourtant invitée non seulement à dîner, mais à demeure, chez des personnes qui aux yeux de Saint-Loup n'eussent eu aucune élégance, mais qui pour la mère de Rosemonde ou pour la mère d'Andrée, femmes très riches mais qui ne connaissaient pas ces personnes, représentaient quelque chose d'énorme. Ainsi Albertine passait tous les ans quelques semaines dans la famille d'un régent de la Banque de France, président du Conseil d'administration d'une grande Compagnie de Chemins de fer. La femme de ce financier recevait des personnages importants et n'avait jamais dit son « jour » à la mère d'Andrée, laquelle trouvait cette dame impolie, mais n'en était pas moins prodigieusement intéressée par tout ce qui se passait chez elle. Aussi exhortait-elle tous les ans Andrée à inviter Albertine, dans leur villa, parce que, disait-elle, c'était une bonne œuvre d'offrir un séjour à la mer à une fille qui n'avait pas elle-même les moyens de voyager et dont la tante ne s'occupait guère ; la mère d'Andrée n'était probablement pas mue par l'espoir que le régent de la Banque et sa femme, apprenant qu'Albertine était choyée par elle et sa fille, concevraient d'elles deux une bonne opinion ; à plus forte raison n'espérait-elle pas qu'Albertine, pourtant si bonne et adroite, saurait la faire inviter, ou tout au moins faire inviter Andrée aux garden-parties du financier. Mais chaque soir à dîner, tout en prenant un air dédaigneux et indifférent, elle était enchantée d'entendre Albertine lui raconter ce qui s'était passé au château pendant qu'elle y était, les gens qui y avaient été reçus et qu'elle connaissait presque tous de vue ou de nom. Même la pensée qu'elle ne les connaissait que de cette façon, c'est-à-dire ne les connaissait pas (elle appelait cela connaître les gens « de tout temps »), donnait à la mère d'Andrée une pointe de mélancolie tandis qu'elle posait à Albertine des questions sur eux d'un air hautain et distrait, du bout des lèvres, et eût pu la laisser incertaine et inquiète sur l'importance de sa propre situation si elle ne s'était rassurée elle-même et replacée dans la « réalité de la vie » en disant au maître d'hôtel : « Vous direz au chef que ses petits pois ne sont pas assez fondants. » Elle retrouvait alors sa sérénité. Elle était bien décidée à ce qu'Andrée n'épousât qu'un homme d'excellente famille naturellement, mais assez riche pour qu'elle pût elle aussi avoir un chef et deux cochers. C'était cela le positif, la vérité effective d'une situation. Mais qu'Albertine eût dîné au château du régent de la Banque avec telle ou telle dame, que cette dame l'eût même invitée pour l'hiver suivant, cela n'en donnait pas moins à la jeune fille, pour la mère d'Andrée, une sorte de considération particulière qui s'alliait très bien à la pitié et même au mépris excités par son infortune, mépris augmenté par le fait que M. Bontemps eût trahi son drapeau et se fût – même vaguement panamiste, disait-on – rallié au gouvernement. Ce qui n'empêchait pas, d'ailleurs, la mère d'Andrée, par amour de la vérité, de foudroyer de son dédain les gens qui avaient l'air de croire qu'Albertine était d'une basse extraction. « Comment, c'est tout ce qu'il y a de mieux, ce sont des Simonet, avec un seul *n*. » Certes, à cause du milieu où tout cela évoluait, où l'argent joue un tel rôle, et où l'élégance vous fait inviter mais non épouser, aucun mariage

« potable » ne semblait pouvoir être pour Albertine la conséquence utile de la considération si distinguée dont elle jouissait et qu'on n'eût pas trouvée compensatrice de sa pauvreté. Mais même à eux seuls, et n'apportant pas l'espoir d'une conséquence matrimoniale, ces « succès » excitaient l'envie de certaines mères méchantes, furieuses de voir Albertine être reçue comme « l'enfant de la maison » par la femme du régent de la Banque, même par la mère d'Andrée, qu'elles connaissaient à peine. Aussi disaient-elles à des amis communs d'elles et de ces deux dames que celles-ci seraient indignées si elles savaient la vérité, c'est-à-dire qu'Albertine racontait chez l'une (et « vice versa ») tout ce que l'intimité où on l'admettait imprudemment lui permettait de découvrir chez l'autre, mille petits secrets qu'il eût été infiniment désagréable à l'intéressée de voir dévoilés. Ces femmes envieuses disaient cela pour que cela fût répété et pour brouiller Albertine avec ses protectrices. Mais ces commissions comme il arrive souvent n'avaient aucun succès. On sentait trop la méchanceté qui les dictait et cela ne faisait que faire mépriser un peu plus celles qui en avaient pris l'initiative. La mère d'Andrée était trop fixée sur le compte d'Albertine pour changer d'opinion à son égard. Elle la considérait comme une « malheureuse », mais d'une nature excellente et qui ne savait qu'inventer pour faire plaisir.

Si cette sorte de vogue qu'avait obtenue Albertine ne paraissait devoir comporter aucun résultat pratique, elle avait imprimé à l'amie d'Andrée le caractère distinctif des êtres qui toujours recherchés n'ont jamais besoin de s'offrir (caractère qui se retrouve aussi, pour des raisons analogues, à une autre extrémité de la société, chez des femmes d'une grande élégance) et qui est de ne pas faire montre des succès qu'ils ont, de les cacher plutôt. Elle ne disait jamais de quelqu'un : « Il a envie de me voir », parlait de tous avec une grande bienveillance, et comme si ce fût elle qui eût couru après, recherché les autres. Si on parlait d'un jeune homme qui quelques minutes auparavant venait de lui faire en tête à tête les plus sanglants reproches parce qu'elle lui avait refusé un rendez-vous, bien loin de s'en vanter publiquement, ou de lui en vouloir à lui, elle faisait son éloge : « C'est un si gentil garçon ! » Elle était même ennuyée de tellement plaire, parce que cela l'obligeait à faire de la peine, tandis que, par nature, elle aimait à faire plaisir. Elle aimait même à faire plaisir au point d'en être arrivée à pratiquer un mensonge spécial à certaines personnes utilitaires, à certains hommes arrivés. Existant d'ailleurs à l'état embryonnaire chez un nombre énorme de personnes, ce genre d'insincérité consiste à ne pas savoir se contenter pour un seul acte, de faire, grâce à lui, plaisir à une seule personne. Par exemple, si la tante d'Albertine désirait que sa nièce l'accompagnât à une matinée peu amusante, Albertine en s'y rendant aurait pu trouver suffisant d'en tirer le profit moral d'avoir fait plaisir à sa tante. Mais accueillie gentiment par les maîtres de la maison, elle aimait mieux leur dire qu'elle désirait depuis si longtemps les voir qu'elle avait choisi cette occasion et sollicité la permission de sa tante. Cela ne suffisait pas encore : à cette matinée se trouvait une des amies d'Albertine qui avait un gros chagrin. Albertine lui disait : « Je n'ai pas voulu te laisser seule, j'ai pensé que ça te ferait du bien de m'avoir près de toi. Si tu veux que nous laissions la matinée, que nous allions ailleurs, je ferai ce que tu voudras, je désire avant tout te voir moins triste » (ce qui était vrai aussi du reste). Parfois il arrivait pourtant que le but fictif détruisait le but réel. Ainsi Albertine ayant un service à demander pour une de ses amies allait pour cela voir une certaine dame. Mais arrivée chez cette dame bonne et sympathique, la jeune fille obéissant à son insu au principe de l'utilisation multiple d'une seule action, trouvait plus affectueux d'avoir l'air d'être venue seulement à cause du plaisir qu'elle avait senti qu'elle éprouverait à revoir cette dame. Celle-ci était infiniment touchée qu'Albertine eût accompli un long trajet par pure amitié. En voyant la dame presque émue, Albertine l'aimait encore davantage. Seulement il arrivait ceci : elle éprouvait si vivement le plaisir d'amitié pour lequel elle avait prétendu mensongèrement être venue, qu'elle craignait de faire douter la dame de sentiments en réalité sincères, si elle lui demandait le service pour l'amie. La dame croirait qu'Albertine était venue pour cela, ce qui était vrai, mais elle conclurait qu'Albertine n'avait pas de plaisir désintéressé à la voir, ce qui était faux. De sorte qu'Albertine repartait sans avoir demandé le service, comme les hommes qui ont été si bons avec une femme dans l'espoir d'obtenir ses faveurs, qu'ils ne font pas leur déclaration pour garder à cette bonté un caractère de noblesse. Dans d'autres cas on ne peut pas dire que le véritable but fût sacrifié au but accessoire et imaginé après coup, mais le premier était tellement opposé au second, que si la personne qu'Albertine attendrissait en lui déclarant l'un avait appris l'autre, son plaisir se serait aussitôt changé en la peine la plus profonde. La suite du récit fera, beaucoup plus loin, mieux comprendre ce genre de contradictions. Disons par un exemple emprunté à un ordre de faits tout différents qu'elles sont très fréquentes dans les situations les plus diverses que présente la vie. Un mari a installé sa maîtresse dans la ville où il est en garnison. Sa femme restée à Paris, et à demi au courant de la vérité, se désole, écrit à son mari des lettres de jalousie. Or, la maîtresse est obligée de venir passer un jour à Paris. Le mari ne peut résister à ses prières de l'accompagner et obtient une permission de vingt-quatre heures. Mais comme il est bon et souffre de faire de la peine à sa femme, il arrive chez celle-ci, lui dit, en versant quelques larmes sincères, qu'affolé par ses lettres il a trouvé le moyen de s'échapper pour venir la consoler et l'embrasser. Il a trouvé ainsi le moyen de donner par un seul voyage une preuve d'amour à la fois à sa maîtresse et à sa femme. Mais si cette dernière apprenait pour quelle raison il est venu à Paris, sa joie se changerait sans doute en douleur, à moins que voir l'ingrat ne la rendît malgré tout plus heureuse qu'il ne la fait souffrir par ses mensonges. Parmi les hommes qui m'ont paru pratiquer avec le plus de suite le système des fins multiples se trouve M. de Norpois. Il acceptait quelquefois de s'entremettre entre deux amis brouillés, et cela faisait qu'on l'appelait le plus obligeant des hommes. Mais il ne lui suffisait pas d'avoir l'air de rendre service à celui qui était venu le solliciter, il présentait à l'autre la démarche qu'il faisait auprès de lui comme entreprise non à la requête du premier, mais dans l'intérêt du second, ce qu'il persuadait facilement à un interlocuteur suggestionné d'avance par l'idée qu'il avait devant lui « le plus serviable des hommes ». De cette façon, jouant sur les deux tableaux, faisant ce qu'on appelle en termes de coulisse de la contre-partie, il ne laissait jamais courir aucun risque à son influence, et les services qu'il rendait ne constituaient pas une aliénation, mais une fructification d'une partie de son crédit. D'autre part, chaque service, semblant doublement rendu, augmentait d'autant plus sa réputation d'ami serviable, et encore d'ami serviable avec efficacité, qui ne donne pas des coups d'épée dans l'eau, dont toutes les démarches portent, ce que démontrait la reconnaissance des deux intéressés. Cette duplicité dans l'obligeance était, et avec des démentis comme en toute créature humaine, une partie importante du caractère de M. de Norpois. Et souvent au ministère, il se servit de mon père, lequel était assez naïf, en lui faisant croire qu'il le servait.

Plaisant plus qu'elle ne voulait et n'ayant pas besoin de

claironner ses succès, Albertine garda le silence sur la scène qu'elle avait eue avec moi auprès de son lit, et qu'une laide aurait voulu faire connaître à l'univers. D'ailleurs son attitude dans cette scène, je ne parvenais pas à me l'expliquer. Pour ce qui concerne l'hypothèse d'une vertu absolue (hypothèse à laquelle j'avais d'abord attribué la violence avec laquelle Albertine avait refusé de se laisser embrasser et prendre par moi, et qui n'était du reste nullement indispensable à ma conception de la bonté, de l'honnêteté foncière de mon amie) je ne laissai pas de la remanier à plusieurs reprises. Cette hypothèse était tellement le contraire de celle que j'avais bâtie le premier jour où j'avais vu Albertine. Puis tant d'actes différents, tous de gentillesse pour moi (une gentillesse caressante, parfois inquiète, alarmée, jalouse de ma prédilection pour Andrée) baignaient de tous côtés le geste de rudesse par lequel, pour m'échapper, elle avait tiré sur la sonnette. Pourquoi donc m'avait-elle demandé de venir passer la soirée près de son lit ? Pourquoi parlait-elle tout le temps le langage de la tendresse ? Sur quoi repose le désir de voir un ami, de craindre qu'il vous préfère votre amie, de chercher à lui faire plaisir, de lui dire romanesquement que les autres ne sauront pas qu'il a passé la soirée auprès de vous, si vous lui refusez un plaisir aussi simple et si ce n'est pas un plaisir pour vous ? Je ne pouvais croire tout de même que la vertu d'Albertine allât jusque-là et j'en arrivais à me demander s'il n'y avait pas eu à sa violence une raison de coquetterie, par exemple une odeur désagréable qu'elle aurait cru avoir sur elle et par laquelle elle eût craint de me déplaire, ou de pusillanimité, si par exemple elle croyait, dans son ignorance des réalités de l'amour, que mon état de faiblesse nerveuse pouvait avoir quelque chose de contagieux par le baiser.

Elle fut certainement désolée de n'avoir pu me faire plaisir et me donna un petit crayon d'or, par cette vertueuse perversité des gens qui, attendris par votre gentillesse et ne souscrivant pas à vous accorder ce qu'elle réclame, veulent cependant faire en votre faveur autre chose : le critique dont l'article flatterait le romancier l'invite à la place à dîner, la duchesse n'emmène pas le snob avec elle au théâtre, mais lui envoie sa loge pour un soir où elle ne l'occupera pas. Tant ceux qui font le moins et pourraient ne rien faire sont poussés par le scrupule à faire quelque chose. Je dis à Albertine qu'en me donnant ce crayon, elle me faisait un grand plaisir, moins grand pourtant que celui que j'aurais eu si le soir où elle était venue coucher à l'hôtel elle m'avait permis de l'embrasser. « Cela m'aurait rendu si heureux ! qu'est-ce que cela pouvait vous faire ? je suis étonné que vous me l'ayez refusé. – Ce qui m'étonne, me répondit-elle, c'est que vous trouviez cela étonnant. Je me demande quelles jeunes filles vous avez pu connaître pour que ma conduite vous ait surpris. – Je suis désolé de vous avoir fâchée, mais, même maintenant je ne peux pas vous dire que je trouve que j'ai eu tort. Mon avis est que ce sont des choses qui n'ont aucune importance, et je ne comprends pas qu'une jeune fille qui peut si facilement faire plaisir, n'y consente pas. Entendons-nous, ajoutai-je pour donner une demi-satisfaction à ses idées morales, en me rappelant comment elle et ses amies avaient flétri l'amie de l'actrice Léa, je ne veux pas dire qu'une jeune fille puisse tout faire et qu'il n'y ait rien d'immoral. Ainsi, tenez, ces relations dont vous parliez l'autre jour à propos d'une petite qui habite Balbec et qui existeraient entre elle et une actrice, je trouve cela ignoble, tellement ignoble que je pense que ce sont des ennemis de la jeune fille qui auront inventé cela et que ce n'est pas vrai. Cela me semble improbable, impossible. Mais se laisser embrasser et même plus par un ami, puisque vous dites que je suis votre ami... – Vous l'êtes, mais j'en ai eu d'autres avant vous, j'ai connu des jeunes gens qui, je vous assure, avaient pour moi tout autant d'amitié. Hé bien, il n'y en a pas un qui aurait osé une chose pareille. Ils savaient la paire de calottes qu'ils auraient reçue. D'ailleurs ils n'y songeaient même pas, on se serrait la main bien franchement, bien amicalement, en bons camarades, jamais on n'aurait parlé de s'embrasser et on n'en était pas moins amis pour cela. Allez, si vous tenez à mon amitié, vous pouvez être content, car il faut que je vous aime joliment pour vous pardonner. Mais je suis sûre que vous vous fichez bien de moi. Avouez que c'est Andrée qui vous plaît. Au fond, vous avez raison, elle est beaucoup plus gentille que moi, et elle est ravissante ! Ah ! les hommes ! » Malgré ma déception récente, ces paroles si franches, en me donnant une grande estime pour Albertine, me causaient une impression très douce. Et peut-être cette impression eut-elle plus tard pour moi de grandes et fâcheuses conséquences, car ce fut par elle que commença à se former ce sentiment presque familial, ce noyau moral qui devait toujours subsister au milieu de mon amour pour Albertine. Un tel sentiment peut être la cause des plus grandes peines. Car pour souffrir vraiment par une femme, il faut avoir cru complètement en elle. Pour le moment, cet embryon d'estime morale, d'amitié, restait au milieu de mon âme comme une pierre d'attente. Il n'eût rien pu, à lui seul, contre mon bonheur s'il fût demeuré ainsi sans s'accroître, dans une inertie qu'il devait garder l'année suivante et à plus forte raison pendant ces dernières semaines de mon premier séjour à Balbec. Il était en moi comme un de ces hôtes qu'il serait malgré tout plus prudent qu'on expulsât, mais qu'on laisse à leur place sans les inquiéter, tant les rendent provisoirement inoffensifs leur faiblesse et leur isolement au milieu d'une âme étrangère.

Mes rêves se retrouvaient libres maintenant de se reporter sur telle ou telle des amies d'Albertine et d'abord sur Andrée, dont les gentillesses m'eussent peut-être moins touché si je n'avais été certain qu'elles seraient connues d'Albertine. Certes la préférence que depuis longtemps j'avais feinte pour Andrée m'avait fourni – en habitudes de causeries, de déclarations de tendresse – comme la matière d'un amour tout prêt pour elle, auquel il n'avait jusqu'ici manqué qu'un sentiment sincère qui s'y ajoutât et que maintenant mon cœur redevenu libre aurait pu fournir. Mais pour que j'aimasse vraiment Andrée, elle était trop intellectuelle, trop nerveuse, trop maladive, trop semblable à moi. Si Albertine me semblait maintenant vide, Andrée était remplie de quelque chose que je connaissais trop. J'avais cru le premier jour voir sur la plage une maîtresse de coureur, enivrée de l'amour des sports, et Andrée me disait que si elle s'était mise à en faire, c'était sur l'ordre de son médecin pour soigner sa neurasthénie et ses troubles de nutrition, mais que ses meilleures heures étaient celles où elle traduisait un roman de George Eliot. Ma déception, suite d'une erreur initiale sur ce qu'était Andrée, n'eut, en fait, aucune importance pour moi. Mais l'erreur était du genre de celles qui, si elles permettent à l'amour de naître et ne sont reconnues pour des erreurs que lorsqu'il n'est plus modifiable, deviennent une cause de souffrances. Ces erreurs – qui peuvent être différentes de celle que je commis pour Andrée et même inverses – tiennent souvent, dans le cas d'Andrée en particulier, à ce qu'on prend suffisamment l'aspect, les façons de ce qu'on n'est pas mais qu'on voudrait être, pour faire illusion au premier abord. À l'apparence extérieure, l'affectation, l'imitation, le désir d'être admiré, soit des bons, soit des méchants, ajoutent les faux semblants des paroles, des gestes. Il y a des cynismes, des cruautés qui ne résistent pas plus à l'épreuve que certaines bontés, certaines générosités. De même qu'on découvre souvent un avare vaniteux dans un homme connu pour ses charités, sa forfanterie de vice nous fait supposer une Messaline dans une honnête fille pleine de préjugés. J'avais cru trouver en Andrée une créature saine et primitive, alors qu'elle n'était qu'un être cherchant la santé, comme étaient peut-être beaucoup de ceux en qui elle avait cru la trouver et qui n'en avaient pas plus la réalité qu'un gros arthritique à figure rouge et en veste de flanelle blanche n'est forcément un Hercule. Or, il est telles circonstances où il n'est pas indifférent pour le bonheur que la personne qu'on a aimée pour ce qu'elle paraissait avoir de sain ne fût en réalité qu'une de ces malades qui ne reçoivent leur santé que d'autres, comme les planètes empruntent leur lumière, comme certains corps ne font que laisser passer l'électricité.

N'importe, Andrée, comme Rosemonde et Gisèle, même plus qu'elles, était tout de même une amie d'Albertine, partageant sa vie, imitant ses façons au point que le premier jour je ne les avais pas distinguées d'abord l'une de l'autre. Entre ces jeunes filles, tiges de roses dont le principal charme était de se détacher sur la mer, régnait la même indivision qu'au temps où je ne les connaissais pas et où l'apparition de n'importe laquelle me causait tant d'émotion, en m'annonçant que la petite bande n'était pas loin. Maintenant encore la vue de l'une me donnait un plaisir où entrait, dans une proportion que je n'aurais pas su dire, de voir les autres la suivre plus tard, et, même si elles ne venaient pas ce jour-là, de parler d'elles et de savoir qu'il leur serait dit que j'étais allé sur la plage.

Ce n'était plus simplement l'attrait des premiers jours, c'était une véritable velléité d'aimer qui hésitait entre toutes, tant chacune était naturellement le résultat de l'autre. Ma plus grande tristesse n'aurait pas été d'être abandonné par celle de ces jeunes filles que je préférais, mais j'aurais aussitôt préféré, parce que j'aurais fixé sur elle la somme de tristesse et de rêve qui flottait indistinctement entre toutes, celle qui m'eût abandonné. Encore dans ce cas est-ce toutes ses amies, aux yeux desquelles j'eusse bientôt perdu tout prestige, que j'eusse, en celle-là, inconsciemment regrettées, leur ayant avoué cette sorte d'amour collectif qu'ont l'homme politique ou l'acteur pour le public dont ils ne se consolent pas d'être délaissés après en avoir eu toutes les faveurs. Même celles que je n'avais pu obtenir d'Albertine, je les espérais tout d'un coup de telle qui m'avait quitté le soir en me disant un mot, en me jetant un regard ambigus, grâce auxquels c'était vers celle-là que, pour une journée, se tournait mon désir.

Il errait entre elles d'autant plus voluptueusement que sur ces visages mobiles, une fixation relative des traits était suffisamment commencée pour qu'on en pût distinguer, dût-elle changer encore, la malléable et flottante effigie. Aux différences qu'il y avait entre eux, étaient bien loin de correspondre sans doute des différences égales dans la longueur et la largeur des traits, lesquels eussent, de l'une à l'autre de ces jeunes filles, et si dissemblables qu'elles parussent, peut-être été presque superposables. Mais notre connaissance des visages n'est pas mathématique. D'abord, elle ne commence pas par mesurer les parties, elle a pour point de départ une expression, un ensemble. Chez Andrée par exemple, la finesse des yeux doux semblait rejoindre le nez étroit, aussi mince qu'une simple courbe qui aurait été tracée pour que pût se poursuivre sur une seule ligne l'intention de délicatesse divisée antérieurement dans le double sourire des regards jumeaux. Une ligne aussi fine était creusée dans ses cheveux, souple et profonde comme celle dont le vent sillonne le sable. Et là elle devait être héréditaire, les cheveux tout blancs de la mère d'Andrée étaient fouettés de la même manière, formant ici un renflement, là une dépression comme la neige qui se soulève ou s'abîme selon les inégalités du terrain. Certes, comparé à la fine délinéation de celui d'Andrée, le nez de Rosemonde semblait offrir de larges surfaces comme une haute tour assise sur une base puissante. Que l'expression suffise à faire croire à d'énormes différences entre ce que sépare un infiniment petit – qu'un infiniment petit puisse à lui seul créer une expression absolument particulière, une individualité – ce n'était pas que l'infiniment petit de la ligne, et l'originalité de l'expression, qui faisaient apparaître ces visages comme irréductibles les uns aux autres. Entre ceux de mes amies la coloration mettait une séparation plus profonde encore, non pas tant par la beauté variée des tons qu'elle leur fournissait, si opposés que je prenais devant Rosemonde – inondée d'un rose soufré sur lequel réagissait encore la lumière verdâtre des yeux – et devant Andrée – dont les joues blanches recevaient tant d'austère distinction de ses cheveux noirs – le même genre de plaisir que si j'avais regardé tour à tour un géranium au bord de la mer ensoleillée et un camélia dans la nuit ; mais surtout parce que les différences infiniment petites des lignes se trouvaient démesurément grandies, les rapports des surfaces entièrement changés par cet élément nouveau de la couleur, lequel tout aussi bien que dispensateur des teintes est un grand régénérateur ou tout au moins modificateur des dimensions. De sorte que des visages peut-être construits de façon peu dissemblable, selon qu'ils étaient éclairés par les feux d'une rousse chevelure, d'un teint rose, par la lumière blanche d'une mate pâleur, s'étiraient ou s'élargissaient, devenaient une autre chose comme ces accessoires des ballets russes, consistant parfois, s'ils sont vus en plein jour, en une simple rondelle de papier, et que le génie d'un Bakst, selon l'éclairage incarnadin ou lunaire où il plonge le décor, fait s'y incruster durement comme une turquoise à la façade d'un palais, ou s'y épanouir avec mollesse, rose de bengale au milieu d'un jardin. Ainsi en prenant connaissance des visages, nous les mesurons bien, mais en peintres, non en arpenteurs.

Il en était d'Albertine comme de ses amies. Certains jours, mince, le teint gris, l'air maussade, une transparence violette descendant obliquement au fond de ses yeux comme il arrive quelquefois pour la mer, elle semblait éprouver une tristesse d'exilée. D'autres jours, sa figure plus lisse engluait les désirs à sa surface vernie et les empêchait d'aller au delà ; à moins que je ne la visse tout à coup de côté, car ses joues mates comme une blanche cire à la surface étaient roses par transparence, ce qui donnait tellement envie de les embrasser, d'atteindre ce teint différent qui se dérobait. D'autres fois le bonheur baignait ses joues d'une clarté si mobile que la peau devenue fluide et vague laissait passer comme des regards sous-jacents qui la faisaient paraître d'une autre couleur, mais non d'une autre matière que les yeux ; quelquefois, sans y penser, quand on regardait sa figure ponctuée de petits points bruns et où flottaient seulement deux taches plus bleues, c'était comme on eût fait d'un œuf de chardonneret, souvent comme d'une agate opaline travaillée et polie à deux places seulement, où, au milieu de la pierre brune, luisaient, comme les ailes transparentes d'un papillon d'azur, les yeux où la chair devient miroir et nous donne l'illusion de nous laisser, plus qu'en les autres parties du corps, approcher de l'âme. Mais le plus souvent aussi elle était plus colorée, et alors plus animée ; quelquefois seul était rose, dans sa figure blanche, le bout de son nez, fin comme celui d'une petite chatte sournoise avec qui l'on aurait eu envie de jouer ; quelquefois ses joues étaient si lisses que le regard glissait comme sur celui d'une miniature sur leur émail rose, que faisait encore paraître plus délicat, plus intérieur, le couvercle entr'ouvert et superposé de ses cheveux noirs ; il arrivait que le teint de ses joues atteignît le rose violacé du cyclamen, et parfois même quand elle était congestionnée ou fiévreuse, et donnant alors l'idée d'une complexion maladive qui rabaissait mon désir à quelque chose de plus sensuel et faisait exprimer à son regard quelque chose de plus pervers et de plus malsain, la sombre pourpre de certaines roses, d'un rouge presque noir ; et chacune de ces Albertines était différente comme est différente chacune des apparitions de la danseuse dont sont transmutées les couleurs, la forme, le caractère, selon les jeux innombrablement variés d'un projecteur lumineux. C'est peut-être parce qu'étaient si divers les êtres que je contemplais en elle à cette époque que plus tard je pris l'habitude de devenir moi-même un personnage autre selon celle des Albertines à laquelle je pensais : un jaloux, un indifférent, un voluptueux, un mélancolique, un furieux, recréés, non seulement au hasard du souvenir qui renaissait, mais selon la force de la croyance interposée pour un même souvenir, par la façon différente dont je l'appréciais. Car c'est toujours à cela qu'il fallait revenir, à ces croyances qui la plupart du temps remplissent notre âme à notre insu, mais qui ont pourtant plus d'importance pour notre bonheur que tel être que nous voyons, car c'est à travers elles que nous le voyons, ce sont elles qui assignent sa grandeur passagère à l'être regardé. Pour être exact, je devrais donner un nom différent à chacun des moi qui dans la suite pensa à Albertine ; je devrais plus encore donner un nom différent à chacune de ces Albertines qui apparaissaient par moi, jamais la même, comme – appelées simplement par moi pour plus de commodité la mer – ces mers qui se succédaient et devant lesquelles, autre nymphe, elle se détachait. Mais surtout de la même manière mais bien plus utilement qu'on dit, dans un récit, le temps qu'il faisait un tel jour, je devrais donner toujours son nom à la croyance qui tel jour où je voyais Albertine régnait sur mon âme, en faisant l'atmosphère, l'aspect des êtres, comme celui des mers, dépendant de ces nuées à peine visibles qui changent la couleur de chaque chose, par leur concentration, leur mobilité, leur dissémination, leur fuite – comme celle qu'Elstir avait déchirée un soir en ne me présentant pas aux jeunes filles avec qui il s'était arrêté, et dont les images m'étaient soudain apparues plus belles quand elles s'éloignaient – nuée qui s'était reformée quelques jours plus tard quand je les avais connues, voilant leur éclat, s'interposant souvent entre elles et mes yeux, opaque et douce, pareille à la Leucothoé de Virgile.

Sans doute leurs visages à toutes avaient bien changé pour moi de sens depuis que la façon dont il fallait les lire m'avait été dans une certaine mesure indiquée par leurs propos, propos auxquels je pouvais attribuer une valeur d'autant plus grande que par mes questions je les provoquais à mon gré, les faisais varier comme un expérimentateur qui demande à des contre-épreuves la vérification de ce qu'il a supposé. Et c'est en somme une façon comme une autre de résoudre le problème de l'existence, qu'approcher suffisamment les choses et les personnes qui nous ont paru de loin belles et mystérieuses, pour nous rendre compte qu'elles sont sans mystère et sans beauté ; c'est une des hygiènes entre lesquelles on peut opter, une hygiène qui n'est peut-être pas très recommandable, mais elle nous donne un certain calme pour passer la vie, et aussi – comme elle permet de ne rien regretter, en nous persuadant que nous avons atteint le meilleur, et que le meilleur n'était pas grand'chose – pour nous résigner à la mort.

J'avais remplacé au fond du cerveau de ces jeunes filles le mépris de la chasteté, le souvenir de quotidiennes passades, par d'honnêtes principes capables peut-être de fléchir, mais ayant jusqu'ici préservé de tout écart celles qui les avaient reçus de leur milieu bourgeois. Or quand on s'est trompé dès le début, même pour les petites choses, quand une erreur de supposition ou de souvenirs vous fait chercher l'auteur d'un potin malveillant ou l'endroit où on a égaré un objet dans une fausse direction, il peut arriver qu'on ne découvre son erreur que pour lui substituer non pas la vérité, mais une autre erreur. Je tirais, en ce qui concernait leur manière de vivre et la conduite à tenir avec elles, toutes les conséquences du mot innocence que j'avais lu, en causant familièrement avec elles, sur leur visage. Mais peut-être l'avais-je lu étourdiment, dans le lapsus d'un déchiffrage trop rapide, et n'y était-il pas plus écrit que le nom de Jules Ferry sur le programme de la matinée où j'avais entendu pour la première fois la Berma, ce qui ne m'avait pas empêché de soutenir à M. de Norpois que Jules Ferry, sans doute possible, écrivait des levers de rideau.

Pour n'importe laquelle de mes amies de la petite bande, comment le dernier visage que je lui avais vu n'eût-il pas été le seul que je me rappelasse, puisque, de nos souvenirs relatifs à une personne, l'intelligence élimine tout ce qui ne concourt pas à l'utilité immédiate de nos relations quotidiennes (même et surtout si ces relations sont imprégnées d'amour, lequel, toujours insatisfait, vit dans le moment qui va venir). Elle laisse filer la chaîne des jours passés, n'en garde fortement que le dernier bout souvent d'un tout autre métal que les chaînons disparus dans la nuit, et dans le voyage que nous faisons à travers la vie, ne tient pour réel que le pays où nous sommes présentement. Toutes mes premières impressions, déjà si lointaines, ne pouvaient pas trouver contre leur déformation journalière un recours dans ma mémoire ; pendant les longues heures que je passais à causer, à goûter, à jouer avec ces jeunes filles, je ne me souvenais même pas qu'elles étaient les mêmes vierges impitoyables et sensuelles que j'avais vues, comme dans une fresque, défiler devant la mer.

Les géographes, les archéologues nous conduisent bien dans l'île de Calypso, exhument bien le palais de Minos. Seulement Calypso n'est plus qu'une femme, Minos qu'un roi sans rien de divin. Même les qualités et les défauts que l'histoire nous enseigne alors avoir été l'apanage de ces personnes fort réelles diffèrent souvent beaucoup de ceux que nous avions prêtés aux êtres fabuleux qui portaient le même nom. Ainsi s'était dissipée toute la gracieuse mythologie océanique que j'avais composée les premiers jours. Mais il n'est pas tout à fait indifférent qu'il nous arrive au moins quelquefois de passer notre temps dans la familiarité de ce que nous avons cru inaccessible et que nous avons désiré. Dans le commerce des personnes que nous avons d'abord trouvées désagréables, persiste toujours, même au milieu du plaisir factice qu'on peut finir par goûter auprès d'elles, le goût frelaté des défauts qu'elles ont réussi à dissimuler. Mais dans des relations comme celles que j'avais avec Albertine et ses amies, le plaisir vrai qui est à leur origine laisse ce parfum qu'aucun artifice ne parvient à donner aux fruits forcés, aux raisins qui n'ont pas mûri au soleil. Les créatures surnaturelles qu'elles avaient été un instant pour moi mettaient encore, même à mon insu, quelque merveilleux, dans les rapports les plus banals que j'avais avec elles, ou plutôt préservaient ces rapports d'avoir jamais rien de banal. Mon désir avait cherché avec tant d'avidité la signification des yeux qui maintenant me connaissaient et me souriaient, mais qui, le premier jour, avaient croisé mes regards comme des rayons d'un autre univers, il avait distribué si largement et si minutieusement la couleur et le parfum sur les surfaces carnées de ces jeunes filles qui, étendues sur la falaise, me tendaient simplement des sandwiches ou jouaient aux devinettes, que souvent dans l'après-midi, pendant que j'étais allongé, comme ces peintres qui cherchant la grandeur de l'antique dans la vie moderne donnent à une femme qui se coupe un ongle de pied la noblesse du « Tireur d'épine » ou qui comme Rubens, font des déesses avec des femmes de leur connaissance pour composer une scène mythologique, ces beaux corps bruns et blonds, de types si opposés, répandus autour de moi dans l'herbe, je les regardais sans les vider peut-être de tout le médiocre contenu dont l'existence journalière les avait remplis, et pourtant sans me rappeler expressément leur céleste origine, comme si pareil à Hercule ou à Télémaque, j'avais été en train de jouer au milieu des nymphes.

Puis les concerts finirent, le mauvais temps arriva, mes amies quittèrent Balbec, non pas toutes ensemble, comme les hirondelles, mais dans la même semaine. Albertine s'en alla la première, brusquement, sans qu'aucune de ses amies eût pu comprendre, ni alors, ni plus tard, pourquoi elle était rentrée tout à coup à Paris, où ni travaux, ni distractions ne la rappelaient. « Elle n'a dit ni quoi ni qu'est-ce et puis elle est partie », grommelait Françoise qui aurait d'ailleurs voulu que nous en fissions autant. Elle nous trouvait indiscrets vis-à-vis des employés, pourtant déjà bien réduits en nombre, mais retenus par les rares clients qui restaient, vis-à-vis du directeur qui « mangeait de l'argent ». Il est vrai que depuis longtemps l'hôtel qui n'allait pas tarder à fermer avait vu partir presque tout le monde ; jamais il n'avait été aussi agréable. Ce n'était pas l'avis du directeur ; tout le long des salons où l'on gelait et à la porte desquels ne veillait plus aucun groom, il arpentait les corridors, vêtu d'une redingote neuve, si soigné par le coiffeur que sa figure fade avait l'air de consister en un mélange où pour une partie de chair il y en aurait eu trois de cosmétique, changeant sans cesse de cravates (ces élégances coûtent moins cher que d'assurer le chauffage et de garder le personnel, et tel qui ne peut plus envoyer dix mille francs à une œuvre de bienfaisance fait encore sans peine le généreux en donnant cent sous de pourboire au télégraphiste qui lui apporte une dépêche). Il avait l'air d'inspecter le néant, de vouloir donner, grâce à sa bonne tenue personnelle, un air provisoire à la misère que l'on sentait dans cet hôtel où la saison n'avait pas été bonne, et paraissait comme le fantôme d'un souverain qui revient hanter les ruines de ce qui fut jadis son palais. Il fut surtout mécontent quand le chemin de fer d'intérêt local, qui n'avait plus assez de voyageurs, cessa de fonctionner pour jusqu'au printemps suivant. « Ce qui manque ici, disait le directeur, ce sont le moyens de commotion. » Malgré le déficit qu'il enregistrait, il faisait pour les années suivantes des projets grandioses. Et comme il était tout de même capable de retenir exactement de belles expressions, quand elles s'appliquaient à l'industrie hôtelière et avaient pour effet de la magnifier : « Je n'étais pas suffisamment secondé quoique à la salle à manger j'avais une bonne équipe, disait-il ; mais les chasseurs laissaient un peu à désirer ; vous verrez l'année prochaine quelle phalange je saurai réunir. » En attendant, l'interruption des services du B.C.B. l'obligeait à envoyer chercher les lettres et quelquefois conduire les voyageurs dans une carriole. Je demandais souvent à monter à côté du cocher et cela me fit faire des promenades par tous les temps, comme dans l'hiver que j'avais passé à Combray.

Parfois pourtant la pluie trop cinglante nous retenait, ma grand'mère et moi, le Casino étant fermé, dans des pièces presque complètement vides comme à fond de cale d'un bateau quand le vent souffle, et où chaque jour, comme au cours d'une traversée, une nouvelle personne d'entre celles près de qui nous avions passé trois mois sans les connaître, le premier président de Rennes, la bâtonnier de Caen, une dame américaine et ses filles, venaient à nous, entamaient la conversation, inventaient quelque manière de trouver les heures moins longues, révélaient un talent, nous enseignaient un jeu, nous invitaient à prendre le thé, ou à faire de la musique, à nous réunir à une certaine heure, à combiner ensemble de ces distractions qui possèdent le vrai secret de nous faire donner du plaisir, lequel est de n'y pas prétendre, mais seulement de nous aider à passer le temps de notre ennui, enfin nouaient avec nous sur la fin de notre séjour des amitiés que le lendemain leurs départs successifs venaient interrompre. Je fis même la connaissance du jeune homme riche, d'un de ses deux amis nobles et de l'actrice qui était revenue pour quelques jours ; mais la petite société ne se composait plus que de trois personnes, l'autre ami était rentré à Paris. Ils me demandèrent de venir dîner avec eux dans leur restaurant. Je crois qu'ils furent assez contents que je n'acceptasse pas. Mais ils avaient fait l'invitation le plus aimablement possible, et bien qu'elle vînt en réalité du jeune homme riche, puisque les autres personnes n'étaient que ses hôtes, comme l'ami qui l'accompagnait, le marquis Maurice de Vaudémont, était de très grande maison, instinctivement l'actrice, en me demandant si je ne voudrais pas venir, me dit pour me flatter :

– Cela fera tant de plaisir à Maurice.

Et quand dans le hall je les rencontrai tous trois, ce fut M. de Vaudémont, le jeune homme riche s'effaçant, qui me dit :

– Vous ne nous ferez pas le plaisir de dîner avec nous ?

En somme j'avais bien peu profité de Balbec, ce qui ne me donnait que davantage le désir d'y revenir. Il me semblait que j'y étais resté trop peu de temps. Ce n'était pas l'avis de mes amis qui m'écrivaient pour me demander si je comptais y vivre définitivement. Et de voir que c'était le nom de Balbec qu'ils étaient obligés de mettre sur l'enveloppe, comme ma fenêtre donnait, au lieu que ce fût sur une campagne ou sur une rue, sur les champs de la mer, que j'entendais pendant la nuit sa rumeur, à laquelle j'avais, avant de m'endormir, confié, comme une barque, mon sommeil, j'avais l'illusion que cette promiscuité avec les flots devait matériellement, à mon insu, faire pénétrer en moi la notion de leur charme, à la façon de ces leçons qu'on apprend en dormant.

Le directeur m'offrait pour l'année prochaine de meilleures chambres, mais j'étais attaché maintenant à la mienne où j'entrais sans plus jamais sentir l'odeur du vétiver, et dont ma pensée, qui s'y élevait jadis si difficilement, avait fini par prendre si exactement les dimensions que je fus obligé de lui faire subir un traitement inverse quand je dus coucher à Paris dans mon ancienne chambre, laquelle était basse de plafond.

Il avait fallu quitter Balbec en effet, le froid et l'humidité étant devenus trop pénétrants pour rester plus longtemps dans cet hôtel dépourvu de cheminées et de calorifère. J'oubliai d'ailleurs presque immédiatement ces dernières semaines. Ce que je revis presque invariablement quand je pensai à Balbec, ce furent les moments où chaque matin, pendant la belle saison, comme je devais l'après-midi sortir avec Albertine et ses amies, ma grand'mère sur l'ordre du médecin me forçait à rester couché dans l'obscurité. Le directeur donnait des ordres pour qu'on ne fît pas de bruit à mon étage et veillait lui-même à ce qu'ils fussent obéis. À cause de la trop grande lumière, je gardais fermés le plus longtemps possible les grands rideaux violets qui m'avaient témoigné tant d'hostilité le premier soir. Mais comme malgré les épingles avec lesquelles, pour que le jour ne passât pas, Françoise les attachait chaque soir, et qu'elle seule savait défaire, comme malgré les couvertures, le dessus de table en cretonne rouge, les étoffes prises ici ou là qu'elle y ajustait, elle n'arrivait pas à les faire joindre exactement, l'obscurité n'était pas complète et ils laissaient se répandre sur le tapis comme un écarlate effeuillement d'anémones, parmi lesquelles je ne pouvais m'empêcher de venir un instant poser mes pieds nus. Et sur le mur qui faisait face à la fenêtre, et qui se trouvait partiellement éclairé, un cylindre d'or que rien ne soutenait était verticalement posé et se déplaçait lentement comme la colonne lumineuse qui précédait les Hébreux dans le désert. Je me recouchais ; obligé de goûter, sans bouger, par l'imagination seulement, et tous à la fois, les plaisirs du jeu, du bain, de la marche, que la matinée conseillait, la joie faisait battre bruyamment mon cœur comme une machine en pleine action, mais immobile, et qui ne peut que décharger sa vitesse sur place en tournant sur elle-même.

Je savais que mes amies étaient sur la digue mais je ne les voyais pas, tandis qu'elles passaient devant les chaînons inégaux de la mer, tout au fond de laquelle et perchée au milieu de ses cimes bleuâtres comme une bourgade italienne se distinguait parfois dans une éclaircie la petite ville de Rivebelle, minutieusement détaillée par le soleil. Je ne voyais pas mes amies, mais (tandis qu'arrivaient jusqu'à mon belvédère l'appel des marchands de journaux, « des journalistes », comme les nommait Françoise, les appels des baigneurs et des enfants qui jouaient, ponctuant à la façon des cris des oiseaux de mer le bruit du flot qui doucement se brisait), je devinais leur présence, j'entendais leur rire enveloppé comme celui des Néréides dans le doux déferlement qui montait jusqu'à mes oreilles. « Nous avons regardé, me disait le soir Albertine, pour voir si vous descendriez. Mais vos volets sont restés fermés, même à l'heure du concert. » À dix heures, en effet, il éclatait sous mes fenêtres. Entre les intervalles des instruments, si la mer était pleine, reprenait, coulé et continu, le glissement de l'eau d'une vague qui semblait envelopper les traits du violon dans ses volutes de cristal et faire jaillir son écume au-dessus des échos intermittents d'une musique sous-marine. Je m'impatientais qu'on ne fût pas encore venu me donner mes affaires pour que je puisse m'habiller. Midi sonnait, enfin arrivait Françoise. Et pendant des mois de suite, dans ce Balbec que j'avais tant désiré parce que je ne l'imaginais que battu par la tempête et perdu dans les brumes, le beau temps avait été si éclatant et si fixe que, quand elle venait ouvrir la fenêtre, j'avais pu, toujours sans être trompé, m'attendre à trouver le même pan de soleil plié à l'angle du mur extérieur, et d'une couleur immuable qui était moins émouvante comme un signe de l'été qu'elle n'était morne comme celle d'un émail inerte et factice. Et tandis que Françoise ôtait les épingles des impostes, détachait les étoffes, tirait les rideaux, le jour d'été qu'elle découvrait semblait aussi mort, aussi immémorial qu'une somptueuse et millénaire momie que notre vieille servante n'eût fait que précautionneusement désemmailloter de tous ses linges, avant de la faire apparaître, embaumée dans sa robe d'or.

FIN